Eugen Drewermann

Und gäbe dir eine Seele ...

Eugen Drewermann

Und gäbe dir eine Seele...

Hans Christian Andersens Kleine Meerjungfrau
tiefenpsychologisch gedeutet

Herder Freiburg · Basel · Wien

Titelbild:
Sandro Botticelli, Die Geburt der Venus, Ausschnitt;
Tempera auf Leinwand, 175 x 278 cm; 1482;
Florenz, Galleria degli Uffizi.

Abbildung im Innenteil:
Seite 93, 102 links, 110, 117 mit freundlicher Unterstützung
des H. C. Andersen Hus – Odense Bys Museer;
Odense, Dänemark.

Alle anderen Aufnahmen vom Verfasser.

© Verlag Herder Freiburg im Breisgau 1997
Einbandgestaltung: Hermann Bausch
Satz: Layoutsatz Kendlinger, Freiburg
Reproduktionen: HWF Müller GmbH, Denzlingen
Herstellung: Freiburger Graphische Betriebe 1997
ISBN: 3-451-26464-1

Inhalt

„Was ist ein Dichter? Ein unglücklicher Mensch, der tiefe Qualen in seinem Herzen birgt,
dessen Lippen aber so geformt sind, daß, indem der Seufzer und der Schrei über sie ausströmen,
sie klingen wie eine schöne Musik ... Und die Menschen scharen sich um den Dichter und sagen zu ihm:
Singe bald wieder; das heißt: Möchten doch neue Leiden deine Seele martern,
und möchten doch die Lippen so geformt bleiben wie bisher; denn der Schrei würde uns bloß ängstigen,
die Musik aber, die ist lieblich. Und die Rezensenten treten hinzu, die sagen: Ganz recht, so soll es sein
nach den Regeln der Ästhetik. Nun, versteht sich, ein Rezensent gleicht einem Dichter ja aufs Haar,
nur hat er nicht die Qualen im Herzen, nicht die Musik auf den Lippen.“
„Ich rede am liebsten mit Kindern; denn von ihnen darf man doch hoffen,
daß sie einmal Vernunft-Wesen werden; die aber, die es geworden sind – herrjemine!“

SÖREN KIERKEGAARD: Entweder – Oder, 1. Teil 1.

EINLEITUNG

In Kopenhagen hat man ihm ein Denkmal errichtet, an einem der größten Boulevards der Stadt: Kinder, so plante man ursprünglich, sollten zu seinen Füßen spielen; gleich würde er das Buch öffnen und ihnen eins seiner Märchen vorlesen: HANS CHRISTIAN ANDERSEN.[1] Es sind diese Geschichten für Kinder, die ihn weltweit berühmt gemacht haben. Nicht seine Gedichte und Schauspiele, nicht seine Reisebeschreibungen, nicht seine Romane – selbst seine zahllosen Briefe und die zehn Bände seiner Tagebücher, die erst vor zwei Jahrzehnten ediert wurden[2], *nicht,* nur seine Märchen. Sie sind das Denkmal, das er selbst sich gesetzt hat.

„Die kleine Meerjungfrau" zum Beispiel. Da sitzt sie, als sein unsterbliches Denkmal, am Kai der dänischen Hauptstadt, verträumt und verloren, unschuldig und schön, ein Strandgut der Sehnsucht, ausgeworfen von einer maßlosen Flut des Gefühls, umflutet seither von den Wogen des Meeres, das einst ihre Heimat war, eine Heroine der Romantik am Ufersaum zwischen Traum und Tag, die Verkörperung einer Liebe, die lieber verzichtet auf den Geliebten, als darauf zu verzichten, ihn weiter zu lieben. Lieber das Unglück, lieber den Tod, doch niemals leben ohne zu lieben – wie viele Frauen, *Frauen* zumeist, doch manchmal auch Männer, wenn sie so fühlen, hat dieses „Märchen" des Dänen ANDERSEN nicht schon getröstet in ihrer Traurigkeit! Die Welt nannte es „verrückt", was sie wollten, doch ihnen war es ihr ganzes Sein: Sie lebten darin, sie empfingen daraus ihre Seele, diese Närrinnen und Narren eines verirrten, scheinbar verwirrten Gefühls, jenseits des „Realitätssinns", jenseits des sogenannten „gesunden" Menschenverstandes. Schon was sie litten,

Andersen-Denkmal am Andersen-Boulevard in Kopenhagen, 1961 von Henry Luckow-Nielsen am Rathaus aufgestellt.

ließ sie als Ungesunde erscheinen; schon das Interesse des Selbsterhalts hätte sie eines anderen, *Besseren* belehren müssen. Ist denn tatsächlich geistig noch zurechnungsfähig, wer nicht einmal seinen eigenen Vorteil „ordentlich" wahrnimmt –, ein *Liebes*kranker gewiß, doch gewiß eben: ein Kranker! Selbst die Psychoanalyse wird ihnen nachsagen, sie seien „kindlich" Verliebte, immer noch auf der Suche nach Vater und Mutter, immer noch unterwegs nach dem Ideal ihrer Jugend, unfähig, sich mit der Wirklichkeit auszusöhnen: – Projektion und Übertragung, Anima-Liebe, Wiederholungszwang, narzißtische Objektbesetzung, Identifikation statt Kommunikation – Begriffe sind das, die wie Sprenggranaten wirken sollen, um die Bastion der Unvernunft solch anmaßender Liebe endgültig für die Forderungen von Anstand und Verstand zurückzuerobern.

Einzig die Dichtung schafft den so unklug Liebenden ein Zuhause. „Er ist entweder toll, verliebt oder ein Dichter", schrieb Hans Christian Andersen in seinem Gedicht „Der Abend"[3] aus dem Jahre 1826 und meinte, daß er alles drei zugleich sei: „toll", *weil* verliebt, ein Dichter, weil toll *und* verliebt, ganz „toll", weil „dichterisch" genug, um zu lieben ohne alle Hoffnung auf Erwiderung. Soll man das Lieben lassen, weil es sich nicht lohnt? *Kann* man das Lieben lassen, nur weil ihm keine Hoffnung winkt?

Andersens Kleine Meerjungfrau ist die unerhörte Geschichte solch einer unerhörten Liebe. Diese Namenlose aus den Abgründen der Seele ist die schaumgeborene Schwester all jener unglücklich Liebenden, die sich verschenken möchten an jemanden, der das Geschenk ihres Lebens nicht anzunehmen vermag, ja, die sogar wissen, daß sie sich dem Geliebten nur nähern dürfen, indem sie verschweigen, was sie im tiefsten fühlen: Er wird ihr Tod sein, weil er's nicht wagt, in seiner Person ihr Leben zu sein; und doch werden sie niemals aufhören, ihn zu lieben ... Heinrich Heines Gedichte[4], Hans Christian Andersens Märchen – wo sonst fänden derart bedrängte Seelen Geleit und Begleitung? Rainer Maria Rilke, als er die Liebesgedichte der portugiesischen Nonne Marianna Alcoforado ins Deutsche übertrug[5], wußte um dieses ewig gültige Zeugnis eines Gefühls, das die Grenzen der Welt übersteigt und sich hinwegsetzt über die Schranken von Raum und Zeit, frei wie der Wind und schwebend wie die Wolken, dem Himmel so nah wie der Erde fern, ungebunden in aller Gebundenheit und glücklich gar in allem Unglück.

Nein, was Andersen schrieb, sind nicht Geschichten für Kinder, weit eher erzählt er von Kindern, die niemals „erwachsen" sein werden. Ihre stumme Klage erklingt in dem Gesang seiner Märchen, und mitmal entdecken es alle: die Schönheit und den Zauber, welche die Liebe seiner „kleinen Meerjungfrau" auf immer verleiht. Wenn *sie* so war, dürfen dann nicht auch wir so sein, wenn wir ähnliches leiden? Nicht Trost, nur Rechtfertigung ist es, was das Märchen des dänischen Dichters den Wahrheitszeugen unerwiderter Liebe zu allen Zeiten und Zonen, überall auf der Welt und für immer, verschafft.

Doch gerade im Respekt vor solcher Art Leid sollten wir suchen, ob sich der Schmerz nicht trotz allem in ein größeres Glück aufheben läßt. Welch ein Heilkraut wächst, das die schmerzenden Füße einer kleinen Meerjungfrau leichter die Erde betreten ließe? Und welche Worte redete ihre eigene Stimme, besäße sie wieder die Zunge, mit der sie ursprünglich so zärtlich und sanft zu singen verstand? Wie läßt nur die Verletzung sich wieder kurieren, welche die „Meerhexe" ihr zugefügt hat, als Bedingung, überhaupt auf „irdische" Weise einen Menschen zu lieben?

Im Namen des Glücks aller unglücklich Liebenden müssen wir Andersens Denkmal als eines Märchenerzählers für Kinder, ganz wie er selber es wollte, zum Einsturz bringen und von den „Kindern" erzählen, die er uns tatsächlich schildert. Sein Nachruhm wird nur um so größer, je größer wir seine Gestalten sehen und sie in ihrer Eigenart zu ihrer wahren Größe nachreifen lassen. Wer eine „kleine Meerjungfrau" zum Glück ihrer Liebe erlöst, der zeigt einen Weg allen hoffnungslos Liebenden, der erlöst nicht zuletzt auch ANDERSEN selbst. Er holt ihn herunter vom Piedestal, er stellt ihn mit wunden Gliedern wieder zu ebener Erde, er läßt ihn notwendigerweise allen Schmerz, alles Verlangen, alle Enttäuschung und alle Bitterkeit noch einmal durchleiden; doch wenn der „standhafte Zinnsoldat" im Feuer der Liebe geschmolzen ist[6], könnte es dann nicht sein, daß er neu sich formte und die Fähigkeit wiedergewönne, seine unerhörte Liebe am Ende zu Gehör zu bringen auch vor seiner Geliebten? Nicht Dichter *oder* Verliebter, sondern ein Dichter *als* ein Liebender! Ja, laßt die Liebe „toll" und anarchisch sein; unerreichbar und immerdar unglücklich muß sie und darf sie nicht bleiben. Wer eine „kleine Meerjungfrau" liebgewinnt, der muß darauf sinnen, ihr eine Heimat auf Erden zu schaffen. Trägt er sie nicht selbst schon in seinem Herzen? Legt sein Schiff nicht eben schon ab, um im Schimmern der Wogen ihr Antlitz zu schauen? Fühlt er nicht, daß er *sie* bergen muß, die doch in ihren Armen, während er schlief, ihn selber vor Schiffbruch und Untergang rettete?

Vielleicht war sie ja nur der Traum eines kurzen Erwachens. Wie aber, sie träte gerad vor ihn hin und spräche die nie zu sagenden Worte: „Ich hab dich lieb, und nie vergeht meine Liebe zu Dir. Du hörst sie im Rauschen der See, Du vernimmst sie im Wiegen des Winds. Und sie wartet auf Dich jede Nacht unterm Fenster. Sie ist da, auch wenn du sie selten beachtest. Sie ist willens, Dein alles zu sein – denn das bist Du mir: mein Marmor-

Originalseite aus dem Manuskript „Den lille Havfrue": [= 1. Seite des Ms.]
„Langt ude i havet er vandet så blåt, som bladene på den deiligste kornblomst og så klart, som det reneste glas, men det er meget dybt, dybere end noget ankertoug når, mange kirketårne måtte stilles ovenpaa hinanden, for at række fra bunden op over vandet. Dernede boe Havfolkene. Nu må man slet ikke troe, at der kun er den nøgne hvide sandbund; nei, der voxe de forunderligste træer og planter, som ere så smidige og stilk og blade, at de ved den mindste bevægelse af vandet røre sig, ligesom om de vare levende. Alle fiskene, små og store, smutte imellem grenene, ligesom heroppe fuglene i luften. På det allerdybeste sted ligger havkongens slot, murene ere af coraller og de lange spidse vinduer af det allerklareste rav, men taget er muslingskaller, der åbne og lukke sig, eftersom vandet går; det ser deiligt ud; thi i hver
[= 2. Seite des Ms.] ligge strålende perler, en eneste vilde være stor stads i en dronnings krone.
Havkongen dernede havde i mange År været enkemand, men hans gamle moder holdt huus for ham, hun var en klog kone, men stolt af sin adel, derfor gik hun med tolv østers på Halen, de andre fornemme måtte kun bære sex. – Ellers fortjente hun megen roes, især fordi hun holdt så meget af de små havprindsesser, hendes sønnedøttre. De vare 6 deilige børn, men den yngste var den smukkeste af dem allesammen, hendes hud var så klar og skjær som et rosenblad, hendes øine så blå, som den dybeste sø, men ligesom alle de andre havde hun ingen fødder, kroppen endte i en fiskehale.
Hele den lange dag kunde de lege nede i slottet, i de store sale, hvor levende blomster voxte ud af væggene. De store rav-vinduer bleve lukkede op, og så svømmede fiskene ind til dem, ligesom hos os svalerne flyve ind, når vi lukke op, men fiskene svømmede lige hen til de små prindsesser, spiste af deres hånd og lode sig klappe."

standbild im Garten, um das meine erste Sehnsucht sich rankte; mein Fest, mein Gesang, mein Sturm und mein Stranden, mein Schmerz, meine Wonne, meine Seele, mein Leben ..." Und alles in ihm müßte darauf nun antworten, so oder so?

Wer ein Märchen von ANDERSEN liest, mag wähnen, es still und verträumt genießen zu können. Doch sein Zeitgenosse und Kontrahent SÖREN KIERKEGAARD hatte ganz recht[7]: Wer es wirklich liest, der muß sich entscheiden. Diese Art von Ästhetik ist Ethik, diese Art von Ethik ist Religion.[8] Hier geht es um Dich, einen Einzelnen, gestellt zwischen Leben und Tod, zwischen Gelingen und Scheitern; Du darfst das Scheitern nicht fürchten, wenn Du ein Mensch werden willst. Darin sind ANDERSENS „Märchen"

anders als alle anderen Märchen: Sie versprechen kein „Glück", sie sprechen von Unglück. Wir aber wollen wissen, wie sich's vermeiden läßt, schließlich das Unglück zu lieben, nur weil der Liebe das Glück nicht beschieden war, das sie sich erhoffte.

„Das Märchen meines Lebens", Titel einer der drei autobiographischen Schriften HANS CHRISTIAN ANDERSENS[9] – wie läßt es sich verwirklichen, so daß Dichtung und Wahrheit, daß Poesie und Liebe sich nicht länger nur in wechselseitigem Ausschluß bedingen, sondern daß Himmel und Erde und Erde und Meer sich verbinden und zusammenklingen als Bedingung eines glücklich geglückten Lebens? – Hören wir zu, was die verstummte Meermaid durch ANDERSENS Mund uns erzählt.

Die kleine Meerjungfrau

Weit draußen auf dem Meer ist das Wasser ganz blau, wie die Blütenblätter der schönsten Kornblume, und ganz durchsichtig, wie das reinste Glas, aber es ist sehr tief, tiefer, als eine Ankerkette reicht, viele Kirchtürme müßten übereinandergesetzt werden, um vom Grunde bis über das Wasser zu reichen. Dort unten wohnen die Meerleute.

Nun soll man doch ja nicht glauben, daß dort nur kahler, weißer Sandboden ist! Nein, da wachsen die wunderlichsten Bäume und Pflanzen, deren Stengel und Blätter so biegsam sind, daß sie sich bei der geringsten Bewegung des Wassers rühren, ganz als wären sie lebendig. Alle Fische, kleine und große, huschen zwischen den Zweigen hindurch, ebenso wie hier oben die Vögel durch die Luft. An der allertiefsten Stelle liegt das Schloß des Meerkönigs, die Mauern sind aus Korallen und die langen, spitzen Fenster aus dem allerklarsten Bernstein, aber das Dach sind Muschelschalen, die sich öffnen und schließen, je nachdem wie das Wasser geht und kommt. Das sieht wunderbar aus; denn in jeder liegen schimmernde Perlen; eine einzige wäre eine große Pracht in der Krone einer Königin.

Der Meerkönig dort unten war seit vielen Jahren Witwer, aber seine alte Mutter führte ihm den Haushalt; sie war eine kluge Frau, aber stolz auf ihren Adel, daher hatte sie immer zwölf Austern auf ihrem Schwanz, die anderen Vornehmen durften nur sechs tragen. – Sonst verdiente sie viel Lob, namentlich weil sie die kleinen Meerprinzessinnen so liebte, die Töchter ihres Sohnes. Es waren sechs prächtige Kinder, aber die Jüngste war die schönste von allen überhaupt, ihre Haut war so schier und rosig wie ein Rosenblatt, ihre Augen waren so blau wie der tiefste See, aber ebenso wie alle übrigen hatte sie keine Füße, der Rumpf endete in einem Fischschwanz.

Den lieben langen Tag hindurch konnten sie unten im Schloß spielen, in den großen Sälen, wo aus den Wänden richtige Blumen wuchsen. Die großen Bernsteinfenster wurden geöffnet, und dann schwammen die Fische zu ihnen herein, genauso wie bei uns die Schwalben hereinfliegen, wenn wir aufmachen. Aber die Fische schwammen geradewegs zu den kleinen Prinzessinnen hin, aßen aus ihrer Hand und ließen sich streicheln.

Vor dem Schloß draußen lag ein großer Garten mit feuerroten und dunkelblauen Bäumen, die Früchte glänzten wie Gold und die Blüten wie brennendes Feuer, da sie fortwährend Stengel und Blätter bewegten. Die Erde selbst war der feinste Sand, aber blau wie Schwefellohe. Über dem Ganzen dort unten lag ein wundersam blauer Schein, man hätte eher meinen sollen, man stünde hoch oben in der Luft und könnte nur den Himmel über und unter sich erblicken, als daß man auf dem Meeresgrunde stünde. Bei Windstille konnte man die Sonne erkennen, sie sah aus wie eine Purpurblüte, aus deren Kelch das ganze Licht strömte.

Die kleinen Prinzessinnen hatten jede ihren kleinen Platz im Garten, wo sie graben und pflanzen konnten, wie sie selber wollten. Eine gab ihrem Blumenflecken die Gestalt eines Walfischs, einer anderen gefiel es besser, wenn der ihre einer kleinen Meerjungfrau ähnlich war, aber die Jüngste machte ihren ganz rund wie die Sonne und hatte nur Blumen darauf, die rot glühten wie diese. Sie war ein seltsames Kind, still und nachdenklich, und während die anderen Schwestern die wunderlichsten Dinge als Schmuck gebrauchten, die sie von gestrandeten Schiffen bekamen, wollte sie außer den rosenroten Blumen, die der Sonne hoch droben ähnlich waren, nur ein schönes Marmorstandbild haben. Es war ein hübscher Knabe, aus dem weißen, reinen Stein gehauen, der bei einer Strandung auf den Meeresgrund geraten war. Neben das Standbild pflanzte sie eine rosenrote Trauerweide, die wuchs herrlich und ließ ihre frischen Zweige darüberhängen, bis auf den blauen Sandboden hernieder, wo der Schatten violett erschien und sich genauso wie die Zweige bewegte; es sah aus, als spielten Wipfel und Wurzeln, ob sie einander küssen könnten.

Für die kleine Meerjungfrau gab es keine größere Freude, als von der Menschenwelt droben zu hören; die alte Großmutter mußte alles erzählen, was sie von Schiffen und Städten, Menschen und Tieren wußte, vor allem kam es ihr wunderbar schön vor, daß oben auf der Erde die Blumen dufteten, das taten die auf dem Meeresgrund nicht, und daß die Wälder grün waren und die Fische, die man zwischen den Zweigen sah, so laut und herrlich singen konnten, daß es eine Lust war. Das waren die Vögelchen, die die Großmutter Fische nannte, denn sonst würden die Meerjungfrauen sie nicht verstanden haben, da sie keine Vögel gesehen hatten.

„Wenn ihr euer fünfzehntes Jahr vollendet habt", sagte die Großmutter, „dann bekommt ihr die Erlaubnis, aus dem Meer aufzutauchen, im Mondschein auf den Felsen zu sitzen und die großen Schiffe zu sehen, die vorüberfahren, auch Wälder und Städte werdet ihr sehen!" Im kommenden Jahr wurde die eine der Schwestern fünfzehn Jahre alt, aber die anderen? Ja, eine war immer ein Jahr jünger als die nächste, und die Jüngste von ihnen hatte demnach noch fünf ganze Jahre vor sich, ehe sie vom Meeresgrund heraufkommen und sehen durfte, wie es bei uns aussieht. Aber die eine versprach immer der nächsten, ihr zu erzählen, was sie am ersten Tag gesehen und am schönsten gefunden hatte; denn ihre Großmutter erzählte ihnen nicht genug, da gab es so viel, wonach sie sich erkundigen mußten.

Keine war so voller Sehnsucht wie die Jüngste, gerade sie, die noch am längsten warten mußte und die so still und nachdenklich war. Manche Nacht stand sie am offenen Fenster und schaute durch das dunkelblaue Wasser, wo die Fische mit ihren Flossen und Schwänzen klatschten, nach oben. Mond und Sterne konnte sie sehen, allerdings glänzten sie ganz schwach, aber durch das Wasser sahen sie viel größer aus als vor unserem bloßen Auge; glitt dann so etwas wie eine schwarze Wolke unter ihnen dahin, dann wußte sie, es war entweder ein Walfisch, der über sie hinwegschwamm, oder auch ein Schiff mit vielen Menschen. Die dachten sicher nicht daran, daß eine süße kleine Meerjungfrau hier unten stand und ihre weißen Hände nach dem Kiel ausstreckte.

Nun war die älteste Prinzessin fünfzehn Jahre alt und durfte zum Meeresspiegel hinaufsteigen.

Als sie zurückkehrte, hatte sie hundert Dinge zu berichten. Aber am schönsten, sagte sie, wäre, es, im Mondschein auf einer Sandbank in der ruhigen See zu liegen und die große Stadt dicht an der Küste zu sehen, wo die Lichter glänzten wie Hunderte von Sternen; die Musik und den Lärm und die Geräusche von Wagen und Menschen zu hören, die vielen Kirchen und Turmspitzen zu sehen und zu hören, wie die Glocken läuteten; eben weil sie nicht dorthin kommen konnte, sehnte sie sich am allermeisten nach diesen Dingen.

Oh! wie hörte da die jüngste Schwester zu. Und wenn sie dann abends an dem offenen Fenster stand und durch das dunkelblaue Wasser nach oben schaute, dachte sie an die große Stadt mit all dem Lärm und den Geräuschen, und dann war ihr so, als könnte sie die Kirchenglocken bis zu sich herunter läuten hören.

Im Jahre darauf durfte die zweite Schwester durch das Wasser nach oben steigen und hinschwimmen, wohin sie wollte. Sie tauchte empor, als die Sonne eben unterging, und diesen Anblick fand sie am schönsten. Der ganze Himmel habe ausgesehen wie Gold, sagte sie, und die Wolken, ja deren Schönheit könne sie gar nicht genug beschreiben! Rot und violett waren sie über ihr dahingesegelt, aber viel schneller als sie flog, wie ein langer weißer Schleier, ein Schwarm wilder Schwäne über das Wasser, auf dem die Sonne lag; sie schwamm auf sie zu, aber die Sonne sank, und der Rosenschimmer auf der Meeresoberfläche und den Wolken erlosch.

Im Jahre darauf kam die dritte Schwester nach oben, sie war die kühnste von allen, daher schwamm sie einen breiten Fluß hinauf, der ins Meer floß. Herrliche grüne Anhöhen mit Weinranken sah sie, Schlösser und Höfe schauten zwischen prächtigen Wäldern hervor; sie hörte alle die Vögel singen, und die Sonne schien so warm, daß sie oftmals unter Wasser tauchen mußte, um ihr glühendes Gesicht zu kühlen. In einer kleinen Bucht traf sie einen ganzen Schwarm von kleinen Menschenkindern. Ganz nackt liefen sie ins Wasser und plantschten drin herum. Sie wollte mit ihnen spielen, aber die rannten erschrocken davon. Und dann kam ein kleines, schwarzes Tier, das war ein Hund, aber sie hatte nie zuvor einen Hund gesehen; der bellte sie so schrecklich an, daß ihr angst wurde und sie ins offene Meer hinausstrebte, aber nie konnte sie die prächtigen Wälder, die grünen Hügel und die reizenden Kinder vergessen, die auf dem Wasser schwimmen konnten, obwohl sie keinen Fischschwanz hatten.

Die vierte Schwester war nicht so keck, sie blieb mitten auf dem wilden Meer und erzählte, eben das sei das Schönste: Man konnte viele Meilen weit um sich blicken, und der Himmel darüber war genauso wie eine große Glasglocke. Schiffe hatte sie gesehen, aber weit weg, sie sahen aus wie Mantelmöwen, die drolligen Delphine hatten Kobolz geschossen, und die großen Walfische hatten Wasser aus ihren Nasenlöchern in die Höhe gespritzt, daß es ringsum ausgesehen hatte wie hundert Springbrunnen.

Nun kam die Reihe an die fünfte Schwester. Ihr Geburtstag war gerade im Winter, und daher sah sie, was die anderen das erstemal nicht gesehen hatten. Die See wirkte ganz grün, und rundum schwammen große Eisberge, jeder sehe aus wie eine Perle, sagte sie, und sei doch weit größer als die Kirchtürme, die die Menschen erbauten. In den wundersamsten Gestalten traten sie auf und blinkten wie Diamanten. Sie hatte sich auf einen von den größten gesetzt, und alle Segler kreuzten voller Schrecken in weitem Bogen um den Platz herum, wo sie saß und den Wind in ihrem langen Haar wehen ließ. Aber gegen Abend überzog sich der Himmel mit Wolken, es blitzte und donnerte, während die finstere See die großen Eisblöcke hochhob, so daß sie im Licht der roten Blitze funkelten. Auf allen Schiffen holte man die Segel ein, es herrschten Angst und Grauen, aber sie saß ruhig auf ihrem schwimmenden Eisberg und sah, wie der blaue Blitzstrahl im Zickzack in die schimmernde See einschlug.

Wenn eine der Schwestern das erstemal an die Oberfläche kam, war sie immer begeistert von dem Neuen und Schönen, das sie erblickte. Da sie aber jetzt, als erwachsene Mädchen, die Erlaubnis hatten, nach oben zu steigen, wann sie wollten, wurde es ihnen gleichgültig, es verlangte sie wieder nach Hause, und nach Verlauf eines Monats sagten sie, bei ihnen unten wäre es doch am allerschönsten und es wäre so behaglich daheim.

Manche Abendstunde faßten die fünf Schwestern einander an und stiegen in einer Reihe über das Wasser empor. Herrliche Stimmen hatten sie, schöner als irgendein Mensch, und wenn ein Sturm heraufzog und sie vermuten konnten, daß Schiffe untergehen würden, schwammen sie vor den Schiffen her und sangen so herrlich davon, wie schön es auf dem Meeresgrunde sei, und sagten den Seeleuten, sie sollten sich nicht davor fürchten, dort hinunterzukommen. Aber die Seeleute konnten die Worte nicht verstehen, sie meinten, es sei der Sturm, und sie bekamen auch die Schönheit dort unten nicht zu Gesicht, denn wenn das Schiff sank, dann ertranken die Menschen und kamen nur als Tote zum Schloß des Meerkönigs.

Wenn nun die Schwestern abends, Arm in Arm, hoch durch das Meer nach oben stiegen, dann stand die kleine Schwester ganz allein und schaute ihnen nach, und es war, als müßte sie weinen, aber die Meerjungfrau hat keine Tränen, und so leidet sie viel mehr.

„Ach, wäre ich doch fünfzehn Jahre alt!" sagte sie. „Ich weiß, ich werde die Welt dort oben und die Menschen, die dort oben ihr Haus bauen, liebgewinnen!"

Endlich war sie fünfzehn Jahre alt.

„Siehst du, nun haben wir dich auch so weit", sagte ihre Großmutter, die alte Königinwitwe. „Komm, laß dich schmücken, ebenso wie deine anderen Schwestern!" und sie setzte ihr einen Kranz von weißen Lilien aufs Haar, aber jedes Blütenblatt war eine halbe Perle; und die Alte ließ acht Austern sich an dem Schwanz der Prinzessin festklemmen, damit man ihre hohe Abkunft erkennen konnte.

„Es tut so weh!" sagte die kleine Meerjungfrau.

„Ja, fürs Feinsein muß man leiden!" sagte die Alte.

Oh! sie hätte so gern diese ganze Pracht abgeschüttelt und den Kranz abgelegt, ihre roten Blumen im Garten standen ihr viel besser zu Gesicht, aber sie wagte es jetzt nicht zu tun. „Auf Wiedersehen!" sagte sie und stieg nun leicht und hell wie eine Blase durch das Wasser nach oben.

Die Sonne war eben untergegangen, als die Meerjungfrau den Kopf über die Wasseroberfläche hob. Aber alle Wolken schimmerten noch wie Rosen und Gold, und mitten in der blaßrosa Luft strahlte der Abendstern hell und schön. Die Luft war mild und frisch und das Meer ganz glatt. Dort lag ein großes Schiff mit drei Masten, ein einziges Segel nur war gesetzt, denn es rührte sich kein Wind, und überall in den Tauen und auf den Rahen saßen Matrosen. Musik und Gesang ertönten, und als der Abend immer dunkler wurde, wurden Hunderte von buntfarbigen Lichtern angezündet; sie sahen aus, als wehten die Flaggen aller Nationen in der Luft. Die kleine Meerjungfrau schwamm ganz dicht an ein Kajütenfenster heran. Und jedesmal, wenn das Wasser sie in die Höhe hob, konnte sie durch die spiegelblanken Scheiben sehen, wo eine Menge geputzte Menschen standen, aber der Schönste war der junge Prinz mit den großen, schwarzen Augen, er war gewiß nicht viel älter als sechzehn Jahre, es war sein Geburtstag, und das war der Grund für die ganze Pracht. Die Matrosen tanzten an Deck, und als der junge Prinz heraustrat, gingen über hundert Raketen in die Luft, die glänzten wie der lichte Tag, so daß die kleine Meerjungfer sehr erschrak und unter Wasser tauchte, aber sie steckte den Kopf bald wieder heraus, und da sah es aus, als ob alle Sterne des Himmels auf sie niederfielen. Niemals hatte sie solche Feuerkünste erblickt. Große Sonnen drehten sich im Kreise, prächtige Feuerfische schwangen sich durch die blaue Luft, und alles glänzte von der reinen, stillen See wider. Auf dem Schiff selbst war es so hell, daß man das kleinste Tau sehen konnte, um wie vieles leichter die Menschen. Oh, wie schön war der junge Prinz, und er drückte den Männern die Hand, lachte und lächelte, während die Musik durch die herrliche Nacht klang.

Es wurde spät, aber die kleine Meerjungfrau konnte die Augen nicht von dem Schiff wenden und von dem schönen Prinzen. Die bunten Lichter wurden gelöscht, die Raketen stiegen nicht mehr in die Luft, es ertönten auch keine Kanonenschüsse mehr, aber tief drunten im Meer summte und brummte es. Sie saß inzwischen auf dem Wasser und schaukelte auf und nieder, so daß sie in die Kajüte hineinsehen konnte. Aber das Schiff begann schneller zu fahren, ein Segel nach dem anderen entfaltete sich, jetzt wurde der Seegang stärker, große Wolken zogen herauf, es blitzte in der Ferne. Oh, es kam ein schreckliches Unwetter auf. Darum holten die Matrosen die Segel ein. Das große Schiff tanzte mit rasender Geschwindigkeit auf dem wilden Meer. Die Wasser erhoben sich wie große schwarze Berge, die auf die Masten niederstürzen wollten, aber das Schiff tauchte wie ein Schwan zwischen den hohen Wellen unter und ließ sich abermals auf die sich türmenden Wasser heben. Die kleine Meerjungfrau fand, dies sei einmal eine lustige Fahrt, aber das fanden die Seeleute nicht, das Schiff ächzte und knarrte, die dicken Planken bogen sich unter den heftigen Stößen, die die Seen dem Schiff versetzten, der Mast brach mitten durch, so als wäre er ein Schilfrohr, und das Schiff schlingerte, während das Wasser in den Rumpf eindrang. Nun sah die kleine Meerjungfrau, daß sie in Gefahr waren, sie mußte sich selber vor Planken und Holzstücken vom Schiff in acht nehmen, die auf dem Meer trieben. Einen Augenblick lang war es so kohlrabenschwarz, daß sie nicht das geringste erkennen konnte, aber wenn es dann blitzte, wurde es wieder so hell, daß sie alle auf dem Schiff erkannte. Jeder wankte dahin, so gut er konnte; vor allem suchte sie nach dem jungen Prinzen, und sie sah ihn, als das Schiff auseinanderbrach, ins tiefe Meer sinken. Zuerst freute sie sich sehr, denn nun kam er zu ihr herunter, aber dann fiel ihr ein, daß die Menschen nicht im Wasser leben konnten und daß er nicht, es sei denn als Toter, in ihres Vaters Schloß kommen konnte. Nein, sterben, das durfte er nicht; des-

halb schwamm sie zwischen Planken und Balken, die in der See trieben, hindurch und vergaß ganz und gar, daß diese sie zerschmettern konnten, sie tauchte tief unter Wasser und stieg wieder zwischen den Wogen hoch empor und kam schließlich zu dem jungen Prinzen, der in der stürmischen See kaum noch schwimmen konnte, seine Arme und Beine fingen an zu ermüden, die schönen Augen schlossen sich, er hätte sterben müssen, wäre nicht die kleine Meerjungfrau dazugekommen. Sie hielt seinen Kopf über Wasser und ließ sich dann mit ihm von den Wogen treiben, wohin die wollten.

In der Frühe war das Unwetter vorüber, von dem Schiff war kein Splitter mehr zu sehen, die Sonne erhob sich rot und leuchtend über dem Wasser, es war gerade, als käme dadurch Leben in die Wangen des Prinzen, aber die Augen blieben geschlossen; die Meerjungfrau küßte seine hohe, wunderschöne Stirn und strich sein nasses Haar zurück, sie fand, er sehe dem Marmorstandbild unten in ihrem kleinen Garten ähnlich, sie küßte ihn abermals und wünschte nur, er würde lebendig.

Nun sah sie vor sich das Festland, hohe, blaue Berge, auf deren Gipfeln der weiße Schnee glänzte, als lägen dort Schwäne; unten an der Küste waren schöne grüne Wälder, und ganz vorn lag eine Kirche oder ein Kloster, das wußte sie nicht recht, aber ein Gebäude war es. Zitronen- und Apfelsinenbäume wuchsen dort im Garten, und vor dem Tor standen hohe Palmen. Das Meer bildete hier eine kleine Bucht, die spiegelglatt, aber sehr tief war, bis ganz zum Felsen hin, wo der feine, weiße Sand angespült war. Hierhin schwamm sie mit dem schönen Prinzen, legte ihn auf den Sand, sorgte vor allem dafür, daß der Kopf hoch im warmen Sonnenschein lag.

Jetzt läuteten die Glocken in dem großen, weißen Gebäude, und durch den Garten kamen viele junge Mädchen. Da schwamm die kleine Meerjungfrau weiter hinaus hinter einige große Steine, die aus dem Wasser aufragten, legte sich Meeresschaum auf ihr Haar und ihre Brust, so daß niemand ihr Gesicht sehen konnte. Und nun paßte sie auf, wer zu dem armen Prinzen hinging.

Es dauerte nicht lange, da kam ein junges Mädchen dorthin, sie schien sehr zu erschrecken, aber nur einen Augenblick, dann holte sie mehr Menschen, und die Meerjungfrau sah, daß das Leben in den Prinzen zurückkehrte und daß er alle um sich her anlächelte, aber ihr da draußen lächelte er nicht zu, er wußte ja auch nicht, daß sie ihn gerettet hatte, ihr war nun so traurig zumute, daß sie, als er in das große Gebäude geführt wurde, voller Leid ins Wasser niedertauchte und heimwärts zog zu ihres Vaters Schloß.

Immer war sie still und nachdenklich gewesen, aber nun wurde sie es sehr viel mehr. Die Schwestern fragten sie, was sie das erstemal dort oben erblickt habe, aber sie erzählte nichts.

Manchen Abend und manchen Morgen stieg sie dort empor, wo sie den Prinzen verlassen hatte. Sie sah, wie die Früchte des Gartens reiften und gepflückt wurden, sie sah, wie der Schnee auf den hohen Bergen schmolz, aber den Prinzen sah sie nicht, und darum kehrte sie stets nur noch betrübter heim. Es war ihr einziger Trost, dort in dem kleinen Garten zu sitzen und ihre Arme um das schöne Marmorstandbild zu schlingen, das dem Prinzen ähnlich war, aber ihre Blumen pflegte sie nicht, sie wuchsen wie in einer Wildnis über die Wege und verflochten ihre langen Stengel und Blätter mit den Ästen der Bäume, so daß es hier dunkel war.

Zuletzt konnte sie es nicht länger aushalten und erzählte es einer ihrer Schwestern, und dann erfuhren es sogleich alle übrigen, aber auch niemand weiter als sie und noch zwei andere Meerjungfrauen, die es nicht weitersagten, außer ihren besten Freundinnen. Eine von ihnen wußte, wer der Prinz war, sie hatte auch die Pracht auf dem Schiff gesehen, wußte, wo er her war und wo sein Königreich lag.

„Komm, Schwesterchen!" sagten die anderen Prinzessinnen, und indem sie einander die Arme um die Schultern legten, stiegen sie in einer langen Reihe aus dem Meere auf, und zwar dort, wo sie wußten, daß des Prinzen Schloß lag.

Dies war aus einer hellgelben, glitzernden Gesteinsart errichtet, mit großen Marmortreppen, eine führte bis ins Meer hinab. Prächtige vergoldete Kuppeln erhoben sich über dem Dach, und zwischen den Säulen, die das ganze Bauwerk umgaben, standen marmorne Figuren, die ganz lebendig wirkten. Durch das klare Glas der hohen Fenster sah man in die prächtigsten Säle, wo kostbare seidene Vorhänge und Decken aufgehängt und alle Wände mit großen Gemälden geziert waren, die anzuschauen eine wahre Freude war. Mitten in dem größten Saal plätscherte ein großer Springbrunnen, die Strahlen schossen bis hoch unter der Glaskuppel an der Decke, durch die die Sonne auf das Wasser schien und auf die schönen Pflanzen, die hier in dem großen Becken wuchsen.

Jetzt wußte sie, wo er wohnte, und manchen Abend oder manche Nacht kam sie über das Wasser hierher; sie schwamm viel näher ans Land heran, als eine von den anderen es je gewagt hatte, ja, sie schwamm ganz in den schmalen Kanal hinein unter dem prachtvollen Marmor-Balkon, der einen langen Schatten über das Wasser warf. Hier saß sie und betrachtete den jungen Prinzen, welcher meinte, er wäre ganz allein in dem hellen Mondschein.

Sie sah ihn manchen Abend bei Musik in seinem prächtigen Boot fahren, an dem die Flaggen wehten; sie guckte zwischen dem grünen Schilf hindurch, und wehte der Wind ihren langen, silberweißen Schleier hoch und jemand sah es, dann dachten sie, es sei ein Schwan, der die Schwingen hob.

Sie hörte manche Nacht, wenn die Fischer mit ihren Laternen draußen auf dem Wasser waren, daß sie viel Gutes von dem jungen Prinzen erzählten, und sie freute sich, daß sie ihm das Leben gerettet hatte, als er halbtot auf den Wogen dahintrieb, und sie dachte daran, wie fest sein Kopf an ihrer Brust geruht hatte und wie innig sie ihn dann geküßt hatte; er wußte gar nichts davon, konnte nicht einmal von ihr träumen.

Immer lieber gewann sie die Menschen, immer mehr hatte sie den Wunsch, zu ihnen emporsteigen zu können; die Menschenwelt kam ihr viel größer vor als ihre eigene. Sie konnten ja auf Schiffen über das Meer hinfliegen, auf die hohen Berge droben über den Wolken steigen, und die Länder, die sie besaßen, dehnten sich mit Wäldern und Feldern weiter, als sie blicken konnte. Da gab es so viel, was sie gern gewußt hätte, aber die Schwestern konnten nicht auf all das Antwort geben, darum fragte sie die alte Großmutter, und die kannte gut die höhere Welt, die sie sehr richtig die Lande über dem Meer nannte.

„Wenn die Menschen nicht ertrinken", fragte die kleine Meerjungfrau, „bleiben sie dann immer am Leben, sterben sie nicht wie wir hier unten im Meer?"

„Doch", sagte die Alte, „sie müssen auch sterben, und ihre Lebenszeit ist sogar kürzer als die unsere. Wir können dreihundert Jahre alt werden, aber wenn wir dann aufhören, hier zu leben, dann werden wir nur zu Schaum auf dem Wasser, haben nicht einmal ein Grab hier unten unter unseren Lieben. Wir besitzen keine unsterbliche Seele, wir erhalten das Leben nie wieder zurück, wir sind genauso wie das grüne Schilf; ist es erst geschnitten, dann kann es nicht wieder grünen! Die Menschen dagegen haben eine Seele, die immer lebt, die lebt, wenn der Körper zu Erde geworden ist; sie steigt hinauf in die helle Luft, hinauf zu

den funkelnden Sternen! So wie wir aus dem Meer auftauchen und die Länder der Menschen schauen, so tauchen sie zu unbekannten, herrlichen Gegenden empor, die wir niemals zu sehen bekommen."

„Weshalb bekamen wir keine unsterbliche Seele?" sagte die kleine Meerjungfrau traurig. „Ich würde alle meine hundert Jahre hergeben, die ich noch vor mir habe, um nur einen einzigen Tag ein Mensch zu sein und dann teilzuhaben an der himmlischen Welt!"

„Daran darfst du nicht immer denken!" sagte die Alte, „wir sind viel glücklicher und besser daran als die Menschen dort oben!"

„Ich muß also sterben und als Schaum auf dem Meer schwimmen, kann nicht die Musik der Wellen hören, nicht die herrlichen Blumen schauen und die rote Sonne! Kann ich denn gar nichts tun, um eine ewige Seele zu erlangen?"

„Nein!" sagte die Alte, „nur wenn ein Mensch dich so liebgewänne, daß du ihm mehr bedeutetest als Vater und Mutter, wenn er mit all seinem Denken und seiner Liebe an dir hinge und den Priester seine rechte Hand in deine legen ließe mit dem Gelübde, treu zu sein hier und bis in alle Ewigkeit, dann glitte seine Seele in deinen Leib hinüber, und du hättest auch teil am Glück der Menschen. Er gäbe dir eine Seele und behielte dennoch seine eigene. Aber das kann nimmer geschehen! Was hier im Meer gerade schön ist, dein Fischschwanz, das finden sie droben auf der Erde häßlich, sie verstehen es nun mal nicht besser, dort muß man zwei ungeschlachte Säulen haben, die sie Beine nennen, um schön zu sein!"

Da seufzte die kleine Meerjungfrau und blickte traurig auf ihren Fischschwanz.

„Laß uns fröhlich sein", sagte die Alte, „hüpfen und springen wollen wir die dreihundert Jahre, die wir zu leben haben, das ist immerhin eine ganz erkleckliche Zeit, nachher kann man sich um so zufriedener in seinem Grab ausruhen. Heute abend haben wir Hofball!"

Das war auch eine Pracht, wie man sie auf Erden niemals sieht. Wände und Decke in dem großen Tanzsaal waren aus dickem, aber durchsichtigem Glas. Mehrere hundert riesige Muschelschalen, rosenrot und grasgrün, standen auf allen Seiten in Reihen nebeneinander, mit einem blau brennenden Feuer, das den ganzen Saal erhellte und durch die Wände leuchtete, so daß die See draußen ganz hell war: Man konnte all die unzähligen Fische sehen, große und kleine, die gegen die Glaswand schwammen, an manchen glänzten die Schuppen purpurrot, an anderen sahen sie aus wie Silber und Gold. – Mitten durch den Saal floß ein breiter Strom, und auf diesem tanzten Wassermänner und Meerfrauen zu ihrem eigenen, schönen Gesang. So herrliche Stimmen haben die Menschen auf der Erde nicht. Die kleine Meerjungfrau sang am schönsten von allen, und man klatschte ihr Beifall; und einen Augenblick lang war sie von Herzen froh, denn sie wußte, sie hatte die schönste Stimme von allen auf der Erde und im Meer.

Aber bald mußte sie doch wieder an die Welt droben denken. Sie konnte den schönen Prinzen und ihren Kummer, daß sie nicht, wie er, eine unsterbliche Seele besitze, nicht vergessen. Darum schlich sie sich aus ihres Vaters Schloß, und während drinnen Gesang und Fröhlichkeit herrschten, saß sie traurig in ihrem kleinen Garten. Da hörte sie ein Waldhorn durch das Wasser erklingen, und sie dachte: „Nun fährt er sicherlich dort oben, er, den ich lieber habe als Vater und Mutter, er, dem ich mit all meinen Gedanken anhange und in dessen Hand ich das Glück meines Lebens legen möchte. Alles werde ich wagen, um ihn und eine unsterbliche Seele zu erringen! Während meine Schwestern dort drinnen in meines Vaters Schloß tanzen, will ich zur Meerhexe gehen, vor ihr habe ich

immer solche Furcht gehabt, aber sie kann vielleicht raten und helfen!"

Nun ging die kleine Meerjungfrau aus ihrem Garten fort auf die brausenden Strudel zu, hinter welchen die Hexe wohnte. Diesen Weg war sie noch nie gegangen, hier wuchsen keine Blumen, kein Seegras, nur der kahle graue Sandboden erstreckte sich bis zu den Strudeln, wo das Wasser wie sausende Mühlräder rundherum wirbelte und alles, was es zu fassen bekam, mit sich in die Tiefe riß. Mitten durch diese zermalmenden Wirbel mußte sie gehen, um in den Bereich der Meerhexe zu gelangen, und hier gab es ein langes Stück keinen anderen Weg als über heiß brodelnden Schlamm, den nannte die Hexe ihr Torfmoor. Dahinter lag ihr Haus inmitten eines seltsamen Waldes. Alle Bäume und Sträucher waren Polypen, halb Tier und halb Pflanze, sie sahen aus wie hundertköpfige Schlangen, die aus dem Erdboden wuchsen, alle Äste waren lange, schleimige Arme mit Fingern wie sich schlängelnde Würmer, und Glied für Glied bewegten sie sich von der Wurzel bis zur äußersten Spitze. Alles, was sie im Meer erwischen konnten, umschlangen sie und ließen es nie wieder los. Die kleine Meerjungfrau blieb ganz erschrocken draußen stehen. Ihr Herz klopfte vor Angst, fast wäre sie umgekehrt, aber dann dachte sie an den Prinzen und die Seele des Menschen, und da bekam sie Mut. Sie band ihr langes, wehendes Haar fest um ihren Kopf, damit die Polypen es nicht packen konnten, die Hände legte sie beide über ihrer Brust zusammen und flog so, wie der Fisch durchs Wasser fliegen kann, mitten zwischen den häßlichen Polypen dahin, die ihre biegsamen Arme und Finger nach ihr ausreckten. Sie sah, daß jeder von ihnen etwas hielt, das er ergriffen hatte, hundert kleine Arme umklammerten es fest wie mit starken eisernen Banden. Menschen, die auf See umgekommen und in die Tiefe gesunken waren, schauten als weiße Knochengerippe zwischen den Armen der Polypen hervor. Schiffsruder und Kästen hielten sie fest. Gerippe von Landtieren und eine kleine Meerjungfrau, die sie gefangen und erwürgt hatten, das war ihr beinahe das schrecklichste.

Nun kam sie an einen großen, glitschigen Platz im Walde, wo sich große, fette Wassernattern tummelten und ihren garstigen, weißgelben Bauch zeigten. Mitten auf dem Platz war ein Haus errichtet, aus den weißen Knochen Gestrandeter, dort saß die Meerhexe und ließ eine Kröte von ihrem Munde fressen, ebenso wie die Menschen einen kleinen Kanarienvogel Zucker essen lassen. Die häßlichen, fetten Wassernattern nannte sie ihre kleinen Küken und ließ sie auf ihrer großen, schwammigen Brust sich schlängeln.

„Ich weiß schon, was du willst!" sagte die Meerhexe. „Du bist schön dumm! Trotzdem sollst du deinen Willen haben, denn der wird dich ins Unglück bringen, meine wunderfeine Prinzessin. Du möchtest gern deinen Fischschwanz lossein und statt dessen zwei Stümpfe haben zum Gehen, genauso wie die Menschen, damit der junge Prinz sich in dich verliebt und du ihn kriegst und mit ihm eine unsterbliche Seele!" Gleichzeitig lachte die Hexe so laut und garstig, daß die Kröte und die Nattern auf den Boden fielen und sich dort umherwälzten. „Du kommst gerade zur rechten Zeit", sagte die Hexe, „wenn die Sonne morgen aufgeht, könnte ich dir nicht mehr helfen, bevor nicht ein Jahr um ist. Ich werde dir einen Trunk bereiten, mit diesem mußt du, ehe die Sonne aufgeht, an Land schwimmen, dich dort ans Ufer setzen und ihn trinken, dann teilt sich dein Schwanz und schrumpft ein, zu etwas, was die Menschen hübsche Beine nennen, aber es tut weh, es ist, als ginge das scharfe Schwert durch dich hindurch. Alle, die dich sehen, werden sagen, du seiest das reizendste Menschenkind, das sie gesehen haben! Du behältst deinen schwebenden Gang, keine Tänzerin kann schweben wie

du, aber bei jedem Schritt, den du machst, ist es, als trätest du auf ein scharfes Messer, so daß dein Blut fließen müßte. Willst du dies alles erdulden, dann werde ich dir helfen!"

„Ja", sagte die kleine Meerjungfrau mit bebender Stimme und dachte an den Prinzen und daran, daß sie eine unsterbliche Seele erringen wollte.

„Aber vergiß nicht", sagte die Hexe, „hast du erst menschliche Gestalt angenommen, dann kannst du niemals wieder eine Meerjungfrau werden! Du kannst nie mehr durch das Wasser zu deinen Schwestern und deines Vaters Schloß herniedersteigen, und gewinnst du nicht die Liebe des Prinzen, so daß er um deinetwillen Vater und Mutter vergißt und den Priester eure Hände ineinanderlegen läßt, so daß ihr Mann und Frau werdet, dann erhältst du keine unsterbliche Seele! An dem ersten Morgen, nachdem er mit einer anderen Hochzeit gehalten hat, da muß dein Herz brechen, und du wirst zu Schaum auf dem Wasser."

„Ich will es", sagte die kleine Meerjungfrau und war blaß wie eine Tote.

„Aber mich mußt du auch bezahlen!" sagte die Hexe, „und es ist nicht wenig, was ich fordere. Du hast die herrlichste Stimme von allen hier unten auf dem Grunde des Meeres, mit der glaubst du wohl, ihn verzaubern zu können, aber diese Stimme mußt du mir geben. Das Beste, was du besitzt, möchte ich für meinen kostbaren Trank haben! Mein eigenes Blut muß ich dir ja da hineintun, damit der Trank scharf werden kann wie ein zweischneidiges Schwert!"

„Aber wenn du meine Stimme nimmst", sagte die kleine Meerjungfrau, „was behalte ich dann noch übrig?"

„Deine liebreizende Gestalt", sagte die Hexe, „deinen schwebenden Gang und deine sprechenden Augen, mit diesen wirst du schon noch ein Menschenherz betören können. Nun, hast du den Mut verloren? Strecke deine kleine Zunge heraus, dann schneide ich sie ab, als Bezahlung, und du erhältst den kräftigen Trank!"

„So sei es denn!" sagte die kleine Meerjungfrau, und die Hexe setzte ihren Kessel auf, um den Zaubertrank zu kochen. „Reinlichkeit ist eine gute Sache!" sagte sie und scheuerte den Kessel mit den Nattern, die sie zu einem Knäuel zusammenband; dann ritzte sie sich selber die Brust und ließ ihr schwarzes Blut hineinträufeln, der Dampf nahm die seltsamsten Gestalten an, so daß einem angst und bange werden mußte. Alle Augenblicke tat die Hexe neue Sachen in den Kessel, und als es ordentlich kochte, klang es, wie wenn das Krokodil weint. Schließlich war der Trank fertig, er sah aus wie klarstes Wasser.

„Hier hast du ihn!" sagte die Hexe und schnitt der kleinen Meerjungfrau die Zunge ab, und nun war sie stumm, konnte weder singen noch sprechen.

„Falls die Polypen nach dir greifen, wenn du durch meinen Wald zurückgehst", sagte die Hexe, „so spritze nur einen einzigen Tropfen von diesem Trank auf sie, dann zerspringen ihre Arme und Finger in tausend Stücke!" Aber das brauchte die kleine Meerjungfrau nicht, die Polypen zogen sich erschrocken vor ihr zurück, als sie den schimmernden Trank sahen, der in ihrer Hand glänzte wie ein funkelnder Stern. So kam sie schnell durch den Wald, das Moor und die brausenden Strudel.

Sie konnte ihres Vaters Schloß sehen; die Fackeln in dem großen Tanzsaal waren gelöscht, dort drinnen schlief sicherlich alles, aber sie wagte es nicht, sie aufzusuchen, nun da sie stumm war und für immer von ihnen fortgehen wollte. Es war, als sollte ihr das Herz vor Leid brechen. Sie schlich sich in den Garten, nahm von jedem Blumenbeet ihrer Schwestern eine Blume, warf tausend Kußhände zum Schlosse hin und stieg durch die dunkelblaue See nach oben.

Die Sonne war noch nicht hervorgekommen, als sie das Schloß des Prinzen sah und die prächtige Marmortreppe hinanstieg. Der Mond glänzte wunderbar hell. Die kleine Meerjungfrau trank den brennend scharfen Trank, und es war, als ginge ihr ein zweischneidiges Schwert durch den feinen Leib, sie wurde ohnmächtig davon und lag wie tot da. Als die Sonne über das Meer schien, erwachte sie, und sie fühlte einen brennenden Schmerz, aber ihr gegenüber stand der reizende junge Prinz, er heftete seine kohlschwarzen Augen auf sie, so daß sie die ihren niederschlug und sah, daß ihr Fischschwanz fort war und daß sie die hübschesten weißen kleinen Beine hatte, die ein Mädchen nur haben konnte, aber sie war ganz nackt, darum hüllte sie sich in ihr dichtes, langes Haar. Der Prinz fragte, wer sie sei und wie sie hergekommen sei, und sie sah ihn sanft und doch so traurig mit ihren dunkelblauen Augen an, sprechen konnte sie ja nicht. Da nahm er sie bei der Hand und führte sie ins Schloß hinein. Jeder Schritt, den sie machte, war, wie die Hexe ihr vorausgesagt hatte, als träte sie auf spitze Pfrieme und scharfe Messer, aber das erduldete sie gern. An der Hand des Prinzen stieg sie so leicht wie eine Luftblase empor, und er und alle wunderten sich über ihren anmutigen, schwebenden Gang.

Kostbare Kleider aus Seide und Musselin bekam sie an, im Schloß war sie die Schönste von allen, aber sie war stumm, konnte weder singen noch sprechen. Wunderschöne Sklavinnen, in Seide und Gold gekleidet, kamen und sangen dem Prinzen und seinen königlichen Eltern vor; eine sang schöner als alle anderen, und der Prinz klatschte in die Hände und lächelte ihr zu, da wurde die kleine Meerjungfrau traurig, sie wußte, sie selbst hatte viel schöner gesungen! Sie dachte: Oh, er sollte nur wissen, daß ich, um bei ihm sein zu können, für alle Ewigkeit meine Stimme fortgegeben habe!

Nun tanzten die Sklavinnen anmutige, schwebende Tänze zu der herrlichsten Musik, da hob die kleine Meerfrau ihre schönen, weißen Arme, richtete sich auf den Zehenspitzen auf und schwebte durch den Raum, tanzte, wie noch keiner getanzt hatte; bei jeder Bewegung wurde ihre Schönheit noch sichtbarer, und ihre Augen rührten tiefer ans Herz als der Gesang der Sklavinnen.

Alle waren davon begeistert, vor allem der Prinz, der sie sein kleines Findelkind nannte, und sie tanzte immer mehr, obwohl es ihr jedesmal, wenn ihr Fuß die Erde berührte, so war, als träte sie auf scharfe Messer. Der Prinz sagte, sie solle für alle Zeiten bei ihm bleiben, und sie durfte vor seiner Tür auf einem samtenen Kissen schlafen.

Er ließ ihr eine Männertracht nähen, damit sie ihn zu Pferde begleiten konnte. Sie ritten durch die duftenden Wälder, wo die grünen Zweige ihr gegen die Schultern schlugen und die Vögelchen hinter den frischen Blättern sangen. Sie kletterte mit dem Prinzen auf die hohen Berge hinauf, und obwohl ihre feinen Füße bluteten, so daß die anderen es sehen konnten, lachte sie dennoch darüber und folgte ihm, bis sie die Wolken unter sich segeln sahen, als wären sie ein Schwarm Vögel, der in fremde Länder zog.

Daheim auf des Prinzen Schloß, wenn nachts die anderen schliefen, ging sie auf die breite Marmortreppe hinaus; und es kühlte ihre brennenden Füße, wenn sie in dem kalten Meerwasser stand, und dann dachte sie an die dort unten in der Tiefe.

Eines Nachts kamen ihre Schwestern Arm in Arm, sie sangen so kummervoll, als sie auf dem Wasser schwammen, und sie winkte ihnen zu, und sie erkannten sie und erzählten, wie traurig sie sie alle gemacht habe. Allmählich besuchten sie sie seitdem, und eines Nachts sah sie weit draußen die alte Großmutter, die viele Jahre lang nicht über Wasser gewesen war, und den Meerkönig mit

seiner Krone auf dem Haupt, sie streckten die Hände nach ihr aus, wagten sich aber nicht so nahe ans Land wie die Schwestern.

Von Tag zu Tag wurde sie dem Prinzen lieber, er hatte sie lieb, wie man ein gutes, liebes Kind liebhat, aber sie zu seiner Königin zu machen, kam ihm gar nicht in den Sinn, und seine Frau mußte sie werden, sonst erhielt sie keine unsterbliche Seele, sondern würde an seinem Hochzeitsmorgen zu Schaum auf dem Meere werden.

„Hast du mich nicht von allen am liebsten?" schienen die Augen der kleinen Meerjungfrau zu sagen, wenn er sie in seine Arme nahm und sie auf ihre schöne Stirn küßte.

„Doch, du bist mir am liebsten", sagte der Prinz, „denn du hast das beste Herz von allen, du bist mir am meisten zugetan, und du gleichst einem jungen Mädchen, das ich einstmals sah, aber sicher nie mehr wiederfinde. Ich war auf einem Schiff, das unterging, die Wogen trieben mich an Land, nahe bei einem heiligen Tempel, wo mehrere junge Mädchen Dienst taten, die jüngste dort fand mich am Strand und rettete mir das Leben, ich sah sie nur zweimal; sie wäre die einzige, die ich in dieser Welt lieben könnte, aber du gleichst ihr, du verdrängst fast ihr Bild aus meiner Seele. Sie gehört zu dem heiligen Tempel, und darum hat mein gutes Glück dich mir gesandt, nie wollen wir uns trennen!" – „Ach, er weiß nicht, daß ich ihm das Leben gerettet habe!" dachte die kleine Meerjungfrau. „Ich trug ihn über die See zum Walde hin, wo der Tempel steht, ich saß hinter dem Gischt und sah nach, ob nicht Menschen kämen. Ich sah das schöne Mädchen, das er lieber hat als mich!" und die Meerjungfrau seufzte tief, weinen konnte sie nicht. „Das Mädchen gehört dem heiligen Tempel an, hat er gesagt, sie kommt nie in die Welt hinaus, sie begegnen sich nicht mehr, ich bin bei ihm, sehe ihn jeden Tag, ich werde ihn pflegen, ihn lieben, ihm mein Leben weihen!"

„Aber jetzt wird der Prinz heiraten und die schöne Tochter des Nachbarkönigs bekommen!" erzählte man, „das ist der Grund, weshalb er ein so prächtiges Schiff ausrüstet. Der Prinz fährt fort, um sich die Länder des Nachbarkönigs anzusehen, ein großes Gefolge nimmt er mit." Aber die kleine Meerjungfrau schüttelte den Kopf und lachte, sie kannte die Gedanken des Prinzen viel besser als all die anderen. „Ich muß fahren!" hatte er zu ihr gesagt, „ich soll mir die schöne Prinzessin ansehen, meine Eltern verlangen es, aber mich zwingen, sie als meine Braut heimzuführen, das wollen sie nicht! Ich kann sie nicht lieben! Sie gleicht nicht dem schönen Mädchen im Tempel, dem du gleichst, sollte ich einmal eine Braut erwählen, dann wärest eher du es, mein stummes Findelkind mit den sprechenden Augen!" Und er küßte ihren roten Mund, spielte mit ihrem langen Haar und legte seinen Kopf an ihr Herz, so daß es von Menschenglück und einer unsterblichen Seele träumte.

„Du fürchtest dich doch nicht vor dem Meer, mein stummes Kind?" sagte er, als sie auf dem prächtigen Schiffe standen, das sie in die Länder des Nachbarkönigs führen sollte; und er erzählte ihr von Sturm und Meeresstille, von seltsamen Fischen in der Tiefe und was der Taucher dort gesehen hatte, und sie lächelte bei seiner Erzählung, sie wußte ja besser als irgendein anderer über den Meeresgrund Bescheid.

In der mondhellen Nacht, wenn bis auf den Steuermann, der am Ruder stand, alle schliefen, saß sie an der Reling des Schiffes und starrte durch das klare Wasser hinunter, und sie meinte, ihres Vaters Schloß zu erblicken. Hoch oben stand die alte Großmutter mit der silbernen Krone auf dem Haupt und starrte durch die reißende Strömung zum Schiffskiel hinauf. Da kamen ihre Schwestern über das Wasser, sie starrten sie kummervoll an und rangen ihre weißen Hände, sie winkte ihnen zu, lächelte und

wollte erzählen, daß es ihr in allem gut gehe und daß sie glücklich sei, aber der Schiffsjunge näherte sich ihr, und die Schwestern tauchten unter, so daß er in dem Glauben blieb, das Weiße, welches er gesehen hatte, sei Gischt auf den Wogen gewesen.

Am nächsten Morgen segelte das Schiff in den Hafen vor des Nachbarkönigs Stadt hinein. Alle Kirchenglocken läuteten, und von den hohen Türmen wurde mit Posaunen geblasen, während die Soldaten mit wehenden Fahnen und blinkenden Bajonetten dastanden. Jeder Tag brachte ein Fest. Bälle und Gesellschaften folgten aufeinander, aber die Prinzessin war noch nicht da, sie wurde weit fort in einem heiligen Tempel erzogen, erzählte man, dort lernte sie alle königlichen Tugenden. Endlich traf sie ein.

Die kleine Meerjungfrau stand da, begierig darauf, ihre Schönheit zu sehen; und sie mußte es zugeben, eine anmutigere Gestalt hatte sie nie geschaut. Die Haut war ganz fein und rosig, und hinter den langen, dunklen Augenwimpern lächelten ein Paar schwarzblaue, treue Augen!

„Du bist es", sagte der Prinz, „du, die du mich errettet hast, als ich wie eine Leiche am Strande lag!" und er nahm seine errötende Braut fest in die Arme. „Oh, ich bin ja so glücklich!" sagte er zu der kleinen Meerjungfrau. „Das Schönste, worauf ich nie hätte hoffen dürfen, ist mir erfüllt worden. Du wirst dich über mein Glück freuen, denn du hast mich von allen am liebsten!" Und die kleine Meerjungfrau küßte seine Hand, und sie meinte schon zu spüren, wie ihr Herz brach. Sein Hochzeitsmorgen würde ihr ja den Tod bringen und sie in Schaum auf dem Meer verwandeln.

Alle Kirchenglocken läuteten, die Herolde ritten in den Straßen umher und verkündeten das Eheverlöbnis. Auf allen Altären brannten duftende Öle in kostbaren silbernen Lampen. Die Priester schwenkten Räuchergefäße, und Braut und Bräutigam reichten einander die Hände und erhielten den Segen des Bischofs. Die kleine Meerjungfrau stand in Seide und Gold dabei und trug die Brautschleppe, aber ihre Ohren vernahmen nicht die festliche Musik, ihre Augen sahen nicht die fromme Zeremonie, sie dachte an ihre Todesnacht, an all das, was sie in dieser Welt verloren hatte.

Noch am selben Abend gingen Braut und Bräutigam an Bord des Schiffes, die Kanonen ertönten, alle Fahnen flatterten, und mitten auf dem Schiff war ein königliches Zelt errichtet, aus Gold und Purpur und mit den herrlichsten Pfühlen, hier sollte das Brautpaar in der stillen, kühlen Nacht schlafen.

Die Segel bauschten sich im Wind, und das Schiff glitt leicht und ohne viel Bewegung über die klare See.

Als es dunkelte, wurden bunte Lampen angezündet, und die Seeleute tanzten lustige Tänze an Deck. Die kleine Meerjungfrau mußte daran denken, wie sie das erstemal aus dem Meer aufgetaucht war und die gleiche Pracht und Freude gesehen hatte. Und sie drehte sich im Tanz, schwebte, wie die Schwalbe schwebt, wenn sie verfolgt wird, und alle jubelten ihr Bewunderung zu, niemals hatte sie so herrlich getanzt. Es schnitt ihr wie mit scharfen Messern in die feinen Füße, aber sie fühlte es nicht; es schnitt ihr schmerzlicher ins Herz. Sie wußte, es war der letzte Abend, daß sie ihn sah, um dessentwillen sie ihre Familie und ihre Heimat verlassen hatte, ihre wunderbare Stimme hergegeben und täglich unendliche Qualen erduldet hatte, ohne daß er auch nur mit einem Gedanken daran gedacht hätte. Es war die letzte Nacht, daß sie atmete, die gleiche Luft atmete wie er, das tiefe Meer und den sternenblauen Himmel erblickte; eine ewige Nacht ohne Gedanken und Traum harrte ihrer, die keine Seele besaß, keine erringen konnte. Und auf dem Schiff war eitel Freude und Fröhlichkeit bis weit über Mitternacht, sie lachte und tanzte mit

dem Todesgedanken in ihrem Herzen. Der Prinz küßte seine liebreizende Braut, und sie spielte mit seinem schwarzen Haar, und Arm in Arm gingen sie in dem prächtigen Zelt zur Ruhe.

Es wurde ruhig und still auf dem Schiff, nur der Steuermann stand am Ruder, die kleine Meerjungfrau legte ihre weißen Arme auf die Reling und blickte gen Osten der Morgenröte entgegen, der erste Sonnenstrahl, das wußte sie, würde sie töten. Da sah sie ihre Schwestern aus dem Meer emporsteigen, sie waren bleich wie sie; ihr langes, wunderbares Haar wehte nicht mehr im Winde, es war abgeschnitten.

„Wir haben es der Hexe geschenkt, auf daß sie dir Hilfe bringe, damit du in dieser Nacht nicht stirbst! Sie hat uns ein Messer gegeben, hier ist es! Siehst du, wie scharf? Ehe die Sonne aufgeht, mußt du es dem Prinzen ins Herz stoßen, und wenn dann sein warmes Blut auf deine Füße spritzt, dann wachsen sie zu einem Fischschwanz zusammen, und du wirst wieder Meerjungfrau, kannst zu uns ins Wasser herabsteigen und deine dreihundert Jahre leben, ehe du zu totem, salzigem Meerschaum wirst. Eil dich! einer muß sterben, er oder du, bevor die Sonne aufgeht! Unsere alte Großmutter trauert, so daß ihr das weiße Haar ausgegangen ist, wie das unsere durch die Schere der Hexe fiel. Töte den Prinzen und kehre zurück! Eil dich, siehst du den roten Streifen am Himmel? In wenigen Minuten steigt die Sonne empor, und dann mußt du sterben!" und sie stießen einen seltsam tiefen Seufzer aus und versanken in den Wogen.

Die kleine Meerjungfrau zog den Purpurvorhang vom Zelt fort, und sie sah die liebliche Braut mit ihrem Kopf an des Prinzen Brust schlummern, und sie beugte sich hinab, küßte ihn auf seine schöne Stirn, blickte zum Himmel auf, wo die Morgenröte immer heller leuchtete, blickte auf das scharfe Messer und heftete wieder die

Augen auf den Prinzen, der im Traum den Namen seiner Braut nannte, er hatte nur für sie allein Sinn, und das Messer zitterte in der Hand der Meerjungfrau – aber da warf sie es weit in die Wogen hinaus, sie glänzten rot auf, wo es hinfiel, es sah aus, als sickerten Blutstropfen aus dem Wasser. Noch einmal sah sie mit halb gebrochenem Blick den Prinzen an, stürzte sich dann vom Schiff hinab ins Meer, und sie fühlte, wie ihr Körper sich in Schaum auflöste.

Da stieg die Sonne aus dem Meer auf, die Strahlen fielen mild und warm auf den todeskalten Meerschaum, und die kleine Meerjungfrau fühlte nichts vom Tode, sie sah die helle Sonne, und oben über ihr selber schwebten Hunderte von durchsichtigen, lieblichen Wesen; sie konnte durch sie hindurch die weißen Segel des Schiffes und die roten Wolken des Himmels sehen, ihre Stimmen waren Musik, aber so ganz Geist, daß kein menschliches Ohr sie vernehmen konnte, ebenso wie kein irdisches Auge sie erblicken konnte. Sie schwebten ohne Flügel kraft ihrer eigenen Leichtigkeit durch die Lüfte. Die kleine Meerjungfrau sah, daß sie einen Körper besaß wie jene, er erhob sich mehr und mehr aus dem Schaum.

„Zu wem komme ich?" fragte sie, und ihre Stimme klang wie die der anderen Wesen, wie ein Hauch, so daß keine irdische Musik sie wiedergeben könnte.

„Zu den Töchtern der Luft!" erwiderten die anderen.

„Die Meerjungfrau hat keine unsterbliche Seele, kann sie niemals erlangen, es sei denn, sie erringt eines Menschen Liebe! Von einer fremden Macht hängt ihr ewiges Leben ab. Die Töchter der Luft haben auch keine ewige Seele, aber sie können sich selbst durch gute Taten eine schaffen. Wir fliegen in die heißen Länder, wo die laue Pestluft die Menschen tötet. Dort fächeln wir Kühlung. Wir tragen den Duft der Blumen durch die Lüfte und senden Erquickung und Heilkraft. Wenn wir uns dreihundert Jahre bestrebt haben, soviel Gutes zu tun, wie wir zu tun vermögen, erhalten wir eine unsterbliche Seele und haben teil am ewigen Glück der Menschen. Du arme kleine Meerjungfrau hast mit deinem ganzen Herzen nach dem gleichen gestrebt wie wir, du hast gelitten und geduldet, dich zu der Welt der Luftgeister emporgeschwungen, nun kannst du dir selbst durch gute Taten in dreihundert Jahren eine unsterbliche Seele erringen."

Und die kleine Meerjungfrau hob ihre hellen Arme zu Gottes Sonne empor, und zum ersten Male spürte sie Tränen. – Auf dem Schiff war wieder Lärm und Leben, sie sah den Prinzen mit seiner schönen Braut nach ihr suchen, wehmütig starrten sie auf den wogenden Schaum, als wüßten sie, daß sie sich in die Wogen gestürzt hatte. Unsichtbar küßte sie die Stirn der Braut, lächelte ihm zu und stieg mit den anderen Kindern der Luft hinauf auf die rosarote Wolke, die in den Lüften segelte.

„In dreihundert Jahren schweben wir so in Gottes Reich hinein!"

„Auch früher können wir dorthin kommen!" flüsterte eine. „Unsichtbar schweben wir in die Häuser der Menschen, wo Kinder sind, und mit jedem Tag, an dem wir ein gutes Kind finden, das seinen Eltern Freude macht und ihre Liebe verdient, verkürzt Gott unsere Probezeit. Das Kind weiß nicht, wann wir durch die Stube fliegen, und wenn wir dann aus Freude darüber lächeln, da wird uns eins von den dreihundert Jahren erlassen, sehen wir aber ein unartiges und böses Kind, dann müssen wir Tränen der Trauer weinen; und jede Träne fügt zu unserer Probezeit einen Tag hinzu."

H. C. Andersen: Sämtliche Märchen in zwei Bänden, aus dem Dänischen von T. Dohrenburg, hg. v. E. Nielsen, Zürich (Transitbooks) 1976, 1. Bd., 81–107.

Lev vel! lev evig vel!
Jeg skal Dig miste.
O maate Hjertet briste!
Lev vel! lev evig vel!

Man har et Sagn – et Eventyr;
Herer Musling Dyr
Der bygger i den dybe, salte Søe
Naar det har skabt sin Perle maa det døe!
Ja, Kjaerlighed, Du blev mit Hjerte givet,
Men Perlen koste vil sin Skabning Livet.

Lev vel! lev evig vel!
I Himlen hist, os intet Forhold fjerner.
Min er Du! *min* bag Evighedens Stjerner.
Du elsker mig det saae jeg i dit Øie,
Min Brud Du er for Tankens evig Høie!
Forglem mig her – det er din tunge Pligt.
Betragt min Sang for et poetisk Digt.
Gud styrke Dir – forglem min bittre Smerte,
Hav altid Herren i dit rene Hjerte.

Leb wohl, leb wohl auf ewig!
So soll ich Dich verlieren,
Mein Herz Dich nie mehr spüren!
Leb wohl, leb wohl auf ewig!

Die Sagen und die Märchen künden
Von Muscheln tief im salzigen Meer,
Daß sie, wenn sie zur Perle finden,
Bald sterben müssen, reich und leer. –
Ja, Liebste, Perlen hast Du mir gegeben.
Sie kosten viel: mein Herz, mein ganzes Leben.

Leb wohl, leb wohl auf ewig!
Im Himmel einst. Hier bleibt uns nur die Ferne.
Mein bist Du, *mein,* im ewigen Glanz der Sterne.
Du hast mich lieb, ich sah's in Deinen Blicken,
Bräutliche Du, mein ewiges Entzücken.
Vergiß mich, spricht Dein Mund, sagt Dir die Pflicht.
So lies auch dieses Lied nur als Gedicht.
Gott stärke Dich. Vergiß all meine Schmerzen.
Bewahr nur Ihn in Deinem reinen Herzen.

Abschiedsgedicht Hans Christian Andersens an Riborg Voigt.
Aus: Phantasien und Skizzen, 1831. (Übersetzt vom Autor).

I. Du arme kleine Meerjungfrau ...,
du hast gelitten und geduldet

1. Weit draussen auf dem Meer ...

Das Meer und die Liebe – beide, so weiß es der Mythos, sind eins. „Weit draußen auf dem Meer ist das Wasser ganz blau ..." Man braucht nur diese ersten Worte aus Andersens Märchen zu hören, und die Gedanken träumen sich fort, weit hinaus bis zum Horizont, wo Himmel und Meer miteinander verschmelzen. Unendlich groß liegt es da, und noch viel weiter, jenseits der Kimm, Abend für Abend wird es die Sonne trinken, um sie Morgen für Morgen von neuem zur Welt zu gebären. Wer könnte da zweifeln: Das Meer ist *la mamma,* als *la mer la mère,* als Meer die Mutter, *die* Frau, so sanft in dem Wiegen der Wellen, so stark in den gischtenden Brechern unter dem Sturm, so leidenschaftlich liebkosend, so sinnlich umspielend, so heftig umspülend ... – wie sie den Sand umstreichelt, wie sie den Strand umschmeichelt, wie sie die Felsen der Brandung schäumend umleckt, das zeigt sie als ewig Verlangende, als ruhelos Lockende, als Wunschgestalt und als Urgestalt aller Sehnsucht und Liebe. Nur Völker, die, aus dem Inneren kommend, den Ackerbau kannten, eh' sie das Meer kennenlernten, sahen in der *Erde* die alles gebärende Frau und in dem rastlos rauschenden *Meere* den alles erzeugenden Mann – Nin-tu, die Erdgöttin, und Enki, den Süßwasserozean bei den alten Sumerern[1], Gaia und Okeanos bei den Achaiern Homers[2], Andromeda und das Meerungeheuer in den Sagen der attischen Griechen[3]; doch wußten gerade die letzteren, daß die schönste der Frauen, die Göttin der Liebe, dem *Meere* entsteigt, Aphrodite, aus dem Schaum der Wogen gezeugt, aus einer Muschel gleich einer Perle geboren, sie ist es, die den Herzen der Menschen, der Männer vor allem, das Verlangen nach Liebe und damit den Traum der Unendlichkeit schenkt.[4]

Zu Recht gibt es in den Mythen und Märchen der Völker deshalb, ausgehend wohl von den „Dugongs", den Seekühen vor den Küsten Ostafrikas und Neuguineas[5], auch die Vorstellung von dem *Wassermann,* der als *Triton* oder *Nereus*[6] wild und ungestüm um die holde Prinzessin freit – ein deutsches Volkslied besingt es[7], Andersen selber, wie zur Vorübung seiner Kleinen Meerjungfrau, hat, angeregt durch eine alte dänische Ballade, in seinem dramatischen Gedicht aus dem Jahre 1833, in Agnete und der Meermann, darauf Bezug genommen[8]: Auf sonderbare Weise fühlt sich das Mädchen Agnete vom Meer angezogen, und als nun ein Nöck sie bittet, seine Frau zu werden, willigt sie ein, auf dem Grunde des Meeres mit ihm zu leben; doch dann, sieben Jahre später, beim Klang von Kirchenglocken, sehnt sie sich danach, ihre Heimat wiederzusehen und noch einmal die Kirche ihrer Kindheit betreten zu dürfen; der Meermann gestattet's, doch sie wird nie mehr zu ihm und ihren Kindern zurückkehren ... Es war die Geschichte einer *beinahe* möglichen, doch dann vom Heimweh der Erinnerung zurückgeholten Liebe, die Andersen hier schilderte. Das Stück wies formal viele Schwächen auf und wurde von der Zensur einmütig zerrissen; doch psychologisch tat der dänische Dichter ganz recht, das kleine Werk groß zu schätzen: Es ist sein erstes

Meisterstück in der symbolistischen Darstellung menschlicher Gefühle. Da gilt das Meer als Saum der Unendlichkeit und als Ort eines nie zu stillenden Verlangens, als Ausgangspunkt einer Faszination, die ins „Grenzenlose" hinaus will.

Jeder, der je seinen Blick über die sanft sich kräuselnde Flut in die Ferne hat schweifen lassen, kennt diesen Wunsch, mit den Wolken zu ziehen. Wie von selbst lädt das Meer dazu ein, über jede Beschränkung hinweg sich zu denken, hinweg sich zu fühlen und nur im Unermeßlichen Maß und Genügen zu finden. ANDERSEN selber wird die steinernen Schiffe in Schweden gekannt haben, bronzezeitliche Steinsetzungen, wie wir heute wissen, welche die Verstorbenen hinaustragen sollten bis sogar jenseits des Meeres, dort wo der Himmel begann[9]; – der germanische Glaube kannte tatsächlich eine solche Welt am Ende des Ozeans[10], und die unabsehbare Weite des Meeres erschien nur wie ein Brückenband zu jenem anderen Ufer, an dem die ewigen Sterne schon leuchteten.

Projektionen der Sehnsucht? Gewiß. Doch wonach sucht eine unerfüllte Liebe inmitten einer Welt der Vergänglichkeit, wenn nicht nach Unsterblichkeit? Je enger das Haus der eigenen Herkunft, desto strenger streckt sich das Herz eines Menschen ins Weite: Irgendwo dort muß doch Heimat sein! Alles Fernweh und Heimweh schaut hinaus auf das Meer.

Irgend etwas im Menschen ahnt, daß das Leben dort seinen Ursprung nahm. Noch heute, rund 400 Millionen Jahre danach, weist die Gewebeflüssigkeit unseres Körpers annähernd die gleiche Zusammensetzung auf wie das Urmeer, in dem das Leben entstand. Jeder „Fortschritt" am Festland wurde ermöglicht, indem die Ausgangsbedingungen des Urozeans für jedes Lebewesen auf engstem Raum künstlich nachgebildet wurden: das Ei der Repti-

lien, die Leibeshöhle eines weiblichen Säugetiers ...: immer wieder geht das Leben nur deshalb weiter, weil es immer von neuem, in jedem Einzelnen, vom Urmeer ans Land geht.[11] Was Wunder also, daß alle Sehnsucht nach Heimat dorthin *zurück* will, zu diesem Ursprung, zur Urmutter Meer? Was Wunder, daß alle Melancholie sich versenkt in die Tiefen der See und sie belebt mit den Wünschen einer mütterlichen Geborgenheit? Das Meer als ein Bild des „Unbewußten" im Menschen, als Symbol seines geheimen Verlangens, mit der Frau zu verschmelzen, die ihn gebar, und eins zu sein mit dem Leben als ganzem ...

Alle romantische Dichtung liebt dieses Liebesmotiv:

J.W. v. GOETHES Ballade von dem „Fischer"[12], EDGAR ALLAN POES Lied von (seiner Nichte) „Annabel Lee"[13], in gewissem Sinne auch HEINRICH HEINES verlockende „Loreley"[14] – sie alle besingen die Schwermut einer unerfüllten, weil unerfüllbaren Liebe: Dort, wo die Geliebte wohnt, wartet der Tod; ihr „Element" selber ist dem Geliebten, dem Liebenden, heterogen, und es gibt, anders als noch in ANDERSENS „Agnete", durchaus keine Verbindung zwischen hüben und drüben.

Das ist die Strafe für den Inzest, erklären die Psychoanalytiker[15]; ein Mann *darf* sich nicht sein Leben lang nach seiner Mutter sehnen – er muß sie eintauschen gegen eine andere, ihm erreichbare Frau, oder er wird nie eine reife Person; eine Frau darf nicht in dem Verlangen nach ihrem Vater ihr Leben verträumen, sie muß auf die Suche gehen nach einem wirklichen Partner, oder sie bleibt auf immer ein kleines Mädchen ... Doch was wäre ANDERSENS KLEINE MEERJUNGFRAU anderes als die Liebesgeschichte eines solchen „Mädchens", das sich, unendlich scheu nur, ein jeder Schritt schmerzhaft, ins Leben tastet und an seinem Verlangen nach Liebe stirbt, noch ehe es lebt? Wir kennen beim ersten Lesen dieser Geschichte nicht schon den

Grund dieser sonderbaren Liebe – wir müssen ihn in dieser Interpretation erst ergründen.

Nur *eines* gibt uns allein schon die Kulisse des Märchens zur Hilfe: Unweigerlich stehen wir selber, wenn wir es lesen, am Ufer des Meeres und spüren die Wärme des Windes, der von der See her hereinweht, und wir fühlen, wie Erstgeborene am Anfang der Schöpfung, uns ein in das Herz aller Dinge – ein jedes redet mit uns: das nickende Schilfgras am Dünenhang, der tapfere Queller am Rand eines Priels, die sturmschnelle Möwe im Flug, die kleine Krabbe im Schlick, und eine unermeßliche, zärtliche Dankbarkeit erfüllt uns für das Wunder der bloßen Tatsache der Existenz von so viel vielfältigem Leben ... So lieben zu können, heißt das nicht allein schon, hinabzutauchen zum *Grund* allen Daseins?

Doch wie rätselhaft ist ANDERSENS „Meer"! So viel steht von vornherein fest: Was ihm vorschwebt, spielt nicht an den Küsten seiner dänischen Heimat; sein „Meer" ist weder die Nord- noch die Ostsee, sonst hätte er das Interieur der Welt seiner Meerjungfrau nicht derart ins Tropisch-Verträumte gesetzt. Die Nordsee im Winter zum Beispiel – da dehnt sich, bläulich schimmernd wie Glas, unter einem wolkenlosen azurenen Himmel, von dem herab gelblich flirrend die tiefstehende Sonne ihr kaltes Licht über das Haff wirft, das blinkende Eis so weit, wie nur irgend das Auge reicht; mit letzter Kraft hat die Flut die weißstarrenden Blöcke zu bizarren Gebilden zusammengeschoben, in die sich vereinzelte Möwen hineingeduckt haben; darüber hin, eine Wolke silbrig leuchtender Punkte, zieht ein Schwarm Austernfischer auf der mühsamen Suche nach Nahrung; oder der Wind springt um, und das Meer, wie erleichtert unter der plötzlichen Erwärmung, atmet sich aus, grauweißer Nebel umhüllt die Häuser, die Menschen hinter dem Deich; nein, eine solche Welt „an der Ecke von Grönland und Novaja Semlja", wie

ANDERSEN in einem Brief an HENRIETTE HANCK voller Frösteln von den dänischen Inseln bemerkte[16], erscheint absolut ungeeignet als Wohnsitz seiner kleinen Meerjungfrau. Eher schon könnte sie leben an den langen sommerwarmen Stränden seines geliebten Neapel, im Schatten des rauchenden Vesuv, in den Grüften der soeben erst entdeckten blauen Grotte von Capri[17], eine Mittelmeermaid, keine „nordische Aphrodite" nach *Agnete*-Art[18]; doch auch dort ist die Heimat der „Meerjungfrau" nicht lokalisierbar; genau genommen, liegt sie im Irgendwo und im Nirgendwo einer reinen poetischen Träumerei.

Wie unmerklich gelingt es ANDERSEN, den Leser mitzunehmen in sein Zauberreich tief unten am Grunde des Meeres! „Nun soll man ja nicht glauben, daß dort nur kahler, weißer Sandboden ist! Nein, da wachsen die wunderlichsten Bäume und Pflanzen, deren Stengel und Blätter so biegsam sind, daß sie sich bei der geringsten Bewegung des Wassers rühren, ganz als wären sie lebendig." Das ist noch eine „realistische" Beschreibung jener staunenswerten Lebensformen, die sich im Wasser erhalten können und erhalten haben; nur das „wunderlich" lenkt schon hinüber in das Reich des Unvorstellbaren, das heißt des *nur* Vorstellbaren. „Alle Fische", geht es dann weiter, „kleine und große, huschen zwischen den Zweigen hindurch, ebenso wie hier oben die Vögel durch die Luft." Da wird uns die fremde Welt des Meeres vertraut gemacht durch eine Analogie: die Fische als Vögel der Tiefsee; da sehen wir selber uns um und entdecken uns, wie versunken in einem Traum, inmitten dieser noch irdischen Welt als Bewohner bereits jener ANDERSENschen Anderswelt, und schon sind wir vorbereitet, ohne weitere Überraschung, mit der größten Selbstverständlichkeit, den nächsten Satz zu vernehmen: „An der allertiefsten Stelle liegt das Schloß des Meerkönigs ..." Jetzt endlich, oder doch schon, kann die Geschichte beginnen. Drei Sätze genügten, und der Vorhang zur Aufführung der wohl kostbarsten Erzählung des dänischen Dichters hat sich gehoben; wir sehen die Bühne bereitet: „die Mauern (sc. des Schlosses des Meerkönigs) sind aus Korallen", hören wir weiter, „und die langen, spitzen Fenster (sind) aus dem allerklarsten Bernstein, aber das Dach sind Muschelschalen, die sich öffnen und schließen, je nachdem, wie das Wasser geht und kommt. Das sieht wunderbar aus; denn in jeder liegen schimmernde Perlen; eine einzige wäre eine große Pracht in der Krone einer Königin." Korallen – das spielt in der Südsee, Bernstein – das gehört in die Ostsee, Muscheln – das könnte überall sein, doch *Perl*muscheln – das ist die Welt aus Tausendundeine Nacht.

Kann man deutlicher zeigen, *wo* dieses Märchen sich aufführen will? Überall dort, muß man sagen, wo eine Seele nach Liebe sich derartig sehnt, wie es die „kleine Meerjungfrau" tut. Ja, es ist nicht einmal wichtig, *wem* diese Seele gehört, ob einer Frau, ob einem Mann; die „kleine Meerjungfrau" *ist* die Seele eines *jeden* unglücklichen Liebenden. Andersen selber schrieb 1831 in seinem Gedichtband Phantasien und Skizzen wie zum vorgreifenden Kommentar auf sein eigenes späteres Märchen und in Erinnerung an seine eigene unglückliche Liebe in jenem eingangs zitierten Gedichte[19] davon, daß jede Muschel *sterben* müsse, sobald sie eine Perle hervorgebracht habe.

Da wären die „Perlen" nichts als die zu Edelsteinen geronnenen Tränen eines Herzens, das sich wie eine Muschel, so weich, so verletzbar im Innern, der Liebe öffnete und daran zerbrach. Die ganze wunderschöne Traumwelt in dem Schloß des „Meerkönigs", man merke, ist eine Welt voll Unbewußtheit, Schmerz und stillem Leid, ein verwunschenes Schloß, kein Wunschschloß, eine Welt des Noch-nicht-Lebens und des Niemals-Lebens, kein Land, in dem das Glück der Illusionen blüht. Und doch ist diese Welt erfüllt von einem Traum, auf den nur der als eine Illusion zu blicken vermag, der den *Ausgang* der Geschichte schon kennt; am *Anfang* weiß man nur, daß alle Hoffnung auf der Sehnsucht einer solchen Liebe ruht oder doch ruhen sollte.

Es ist Andersens (wohl von La Motte Fouqués „Undine"[20] und von Carl Maria von Webers „Oberon"[21] angeregter) Kunstgriff, von vornherein die Perspektive festzulegen. Erzählt wird nicht die wechselvolle Geschichte eines Liebespaares; wie in allen Märchen, ist die Geschichte nur auf eine einzige Person konzentriert, auf die „kleine Meerjungfrau", die schon der Überschrift den Namen gibt; der Königssohn spielt keine eigene Rolle – er ist einfach da, als Gegenüber einer Liebe, die er nicht versteht und die ihn nicht wesentlich verändert, weil sie ihn nicht nötigt, an sich selbst zu reifen. Für die „kleine Meerjungfrau" hingegen bedeutet diese ihre Liebe alles. Sie liebt mit jener Unbedingtheit, wie sie nur den Einsamen, den Schüchternen, den Stillen vorbehalten ist. Ein einziges Mal wagen sie sich – ihr erstes Mal ist ein letztes Mal; für ein weiteres reichen die Kräfte nicht. Alle Energie ihrer Seele werfen sie in einen einzigen Augenblick, richten sie auf diesen einen Moment, verströmen sie jetzt und nie wieder. Wie die Frühblüher unter den Blumen sind sie, die sich hervorwagen mitten im Frost[22] in der Hoffnung, daß doch der Frühling bald kommt; sie haben ihn so sehr ersehnt; sie können länger nicht warten: Entweder jetzt oder niemals mehr!

Wir sollten, um Andersens Märchen in seiner menschlichen Größe und Tragik zu begreifen, es deshalb zunächst so lesen, wie er es uns erzählt hat: als die Geschichte eines Kindes, das zum Mädchen wird und eine Frau sein möchte und das doch zur Frau nur wird, indem etwas in ihm zerbricht, das nie mehr heilen will ... Erst wenn wir *das* verstehen, dürfen wir uns fragen, was ANDERSEN, wie in den meisten seiner Geschichten, so auch in dieser, von sich selbst mitteilt; und *dann* erst, dann aber *unbedingt,* müssen wir uns fragen, wie denn der Schmerz einer solchen Liebe, wie eine „kleine Meerjungfrau" ihn fühlt, zu heilen oder gar zu meiden sei.

2. DAS MEER ABER IST SEHR TIEF, TIEFER ALS EINE ANKERKETTE REICHT

Wer zum ersten Male ANDERSENS „kleiner Meerjungfrau" zuhört, muß denken, ihre Heimat tief unten im Meer, „viele Kirchtürme" tief, stelle so etwas wie eine Insel der Seligen dar, still und ruhig, ein submarines Paradies, und er wird zunächst nicht verstehen, woher die unstillbare Sehnsucht der Meerjungfrau nach „der Menschenwelt droben" denn nun eigentlich stammt. Und doch, daß es sich anders, ganz anders verhält, dafür gibt es von Anfang an Hinweise genug. Während die Schilderung der Welt jener „Meerleute" sich, wie zur Irreführung des Lesers, noch in den idyllischsten Malereien von Schönheit und Anmut ergeht, redet die *Symbolik* des Märchens eine geradezu gegenläufige Sprache: „Sehr tief ... wohnen die Meerleute."

HENRIK IBSEN in seinem Drama „Die Wildente", als er das Schicksal der armen *Hedwig* beschrieb, hat einmal eine ähnliche Chiffre verwandt[23], indem er das erblindende, von den Lebenslügen seiner Familie und den Opferphantasien eines philanthropischen Idealisten in den Tod getriebene Mädchen mit einer Ente vergleicht, die, von Schrotkugeln getroffen, zum *Meeresgrunde* hinabsinkt. Fast beiläufig, so als handle es sich um das Natürlichste auf der Welt, klärt uns ANDERSEN darüber auf, was es heißt, als eine „kleine Meerjungfrau" „tief unten" leben zu müssen: Es heißt, wie zeitlos, 300 Jahre lang, scheinbar froh und vergnügt, doch buchstäblich *seelenlos* dahinzuleben, um dann für immer, wie eine Welle im Ozean, spurlos und folgenlos zu vergehen; es heißt, nie als ein wirklicher Mensch existieren zu dürfen; und mehr noch: Es bedeutet, in eine Sphäre hineingeboren worden zu sein, die es von vornherein als unwahrscheinlich, ja, als gefährlich erscheinen läßt, zur Welt der „Menschen" überhaupt in eine andere als nur sehnsüchtig träumende, von ferne zuschauende Beziehung zu treten. Nach nichts verlangt es die „kleine Meerjungfrau" so sehr, wie nach der Liebe eines Menschen – sie allein vermöchte ihr Dasein zu „beseelen" und mit Unsterblichkeit zu erfüllen; doch eben: Eine solche Liebe auch nur zu denken, erscheint gewissermaßen wie ein Verstoß gegen die einfachsten Gesetze der Natur: Dort, wo eine „kleine Meerjungfrau" lebt, kann ein „Mensch" sich nur aufhalten unter Gefahr für sein Leben; und auch umgekehrt: Dorthin, wo die „Menschen" zu Hause sind, kann eine „Meerjungfrau" *eigentlich* niemals gelangen.

Aber das ist nun die Frage: Läßt dieses „Eigentlich" sich nicht vielleicht doch überwinden?

Fest steht: Es wird von den „Menschen" niemals jemand lebend zu der „kleinen Meerjungfrau" gelangen; nur sie selbst kann sich aufmachen, um zu der Welt der „Menschen" zu finden; doch das bedeutet so viel, wie daß sie ihr angestammtes Element unter unsäglichen Qualen verlassen muß, und jeder Schritt dabei wird ihr wehtun ... Gewiß, sie wird in ihrer Sehnsucht nach Liebe gerade diesen Weg wählen, doch ist da ein Preis, den sie zuvor entrichten muß: der Verlust ihrer Stimme – ihrer Sprache, ihres Gesangs! Eine „kleine Meerjungfrau" wird sich ihrem Geliebten niemals in Worten erklären können;

gerade in seinen Armen wird sie verstummen, und es werden nur ihre Augen sein, die zu ihm reden; er aber wird sie bis zuletzt nicht verstehen, sie nicht erhören, sie nicht erkennen ... Es wird, aus reinem Mißverständnis und Mißverstand, eine andere geben, ihr selber vollkommen ähnlich, und *die* wird für ihn „ansprechend" genug sein ...!

Warum das so ist? Was all diese Seltsamkeiten besagen? Wir verstehen an dieser Stelle die Einzelheiten noch nicht, und doch begreifen wir sofort, was die tragische Geschichte der „kleinen Meerjungfrau" erzählt, wenn wir uns vor Augen stellen, wie sie im „wirklichen Leben" sich zutragen mag.

Wie viele Menschen, *Frauen* zumal, wird es geben, die sich seit Kindertagen genau so empfinden, wie ANDERSEN es schildert: Sie sind zu *tief* auf diese Welt gekommen, um je „emporzusteigen" und so sein zu können wie die „Menschen" sonst! Immer wird es ihnen erscheinen wie eine Vermessenheit, so etwas auch nur zu versuchen. Was immer diese „Tiefe" im Leben eines einzelnen ausmacht, kann, je nachdem, „von Grund auf" verschieden sein; die Wirkung aber ist stets dieselbe: ein Gefühl, nicht dazu zu gehören, ausgegrenzt und fremd im Kreis aller anderen Menschen zu sein, all diese anderen beneiden zu müssen wegen des (unverdienten!) Glücks ihrer natürlichen Herkunft und doch niemals hoffen zu dürfen, „mitreden" zu können im Lärm so vieler anderer konkurrierender Stimmen ... Die einzige Chance läge darin, „entdeckt" zu werden, doch dazu besteht, wie die Dinge nun liegen, nicht die geringste Aussicht; also muß man sich bescheiden; man muß sich in Verzicht und Rücksicht üben, man hat gar kein Recht, sich zu beklagen – man ist ja nur „eine kleine Meerjungfrau".

Dieses „tiefer als eine Ankerkette reicht" kann im Leben des einen sich bereits auf seine *soziale* Herkunft

beziehen: Dort, woher *er* kommt, war alles niederdrückend und schwer; die anderen, seine Spielkameraden schon, seine Schulgefährten bereits, waren begüterter, vornehmer, besser gestellt; sie erhielten als Sechsjährige schon Unterricht in Klavier oder Geige, ihre Eltern nahmen sie zehnjährig mit nach England, um sie an eine fremde Sprache zu gewöhnen; wie spielend erlernten sie Reiten und Tennis; ganz selbstverständlich verfügten sie über die Mittel, zur Höheren Schule zu gehen und ein mehrjähriges Studium zu absolvieren ..., während im eigenen Leben alles nur schwer war und schwerfiel; selbst wenn es gelang, sich unter die anderen zu mischen, blieb man doch, was man war: ein einfaches Arbeiterkind, ein Proletarier, aus dem die anderen einen „Menschen" allererst machen mußten. Und nie verlor man die Angst, sich nach ihren Spielregeln nicht „richtig" zu benehmen. Wie speist man in vornehmer Gesellschaft? Wie kleidet man sich bei einem Empfang? Wie parliert man in Gegenwart „gebildeter" Menschen? Die anderen sind „blaublütig" durch Adel, aber man selbst? Ist man wirklich ein Mensch oder nicht doch halb ein Tier? Wie viele Minderwertigkeitsgefühle kann nicht allein schon eine zu *tief*rangige Herkunft vermitteln?

Oder im *Psychischen* liegen die Gründe. „Du bist *nicht so klug* wie deine Schwester." Allein ein solcher Satz, immer wieder zu einem Mädchen gesprochen, kann sein gesamtes Selbstwertgefühl auf immer belasten. Wird der Mann, den es eines Tages liebgewinnt, das heißt, dessen Liebe es gewinnen möchte, nicht doch über kurz oder lang entdecken, daß es ihm „geistig nicht gewachsen" ist? Daß es „dumm" geboren und „dumm" geblieben ist? Daß es „nicht sprechen" und sich „nicht so ausdrücken" kann wie die anderen? Da mögen seine Augen noch so seelenvoll und sehnsüchtig schauen – es hat halt „nichts zu sagen", es muß verstummen, wo die andern reden, es ist ausgeschlossen gerade im Kreis derer, zu denen es gehören möchte ...

Oder: „Du bist *nicht so schön* wie deine Freundin!" Es genügt, daß ein Mädchen, wie ANDERSENS schwesterliche Freundin HENRIETTE WULFF, mit einem verkrümmten Rücken zur Welt kommt, und es kann noch so geistvoll, charmant, witzig, ironisch und fortschrittlich denken[24], es wird das Vertrauen nie aufbringen, als Frau mehr als höchstens geachtet, gewiß nie geliebt zu sein. Die kleinste Abweichung vom körperlichen Normalmaß, eine unvorteilhafte Figur, die Farbe der Haare oder der Haut, die Form des Busens, der Hüften, der Ausdruck des Gesichtes, die Länge der Nase, der Ohren, der Hände, die Linie von Lippen und Mund ... – in jedes Detail schon der äußeren Gestalt kann das Gefühl der Minderwertigkeit, der Unterlegenheit, der *Tief*traurigkeit sich eingraben und zu der untrüglichen und unwiderleglichen Evidenz geraten, *häßlich,* ja, hassenswert, zumindest aber nicht liebenswert genug zu sein, um die Zuneigung auch nur eines einzigen anderen „Menschen" erringen zu können. Zwei Sätze, als Urteil lieblos dahingesprochen, können ein ganzes Leben zur Lieblosigkeit verurteilen.

Andere wieder mögen *biologisch* sich schon von den Startbedingungen her benachteiligt fühlen. Da ist *ein Junge* nicht kräftig genug, es auf dem Schulhof mit den Gleichaltrigen aufzunehmen; ihre Rauflust und Rohheit ängstigen ihn, er gilt als Weichling, Duckmäuser und Memme – er wird sich womöglich niemals als ein richtiger „Mann" empfinden und eher furchtsam und schüchtern durchs Leben gehen. Da ist *ein Mädchen,* das mit vier Jahren Kinderlähmung bekam; nur mit der größten Mühe lernte es später wieder zu laufen, ein jeder Schritt tat ihm weh, und das eine Bein schleift heute noch nach; wo andere turnen und tanzen, wirkt es nur lächerlich. Eine kleine Behinderung, aber was für ein Hindernis!

Und all diese „Gründe", ein jeder für sich allein schon genug, können sich gegenseitig verstärken. Ein Mädchen aus „unteren" Schichten mag sogar auffallend schön sein, und doch wird seine Angst ihm sagen, es müsse *makellos* schön werden, wenn es mit den anderen Schritt halten wolle; was für ein Selbstwertgefühl aber soll sich daraus bilden, „nur" für die „Schönheit" als Frau gemocht und begehrt zu werden, und wie brüchig ist eine „Liebe", die sich nur auf den Augenschein gründet?

„Du siehst heute nicht so gut aus." – „Sie werden älter." – „Dies Kleid paßt nicht mehr."

Solche *Be*merkungen oder *An*merkungen können jederzeit Anlaß zu einer wahren Panik bieten, bohren sie doch in die Lücken des ohnedies brüchigen Selbstbewußtseins wie in alte Mauerrisse hinein. Je aussichtsloser ein einzelner Bereich der Selbstbewertung erscheint, desto bedingungsloser verlagert sich der Anspruch auf Selbstachtung auf ein anderes Gebiet und wird dort um so leichter kränkbar. Am Ende des Fluchtwegs steht wieder die alte Gewißheit: „Ein Mensch wie du ist doch nicht liebenswert ..." Und alles Suchen war vergeblich. Eine sich selbst erfüllende negative Prophezeiung.

Dabei sind die Angaben ANDERSENS über die Kindheit seiner „kleinen Meerjungfrau" von einer eigentümlichen Genauigkeit. „Der Meerkönig dort unten", der Vater der Meerjungfrau also, „war seit vielen Jahren Witwer", sagt er, „... seine alte Mutter führte ihm den Haushalt." Mit keinem Wort wird erwähnt, was diese Tatsache für ein Mädchen bedeutet, das „mutterseelenallein" aufwachsen muß. ANDERSEN sagt nicht: Die kleine Meerjungfrau mußte ihre Kindheit als Halbwaise verbringen; er stellt die Verhältnisse einzig aus der Sicht des „Meerkönigs" dar, so als komme es auf die „kleine Meerjungfrau" in diesem Zusammenhang durchaus nicht an; und das kommt es offenbar auch wirklich nicht! Es ist *der Leser,* der aufgefordert bleibt, sich vorzustellen, was ANDERSEN als nicht weiter erwähnenswert übergeht: Wie einsam sich seine Meerjungfrau an der Seite ihres „königlichen" Vaters gefühlt haben wird – eines Paschas, zu dem sie mit keinem Wort in Kontakt tritt! Längst ehe dieses Mädchen seine Sprache verliert, erscheint es als stumm gegenüber dem einzigen Elternteil, der ihm verblieben ist. Fällt es ihm lästig? Wohl kaum; es ist ihm allem Anschein nach ganz einfach gleichgültig – ein Nicht-Verhältnis, das eine unüberwindbare Distanz zwischen dem Kind und dem Erwachsenen, zwischen dem Mädchen und dem Manne markiert. Was könnte man tun, was müßte man tun, um zu diesem entrückten Monarchen der Tiefsee Kontakt aufzunehmen?

Noch hat ANDERSENS Geschichte sich nicht auch nur eine Seite lang erzählt, da wird doch, wie unabsichtlich, zwischen den Zeilen, schon *ein* Grund erkennbar, der die „kleine Meerjungfrau" später an jedem „normalen" Kontakt zu einem Mann hindern wird: *Die* männliche Person, die ein jedes Mädchen als erstes liebhaben möchte, der eigene Vater, steht für die „kleine Meerjungfrau" als eine unerreichbare Hoheit da, als der allmächtige Herrscher einer Welt, aus welcher dieses Mädchen von Herzen sich wegsehnt ...

Der Mann, den du lieben möchtest, so lautet eine der ersten Erfahrungen eines solchen Kindes, wird dich nie als Partner behandeln; er wird dich stets von oben herunter ansehen, du wirst dein Leben lang dich darum bemühen müssen, zu ihm aufzublicken – aufzu*wachsen,* und ihm doch nie als „ebenbürtig" erscheinen ...

Es steht von vornherein zu erwarten, daß dieses Beziehungsschema sich bald schon auf *jeden* Kontakt zu anderen Menschen ausdehnen wird.

Die Dramatik dieser von ANDERSEN wie absichtslos gezeichneten, psychologisch jedoch um so bemerkenswerteren Konstellation wird sogleich klar, wenn wir bedenken, daß ein Kind, das die Liebe seiner Mutter entbehren muß, *auf verzweifelte Weise* sich der Zuneigung seines Vaters versichern wird – dieser Mann *muß* es lieben, das ist seine Erwartung; wenn aber auch diese Hoffnung enttäuscht wird, was dann? Dann muß man versuchen, die unüberschreitbare Kluft des Abstands vielleicht doch überschreiten zu können. Es wäre die Bedingung, um wirklich zu leben; es hauchte der vollkommenen Unbedeutendheit doch noch so etwas wie eine Bedeutung ein. Nur vor dem Hintergrund der völligen Beliebigkeit der eigenen Existenz in einem Klima vollständiger Ungeliebtheit wird die bedingungslose Suche und Sehnsucht der „kleinen Meerjungfrau" nach Liebe verständlich.

Ist es dann aber nicht doch ein Trost, wenigstens bei der *Großmutter* Zuflucht finden zu können? Gewiß, von dieser Frau heißt es, sie sei „eine kluge Frau", doch dann fügt ANDERSEN einschränkend hinzu, daß sie „stolz auf ihren Adel" war, was offenbar für das Gegenteil von Klugheit zu halten ist; und obendrein noch ist diese „Großmutter" ausgesprochen eitel, indem sie sich ihren Fischschwanz mit doppelt so vielen Austern verziert wie alle anderen Vornehmen in diesem Königreich tief unten auf dem Meeresgrunde. Zwar wird ausdrücklich versichert, daß sie „sonst ... viel Lob" verdiente, „namentlich weil sie die kleinen Meerprinzessinnen so liebte, die Töchter ihres Sohnes"; doch „verdient" eine Frau „Lob" für ihre Mutterliebe? Schon die Formulierung hört sich nach der Benotung einer häuslichen Pflicht, nicht nach der Beschreibung einer menschlichen Beziehung an. Diese Frau, man begreift, verkörpert nicht sowohl Herzlichkeit und Nähe, als vielmehr den Anspruch einer gewissen Etikette und eines gewissen Standesbewußtseins ...

Das Paradox scheint perfekt: Während die „Tiefe" der Herkunft einer „kleinen Meerjungfrau" *der Symbolsprache nach* den Eindruck von Minderrangigkeit und Minderwertigkeit vermittelt, redet die Erzählung *den Worten nach* von edler, vornehmer, ja, königlicher Abkunft. „Prinzessin", ja, aber nur auf dem Meeresgrunde ... Eine größere Spannung zwischen Anspruch und Wirklichkeit ist kaum denkbar. Wir verstehen: Es wird die Lebensaufgabe einer solchen „kleinen Meerjungfrau" bilden, in der Wirklichkeit *das* zu werden, was ihre (Groß)Mutter im „Untergrund" auf eine rein äußere Weise immer schon repräsentiert: eine Königin, eine Fürstin; sie *kann* aber zu dieser ihr vorgestellten Größe nur „aufsteigen", wenn sie einen „Königssohn" findet, der sie mit seiner Liebe zu sich emporzieht ...

Damit wird vor allem bereits deutlich, wie wir Andersens Märchen im folgenden zu lesen haben: als einen ständigen *Widerspruch* zwischen dem, was die Worte dem Begriff nach besagen, und dem, was sie als Bilder bezeichnen. Was die Dinge „wirklich" bedeuten, ist etwas grundsätzlich anderes als das, was von ihnen gesagt wird; „sprachwissenschaftlich" ausgedrückt: „Semantik und Hermeneutik in diesem Märchen sind diskongruent; das System der Denotationen ist gegenläufig zu dem System der Konnotationen"; nur wenn wir, als mit einer Grundtatsache, auf Schritt und Tritt damit rechnen, daß es sich so verhält, werden wir das seltsame Leben einer „kleinen Meerjungfrau" von innen her begreifen, insbesondere ihre vollkommene „Sprachlosigkeit" später. Denn was auf Erden soll noch zu sagen sein, wenn alle Worte die Wahrheit verbergen, die sie offenbaren sollen?

Doch um so notwendiger wird für alle „kleinen Meerjungfrauen" das, was Andersen in seiner Geschichte mit den Mitteln symbolischer Darstellung versucht. Wie kann man das Leid einer *verleugneten* Wirklichkeit eindringlicher schildern als in der indirekten Sprache der *Bilder* eines *Märchens*? Wenn nach S. Freuds Meinung alle *Verdrängung* darin besteht, einem bestimmten psychischen Inhalt die

Wortvorstellung zu entziehen[25], so bleibt kein anderer Weg zur Bewußtmachung übrig, als auf einer *symbolischen* Ebene bildhaft anzudeuten, was die Worte, die gesprochen werden, durchaus nicht bedeuten dürfen. Von einem Märchen, wie Andersen es in der Kleinen Meerjungfrau erzählt, geht bereits durch seine Form eine gewisse „therapeutische" Wirkung aus, indem es so unaufdringlich wie irgend möglich von dem „tief" verborgenen Leid spricht, das sich hinter einer glänzenden Fassade behaupteten Glückes verbirgt.

3. Für die kleine Meerjungfrau gab es keine grössere Freude, als von der Menschenwelt droben zu hören

Wie glücklich, den *Worten* nach, geht es den sechs Prinzessinnen drunten auf dem Meeresgrunde – ein Leben scheinbar, das nur in Spiel und Spaß, in Freude und Freizeit verläuft. Beneidenswert, möchte man meinen, zu dieser Schar der Auserwählten zu zählen. Wir aber sind schon gewarnt, dem schönen Scheine Glauben zu schenken; und tatsächlich brauchen wir nur ein wenig genauer hinzuhören, was Andersen wirklich erzählt, und es verstärkt sich uns gleich zu Beginn schon der Eindruck einer sich anbahnenden Kindheitstragödie.

Gewiß, die *äußeren Umstände* könnten vortrefflicher nicht geschildert werden. Zutraulich schwimmen die Fische, prachtvollen Vögeln gleich, zu den Prinzessinnen durch die geöffneten Schloßfenster herein und lassen sich von ihnen streicheln; gleich vor dem Schloß liegt ein Garten mit glänzenden Bäumen und Früchten, und die Erde, versichert uns Andersen zudem, sei von feinstem Sande; alles, so scheint es, ist gemacht, sich wie im Himmel zu fühlen. Und warum auch nicht? Man brauchte einfach nur *unbewußt* sich durch die Jahrhunderte eines solchen „Nixenlebens" treiben zu lassen, und man könnte ganz offensichtlich ein solches Leben in vollen Zügen *genießen;* aber wir wissen bereits: Es forderte ein solcher Lebens„genuß" einen unerbittlichen Preis: Man würde niemals zu einem Menschen, man gewönne niemals eine eigene Persönlichkeit, man lernte niemals die Liebe kennen ...

Genau betrachtet, ist das „Nixenleben" ein Dasein, wie ein Mädchen es führt, ehe es „fünfzehn Jahre" alt wird, das heißt, ehe es anfängt, sich als heranwachsende Frau zu fühlen; dann nämlich, aber auch dann erst, erhält es von der „Großmutter" die Erlaubnis, „aus dem Meer aufzutauchen, im Mondschein auf den Felsen zu sitzen und die großen Schiffe zu sehen, die vorüberfahren, auch Wälder und Städte ...", dann endet, mit einem Wort, die Zeit seiner Kindheit, und es beginnt der Eintritt ins „wirkliche" Leben.

Gerade an dieser Stelle scheint indessen ein merkwürdiges Schicksal den eigentlich zu erwartenden Fortgang der Geschichte zu versperren. Mädchen, die derart sehnsüchtig zur Welt der „Menschen" hin Ausschau halten, wie ANDERSEN es berichtet, sollten eigentlich keinen größeren Wunsch verspüren, als zu dieser Welt nun endlich in *realen* Kontakt zu treten; doch eben das muß einer „kleinen Meerjungfrau" von vornherein für unmöglich gelten. Eine „Meerjungfrau" hat ein für allemal in dem Element ihrer Herkunft zu verbleiben, so jedenfalls weiß es die „Großmutter". Doch mit Verlaub: Diese Ansicht, so ehrwürdig auch immer sie aus königlichem Munde geäußert sein mag, steht selbst in den Märchen und Mythen der Völker nicht unwidersprochen da. Für gewöhnlich kennen gerade diese Geschichten keinerlei Schwierigkeiten, die Kinder des Meeres ans Festland

gelangen zu lassen, freilich, es gibt da allem Anschein nach eine bemerkenswerte Besonderheit: In eigentümlicher Weise scheinen die *Kinder vom Meer* an ihre *Mutter* gebunden zu sein; jedenfalls bringen sie, verführt durch eine Frau oder irregeleitet durch ein tragisches Mißverständnis, Unheil über sich und ihre Mitmenschen. Denken wir nur an *Achill*[26], den größten Helden der *Ilias:* Er war der Sohn der Nereus-Tochter Thetis und dank des Feuers, in dem sie ihn als Kind glühte, beinahe unsterblich; doch seine Liebe zu der schönen Sklavin Briseis, die Agamemnon ihm streitig machte, erfüllte ihn derart mit Zorn, daß er sich den Kämpfen um Troja versagte und das Heer der Achaier in eine schwierige Lage brachte. Oder nehmen wir den Ritter *Lancelot*[27], der in der Artus-Sage eine so große Rolle spielt: Als Sohn Elaines vom See trägt er schon den Beinamen *du Lac* (der vom See), doch auch *seine* Liebe zu der Königin Ginevra bringt Unglück über das ganze Königreich und führt schließlich zum Untergang der Tafelrunde. Auch der germanische Held *Wittich,* der Sohn Wielands des Schmieds, war ein unglücklicher Held[28]: Mit dem scharfen Schwert Mimung erschlug er zugleich mit Helchens Söhnen den Bruder seines Freundes und Waffengefährten Dietrich von Bern, der ihn zornig verfolgte und über den Klippenrand ins Meer jagte; doch wie sein Pferd Schemming in die brausende Flut stürzte, schloß ihn seine Ahnfrau Waghild, ein blasses Meerweib, in ihre rettenden Arme und führte ihn mit sich hinab auf den Meeresgrund.

Irgendwie scheint über all diesen Heroengestalten aus *Mythos* und *Sage* ein Fluch zu liegen, indem es ihnen wohl gelingt, dem Bann ihrer Mutter zu entkommen, doch nur, um ihr in anderer Gestalt desto unheilvoller anheim zu fallen. Und auch bei den „Helden" der *Märchen* verhält es sich im Grunde nicht anders, eher noch dramatischer: Sie kommen in aller Regel von ihren Müttern gar nicht erst los oder doch nur unter den größten Schwierigkeiten; vielmehr erzählt man Geschichten von ihnen wie in dem Märchen der Brüder Grimm von der „Nixe im Teich" (KHM 181)[29], die zwar einen in Armut geratenen Müller aus seinem Unglück errettet, doch dafür (wie in der Geschichte vom „Mädchen ohne Hände", KHM 31)[30] sein Kind, einen Knaben, verlangt, den sie als Jäger in ihren Teich zieht; nur mit der größten Mühe gelingt es seiner Gattin schließlich, ihn aus der Macht der Nixe zu befreien ...

Die „Meerfrau" oder die „Nixe", die Nereide, so lernen wir aus diesen Beispielen, steht für den Machtbereich einer Mutter, die sich *weigert,* ihre Kinder an die Welt freizugeben; und der „Teich" oder das „Meer" symbolisiert dabei deutlich genug die Sphäre der unaufgelösten Abhängigkeit des Kindes von ihr.

Doch gerade vor diesem Hintergrund fällt ein *Unterschied* zu Andersens „kleiner Meerjungfrau" besonders ins Gewicht: Dieses Mädchen, wie wir gerade hörten, *hat* seine Mutter gar niemals kennengelernt! Wenn dieses Kind gleichwohl an die Welt seiner Mutter „gebunden" ist, so nicht in der Erinnerung an eine wirklich erfahrene Geborgenheit, sondern in der Sehnsucht nach etwas, das ihm stets gefehlt hat! Wenn es mithin vor Sehnsucht nach der Liebe eines anderen, jenes „Prinzen", zu vergehen scheint, so gewiß in der Erwartung, nicht nur die (fehlende!) Nähe seines Vaters bei ihm finden zu können, sondern vor allem die Zuwendung und Zuneigung seiner (unbekannten) Mutter erfahren zu dürfen. So dumpf in dieser Welt „tief unten im Meere" auch immer, geht diese Sehnsucht doch in aller Ausdrücklichkeit auf einen Partner, der für eine „kleine Meerjungfrau" von vornherein *alles* sein müßte – Vater und Mutter, Bruder und Geliebter, der *Retter* aus einer Welt, in der ein „eigentliches" Leben nicht möglich ist.

Es mag sein, daß sich bereits hierin schon ein biographischer Unterschied zu den anderen Geschwistern der „kleinen Meerjungfrau" andeutet. Diese haben womöglich ihre Mutter noch lange genug gekannt, ehe sie verstarb – niemand weiß, vor wievielen Jahren die Frau des „Meerkönigs", nachdem sie Jahr für Jahr ein Kind nach dem anderen zur Welt gebracht hat, bereits verschied; jedoch scheint es dieser Status einer Halbwaisen zu sein, der die „kleine Meerjungfrau" mehr als all die anderen nach der Welt der „Menschen" hin so verlangend Ausschau halten läßt. Keine größere Freude jedenfalls gibt es für sie, als sich „von der Menschenwelt droben" erzählen zu lassen. Eine überaus sinnliche, noch gänzlich unbekannte Entdeckung wartet dort auf das Mädchen: Dort droben *duften* die Blumen ... Was das eigentlich heißt, kann die „kleine Meerjungfrau" noch nicht wissen; doch gerade diesem Detail gilt in ihrer „geruchsblinden" Welt zunächst ihr größtes „instinktives" Verlangen.

Will man sich von dem Leben einer solchen „kleinen Meerjungfrau" unten auf dem Grunde des Meeres zusätzlich noch eine genauere Vorstellung machen, so spart der dänische Dichter nicht mit einer Reihe weiterer Hinweise. Dieses Mädchen, weiß er zu berichten, sei überaus „still und nachdenklich". Es fällt ihm offenbar schwer, sich den anderen mitzuteilen; es ist eine *Fremde,* nicht erst später in der „Menschen"welt, sondern bereits tief drunten, unter seinesgleichen. Ein geheimes Leid umgibt dieses Kind, das einsam und grüblerisch, in sich gekehrt und zurückgezogen, den Kontakt selbst mit seinen Geschwistern eher vermeidet als sucht. Es hat offenbar keinen Zweck, sich von ihnen Hilfe zu erhoffen. Nur ein vollkommener Wechsel aller Verhältnisse, eine Emigration, wie sie sich innerlich längst schon anbahnt, könnte die Lösung bedeuten ...

Wie „tief" muß die Verschüchterung eines Kindes reichen, ehe es derart die Nähe anderer flieht, ehe es sich resignierend damit für einverstanden erklärt, von den anderen unverstanden zu sein – vergeblich, sich ihnen erklären zu wollen, vergeblich, durch Fragen sich ihr Verhalten erklären zu lassen ... Mögen auch alle anderen mit ihrem „Tiefsee"-Dasein sich zufrieden geben, eine „kleine Meerjungfrau" wird das niemals können; schon der Überdruck ihrer Einsamkeit und ihres Leids hindert sie daran. Ein solches Mädchen *muß* nachdenklich, träumerisch, schweigsam und in den Augen der anderen „sonderbar" werden – ein Mauerblümchen in gewissem Sinne, doch gerade das auch wieder nicht; denn in Wahrheit ist eben die „kleine Meerjungfrau" „die schönste von allen überhaupt". Ein Mädchen wie dieses *muß* auffallen.

Selbst wenn wir seine „Schönheit" rein äußerlich nehmen, so wartet doch alles darauf, von der Liebe eines Mannes entdeckt zu werden; tatsächlich aber ist die Anmut dieses Mädchens wohl nicht nur in der Farbe seiner Haut zu erblicken, so „rosig wie ein Rosenblatt", und in der Farbe seiner Augen, „so blau wie der tiefste See", sondern in der Beseeltheit, die durch diesen Körper hindurchscheint – eine schwermütig sinnende Schönheit, in welcher doch der Schimmer des Himmels sich spiegelt. Den *anderen* mag dieses Kind wohl eher als „blauäugig" – als weltfremd und versponnen, als eine „Mondscheinprinzessin" erscheinen; doch *für sich selber* leidet dieses Kind nur still vor sich hin. Es begreift nicht, was sich rings um es her begibt; es hofft nur, daß irgendwann sich etwas ereignen möge, das es aus all dieser (Be)Trübnis tief auf dem „Meeresgrunde" herausholt. Es handelt sich nicht um die Vision eines „häßlichen Entleins"[31], es werde den anderen irgendwann die ungeahnte Größe und Schönheit des eigenen Wesens schon sichtbar vor Augen führen – so gerade nicht –, es geht eher um die versteckte, stumme Erwartung eines *Aschenputtel*[32], durch die Zuneigung (und die Herabneigung!) eines anderen, eines großen, eines wirklichen

„Menschen" Inhalt, Bedeutung und Sinn für das eigene bis dahin so hohle und nichtige Leben gewinnen zu können.

Aber wie kindlich, wie vollkommen hilflos mutet das alles an! Da existiert durchaus kein genialisches Selbstwertgefühl, das in eigener Kraft aus den zu engen Fesseln der Umwelt ausbrechen möchte und muß, um „etwas" zu werden, wie ANDERSEN es in einem anderen Märchen ironisiert.[33] Da ist nur ein leises, schwereloses sich Fort- und Hinwegträumen in eine andere Welt, die, wenn auch unbekannt, in allem schon deshalb besser zu sein verspricht, weil sie *ganz anders* ist als dieses nur allzu bekannte untermeerische Dasein. Es ist diese Tiefsee-Welt geheimer *Verzweiflung* (im Sinne des dänischen Religionsphilosophen und ANDERSEN-Zeitgenossen SÖREN KIERKEGAARD)[34], welche den Ausblick zum Himmel verstellt und selbst „Mond und Sterne" nur „ganz schwach" hindurchscheinen läßt, und die doch zugleich auch wie in einem Prisma die Form der Gestirne vergrößert und dadurch wie greifbar nahe rückt. Wenn in der Malerei *blau* als die Farbe von Trauer und Kühle gilt[35], so ist die Welt einer kleinen Meerjungfrau ständig in einen solch „wundersam blauen Schein" eingehüllt; nur wenn äußerste „Windstille" herrscht, läßt sich die „Sonne erkennen", dann sieht sie aus „wie eine Purpurblüte, aus deren Kelch das ganze Licht" strömt. Es ist die Gestalt der Sonne, welche diese jüngste der Meerjungfrauen in den Blumenbeeten ihres Gärtleins „rot glühend" darzustellen sucht. Die *Sonne*, sagen die Tiefenpsychologen, sei ein väterlich-männliches Symbol[36]; das fügt sich wie ein zusätzlicher Kommentar in das Gesamtbild ein, das wir bisher von der verschwiegenen Vatersehnsucht des Mädchens gemalt haben; es fügt sich vor allem auch zu dem seltsamen Lieblings„spiel" der „kleinen Meerjungfrau", von dem wir jetzt hören: zu der Verehrung des „schönen Marmorstandbildes" eines „hübschen Knaben".

Man muß sich für einen Augenblick vergegenwärtigen, wie leer, trotz aller anders klingenden Beteuerungen, die Welt der „kleinen Meerjungfrauen" in Wahrheit ist. Für ihre „Gärten" dient ihnen, neben den schönblättrigen Blumen, die sie dort pflanzen, „als Schmuck" einzig das Trümmergut von „gestrandeten Schiffen". Es sind die Bruchstücke aus den Katastrophen der „realen" Welt, die dort „unten" als erste Anwartschaft eines möglichen „Aufstiegs" ins Glück genommen werden. Ja, es *ist* bereits der „kleinen Meerjungfrau" ganzes Glück, das marmorne Standbild jenes schönen jungen Mannes betrachten zu können. Eine rosenrote Trauerweide pflanzt sie darum, die jenes Bild so überwächst, daß es im Wiegen der Wellen so scheint, als ob „Wipfel und Wurzeln ... einander küssen könnten".

Im Leben der „kleinen Meerjungfrau" spielt das Marmorstandbild des schönen Jünglings diesen Worten nach die gleiche Rolle, wie in manchen Märchen der BRÜDER GRIMM das Bild der wunderschönen Prinzessin, das zum Beispiel in der Geschichte von der „Kristallkugel" (KHM 197) den *dritten* der Söhne einer Zauberin davor bewahrt, wie seine Brüder in ein Tier verwandelt zu werden.[37] Ein solches *Bild* ist wie ein Talisman, der durch alle Lebensgefahr denjenigen führt, der glaubend sein Herz an ihn hängt. Was in einem solchen „Bilde" erscheint, ist die Verkörperung aller eigenen Wünsche, dargestellt in der Person eines anderen, der all das ist und zu sein hat, was einem selber am Leben mangelt: Erlebt man sich selber als „niedrig" und „arm", so ist jener andere gewiß „hochstehend" und „reich"; fühlt man sich selber als „schwach" und „hilflos", so ist er ganz bestimmt „stark" und „hilfsbereit"; sieht man sich selber als kontaktscheu und einsilbig, so muß er schon deshalb für ein Muster an Gewandtheit und Einfühlung gelten. Kurz, dieses „Standbild" wird von eben den Träumen und Sehnsüchten beseelt und

belebt, durch welche die „kleine Meerjungfrau" selber Seele und Leben zu finden hofft. Diesem Standbild verleiht sie den gesamten Wert ihrer eigenen Person, weil sie sich selber nur denken kann als geliehenes Sein. Solange sie für sich selber nichts ist, ist er für sie ihr ein und alles.

Ein Irrtum?

Vielleicht.

Doch vorerst der einzige Weg, um überhaupt ins Leben zu finden.

Da existiert auf dem „Meeresgrunde" nichts als ein solches „herabgesunkenes" „Standbild" der Sehnsucht, umflort von den Zweigen einer Trauerweide, und doch verheißt dieses Bild der „kleinen Meerjungfrau" alles, was sie jemals in ihrem Leben zu erhoffen meint: Heimat, Berechtigung, Selbstachtung, Würde, Ansehen, Geltung – alles das hängt ab und *soll* abhängen von seiner Liebe. Man begreift, wie bedingungslos, aber auch mit wieviel Angst eine „kleine Meerjungfrau" in diese eine und einzige Beziehung hineingehen wird, an der sich, so oder so, ihr ganzes weiteres Leben entscheiden soll. Für eine „kleine Meerjungfrau" wird es nur dieses eine Mal geben, bei dem sie alles aufs Spiel setzt. Gelingt dieses eine Mal, so wird alles gut; gelingt dieses eine Mal nicht, so ist alles vertan. Ein zweites Mal, so viel steht fest und so sagten wir schon, wird es nicht geben.

4. ABER DIE EINE VERSPRACH
   IMMER DER NÄCHSTEN, IHR ZU ERZÄHLEN,
   WAS SIE ... AM SCHÖNSTEN GEFUNDEN

So gleicht denn das Leben einer „kleinen Meerjungfrau" einem Strom, der, wie der Rio Iguaçu, über Hunderte von Kilometern relativ unauffällig dahinfließt, bis er plötzlich in einem Katarakt sich überstürzender Leidenschaften ein

Schauspiel an Schönheit entwirft, das auf der Welt für einzigartig gilt; *danach* fließt er wieder dahin wie andere Flüsse auch, so als wäre er nicht dieser Strom, der eben noch in der Einmaligkeit, mit der er an dieser einen und einzigen Stelle sich als ganzer verströmte, von allen Flüssen der Erde unverwechselbar sich unterschiede: Alles an ihm, die Hunderte von Kilometern vor den Wasserfällen, die seine Weltgeltung bedeuten, erscheint im Rückblick jetzt lediglich wie die etwas langatmige Vorbereitung zu dieser einen ungeahnten Entladung ekstatischer Energie und rauschhafter Schönheit ...

Das Leben einer „kleinen Meerjungfrau", kann man auch sagen, ist das Leben einer allzu lang Aufgesparten, einer *Frühreifen*. Sie ist erst zehn Jahre alt, da fiebert sie bereits nach den Erkundungen, die ihre um fünf Jahre älteren Schwestern für sie einholen. Fünf Jahre lang noch muß sie warten, bis sie selber, wie bereits ihre älteste Schwester, „zum Meeresspiegel hinaufsteigen" darf; aber wenn bisher schon die alte Großmutter ihr alles erzählen mußte, „was sie von Schiffen und Städten, Menschen und Tieren wußte", so jetzt noch weit mehr jeweils ihre Geschwister, wenn wieder eines von ihnen am Ende seines ersten Ausflugs in die Nähe der „Menschen" zurückkehrt. Und was alles, Jahr für Jahr, gibt es da zu berichten!

Bislang bedeutete der Kontakt zu etwas „Menschenförmigem" für die „kleine Meerjungfrau" gerade so viel wie eine Art kunstgeschichtlicher Expertise: Sie spürte so deutlich, daß da etwas wartete, so schön wie ein Meisterwerk der Bildhauerkunst, wie ein vollendetes Abbild der Schönheit; und all ihre Liebessehnsucht richtete sich darauf, in der „wirklichen" Welt eine Entsprechung für dieses künstlich geschaffene *Vorbild*, nicht Nachbild, eines wahren Menschen, eines *Mannes* zumal, aufzufinden. Doch der Weg dahin kann unter den gegebenen Voraussetzungen nicht anders verlaufen denn als ein langsames und mühsames geduldig-ungeduldiges sich Hinüber- und Hinauftasten in jene andere Welt, wo die „Menschen" zu Hause sind. Diese fünf „Schwestern" – sind sie tatsächlich eigene Personen oder nicht vielmehr Teile beziehungsweise *Reifungsschritte* in der Persönlichkeit der „kleinen Meerjungfrau" selber als eines heranwachsenden Mädchens?[38] Mit jeder Botschaft aus jener anderen Welt entfaltet ihre Person sich ein Stück weit mehr, und so kann es nicht falsch sein, in den Botschaften, die ihr von seiten der „Schwestern" zuteil werden, die Stufen der Entwicklung eines überaus verträumten Kindes zu sich selber als einer Frau zu erblicken. Wie insbesondere wird sie ihre eigene weibliche Liebessehnsucht zu entdecken vermögen und womöglich in Entzücken zu wandeln imstande sein?

Gehen wir die Einzelschritte der inneren Entfaltung einer „kleinen Meerjungfrau" unter ANDERSENS Anleitung einmal der Reihe nach durch, so werden wir auf eine merkwürdige, doch überaus charakteristische Gebrochenheit in der Darstellung seiner Frauengestalt stoßen.

Das Eigentümliche beginnt bereits mit der Schilderung der Erlebnisse der *ersten* „Schwester". Wie schön mutet es sie an, „auf einer Sandbank in der ruhigen See zu liegen und die große Stadt an der Küste zu sehen"; alles ist in dieser Szene nach wie vor noch in Sehnsucht und Traum eingehüllt; doch widerlegt diesen Eindruck energisch bereits die *zweite* der „Schwestern": Sie taucht empor in dem romantischen Moment eines Sonnenuntergangs, da der „ganze Himmel" wie in Gold getaucht zu sein scheint – „ein Schwarm wilder Schwäne" zieht darüber hin. Da ist, so entrückt und symbolisch verschlüsselt auch immer, von fern her bereits eine Liebesszene vorstellbar, wie die griechische Mythologie sie von der Begegnung zwischen dem Himmelsgott *Zeus* und der Königstochter *Leda* schildert, als der Oberste der Olympischen selber in der Gestalt eines langhalsigen Vogels am Ufer des Meeres sich mit der Geliebten verpaarte[39]; kaum ein anderes Motiv hat so anregend auf die abendländische Malerei gewirkt, wie diese vorsichtige Andeutung einer sexuellen Wunscherfüllung[40]; und auch ANDERSEN verwendete das Bild vom „Schwan" als Symbol für eine überragende männliche Persönlichkeit, wie in den Märchen DAS SCHWANENNEST[41] und DAS HÄSSLICHE ENTLEIN[42].

Noch einen Schritt weiter geht im folgenden die *dritte* „Schwester", die allerdings für „die kühnste von allen" gehalten wird: *sie* wagt es sogar schon, den „breiten Fluß" hinaufzuschwimmen, woselbst sie in einer Bucht einem „ganzen Schwarm von kleinen Menschenkindern" begegnet, die ganz „nackt" im Wasser herumplantschen, aber erschreckt davonlaufen, als sie in unschuldiger Einfalt mit ihnen zu spielen versucht; und auch sie selbst wird verjagt von einem kleinen schwarzen Hund, der sie grimmig anbellt und ihr einen panischen Schrecken einflößt.

Noch deutlicher als die Szene der „Schwäne" über dem Meer strahlt diese Begebenheit im Fluß eine unverkennbar erotische Stimmung aus; nicht umsonst erinnert sie an die neckischen Tändeleien, mit denen etwa zehn- bis zwölfjährige Mädchen und Jungen miteinander in Kontakt zu treten pflegen: Sie sind fasziniert von der körperlichen Erscheinung des anderen „Geschlechts", zugleich aber fühlen sie sich auf das äußerste verlegen gerade infolge der Heftigkeit ihres Gefühls und Verlangens. Was wird ein Junge dieses Alters tun, wenn er am Rande des Schwimmbassins des örtlichen Freibades seine geheime „Geliebte" trifft? Statt sie, wie er wohl möchte, in die Arme zu schließen, steht zu erwarten, daß er sie eher spielerisch in das kalte Wasser stößt, wie um sich selber von der großen Hitzigkeit des eigenen Empfindens, so gut es denn gehen mag, abzukühlen. Zwischen den Kindern kläfft, man versteht, in der Sprache ANDERSENS ein „bissiger Hund", die-

ses Phobietier männlicher Aggression[43], und sorgt für nicht geringe Gewissens*bisse*, falls ein Mädchen oder ein Junge es wirklich riskieren sollte, die Grenzen der „Schicklichkeit" zu überschreiten.

Und doch, so zögernd auch immer, ist jetzt ein erster Kontakt hergestellt, der, gewollt oder nicht gewollt, auch die Begegnung zwischen Mann und Frau eines Tages nicht definitiv ausschließt: Es wird dieser *dritten* „Schwester" der „kleinen Meerjungfrau" unmöglich sein, „die reizenden Kinder" zu vergessen, die sie im Wasser schwimmen gesehen hat.

Doch gerade diese nunmehr verstärkte Sehnsucht einer „kleinen Meerjungfrau" nach der Begegnung der Liebe mit einem „Menschen", das ist, wie wir immer wieder betonen müssen, mit einem *Mann,* ruft sogleich eine extreme *Gegenreaktion* hervor: Die *vierte* „Schwester", läßt ANDERSEN wissen, ist „nicht so keck" wie ihre Vorgängerin, sie hält sich vielmehr in vorsichtigem Sicherheitsabstand weit draußen im Meer auf und tröstet sich für den fehlenden Kontakt zu den „Menschen" mit der Weite des Himmels, der sich „wie eine große Glasglocke" über sie wölbt. Selbst so aber scheint es, daß im Hintergrund die Entwicklung zu einer erwachsenen Frau trotz aller Angsthemmnisse weitergeht und zumindest *symbolisch* einen um so deutlicheren Ausdruck findet: Große „Walfische" tauchen im Meer auf, die aus ihren Nasenlöchern Wasser in die Höhe spritzen, daß es aussieht „wie hundert Springbrunnen". Gerade diese übertrieben hohe Zahl scheint die Regel SIGMUND FREUDS zu bestätigen, wonach das Material verdrängter sexueller Wunschregungen in der *vervielfältigten* Gestalt eines symbolischen Ersatzes wiedererscheint.[44] Die „kleine Meerjungfrau", mit einem Wort, entwickelt jetzt, vertreten von ihrer *vierten* „Schwester", bereits recht konkrete Vorstellungen von der sexuellen Begegnung mit einem Menschen, der dem marmornen

Bildnis im Garten auf lebendige Weise zu entsprechen verstünde, doch sträubt sich selbstredend alles in ihr, den Inhalt ihrer so verstohlenen Vorstellungen auch nur von ferne her sich selber einzugestehen.

Folgerichtig treffen wir die *fünfte* der „Schwestern" bei *ihrem* Geburtstag denn auch „gerade im Winter" an, wie sie an der Wasseroberfläche eines arktisch anmutenden Meeres inmitten riesiger Eisberge, die schön sind wie Perlen und die blinken wie Diamanten, auf dem größten von ihnen Platz genommen hat – offenbar als die Verkörperung einer Frau, die selbst in der kalten Pracht ihrer Schönheit wie vor der Zeit erstarrt scheint, ein Schrecken und eine Gefahr für alle vorüberfahrenden Schiffe, die wohlweislich ihrerseits nunmehr angemessenen Abstand von diesen bizarren Gebilden des Frostes im Bannkreis dieser erfrorenen Schönen zu halten bestrebt sind. Eine ganze Weile im Leben einer „kleinen Meerjungfrau", müssen wir diesem Bilde entsprechend annehmen, wird so dahingehen: in einer strahlenden, doch unberührbaren, kältestarrenden Distanz zu verharren, zu der sie sich selbst aus Angst zwingt und zu der sie, selbst ängstigend, auch alle anderen nötigt.

Und doch geht auch hier die Entwicklung weiter. Kaum neigt der Tag dieses „winterlichen Ausflugs" der „fünften Schwester" sich seinem Ende entgegen, als über der finsteren See ein schreckliches Gewitter sich entlädt, so daß die Eisblöcke von der aufgewühlten See emporgehoben und von dem gespenstischen Schein rot und blau zuckender Blitze umlodert werden; die Meerjungfrau indessen sitzt weiter ganz ruhig mit wehendem Haar in dieser Welt des Grauens auf ihrem Eisberg und betrachtet gelassen, wenn nicht erfreut, dieses Schauspiel entfesselter Elemente.

Beides bedingt sich hier offenbar wechselseitig: auf der einen Seite die frigide und sterile Welt eisiger Selbstbewahrung und auf der anderen Seite das Gefühl höchster „elektrischer" Spannung; auf der einen Seite ein Leben wie auf einem eisumflorten, in der offenen See treibenden „Eisberg" und auf der anderen Seite ein inneres Durchwogtwerden von einer gewitterigen Stimmung, welche die ganze Welt in ein bengalisches Flackerlicht taucht. Heimlich und unheimlich zugleich also ist jetzt die Wirklichkeit, in welcher die „kleine Meerjungfrau" nach dem Zeugnis ihrer „Geschwister" sich aufhält, ehe sie selbst so weit ist, sich zum ersten Mal einen eigenen Eindruck von der Welt der „Menschen" dort droben zu verschaffen; ihr ganzer „Himmel" ist, wie zwischen Gewitterwolken, „aufgeladen" durch den Widerspruch von „positiver" und „negativer" Ladung, von Sehnsucht und Verbot.

Es ist sehr wichtig, innerhalb dieses stufenweisen Entwicklungsprozesses, wie ihn wohl viele Mädchen (und Jungen) in ähnlicher Weise durchlaufen, bereits jetzt schon die Thematik einer offenbar ungewöhnlich starken Sexualangst anzusprechen; ANDERSEN selber deutet sie in der Wahl seiner Bilder eigentlich klar genug an und gestaltet sie sicherlich ganz bewußt aus, doch verfährt er dabei auch wieder so vorsichtig und verhalten, daß man die entscheidenden Hinweise in seinem „Märchen", das doch der Schlüssel zu einem ganzen Leben zu werden verspricht, leicht überliest und für eine rein ästhetische Finesse des Erzählens nimmt, was jetzt schon erkennbar den gesamten weiteren Handlungsablauf festlegt. Denn noch hat die „kleine Meerjungfrau" nicht entfernt auch nur mit einem der „Menschen" Kontakt aufgenommen, da ahnen wir schon, von welcher Art die Ängste sein werden, die einen solchen Kontakt von vornherein erheblich erschweren und stören müssen. *Woher* diese Ängste kommen, ist freilich bislang absolut unklar; wie *selbstverständlich* findet die „kleine Meerjungfrau" sich vielmehr in einem „Meer" derartiger Ängste und Schuldgefühle wieder. Auch uns bleibt deshalb vorerst nichts weiter übrig, als festzustellen, *daß* es sich so verhält, und die Lösung der Frage, *warum* es so steht, einstweilen zurückzustellen.

Was uns indessen zunächst einen ersten Anhaltspunkt bietet, ist die ungeheure Faszination, die „von dem Neuen und Schönen" jener anderen, noch unbekannten, doch schon so ersehnten Welt für die „kleine Meerjungfrau" ausgeht, und zwar gerade *weil* über diese Welt sich noch der Schleier des Verbotenen, des Ungewöhnlichen, des nur den „Erwachsenen" Vorbehaltenen breitet. Würde diese andere Welt nur erst einmal unverboten zugänglich und durch Gewohnheit vertraut, so wäre sie, wie das Beispiel der fünf älteren „Schwestern" verrät, wohl sehr bald „gleichgültig", und sie würde um vieles weniger „schön" sein als das altbekannte Leben auf dem Meeresgrunde. Daß die „kleine Meerjungfrau" nicht aufhört, sich nach dem „Prinzen" zu sehnen, hat, so dürfen wir dieser Bemerkung entnehmen, offenbar auch mit dem Weiterwirken eines ursprünglichen *Tabus* zu tun; es handelt sich, psychologisch gesprochen, bei der eigenartigen Liebessehnsucht der „kleinen Meerjungfrau" nach ihrem „Prinzen" um eine *Fixierung,* die ein bestimmtes Stadium der Triebentwicklung für immer festzuschreiben droht; und so symbolisch verschleiert ANDERSEN diesen Tatbestand auch schildert, so dramatisch malt er in seinem Märchen doch dessen Folgen.

In der Vorstellung aller, die je von der „kleine Meerjungfrau" gelesen haben, wird wohl zu Recht das Bild eines wunderschönen, liebenswerten und liebreizenden, eines bescheidenen und sanften, nur leider unglücklichen und unglücklich leidenden Mädchens haften geblieben sein; tatsächlich aber zeigt uns ANDERSEN selbst, welch eine tödliche Gefahr von den fünf „Schwestern" der „kleinen Meerjungfrau" und damit doch wohl auch von ihr selbst,

ja, von allen Frauen (und Männern) ausgeht, die dabei bleiben, den Vertretern des anderen Geschlechts auf „See" als verlockende „Sirenen" zu begegnen. Eine Frau, die – aus lauter Angst – die Liebe vergleichgültigt und sich für die Dauer ihres Lebens keiner Annäherung an das „andere Geschlecht" getraut, wird gerade durch die verlockende Schönheit ihrer Gestalt und durch den betörenden Charme in dem sehnsuchtsvollen Timbre ihrer Stimme immer wieder Männer in ihre tödliche Tiefe ziehen, indem sie suggeriert, es liege keine Gefahr darin, sich auf die „Grundlosigkeit" ihrer Verheißungen einzulassen, während sie selbst doch die gestaltgewordene Erscheinung abgründiger Angst und Verweigerung ist.

Warum nur, mag man sich fragen, versuchen diese so sanft und unschuldig gezeichneten „Sirenen" immer von neuem, die „Seeleute" auf den „Meeresgrund" herabzulocken? Begreifen sie nicht, was sie da tun? Die Antwort muß lauten: Wohl kaum. Was da so tödlich wirkt, ist vielmehr die Kraft einer Sehnsucht, die mit ihrer Furcht vor der Liebe eine furchtbare Zwiespältigkeit zwischen Betörung und Zerstörung in der Seele eines jeden, der einer solchen Nixe begegnet, hinterlassen muß; oder anders gesagt: Alle „Meerjungfrauen" (und nicht anders alle „Meermänner") suchen mit Worten, die wie ein liebreizender Gesang der Zärtlichkeit klingen, nach einer Nähe, die sie als „lebendige" gleichwohl vermeiden und fliehen; es ist nicht ihre Lieblosigkeit, es ist ihre *Angst,* die den anderen nur in seiner Leblosigkeit herbeiwünscht und duldet; solange deshalb die „Schwestern" der „kleinen Meerjungfrau" „die Schönheit dort unten" preisen, sind sie allen „Seeleuten" im „Sturm" eine tödliche Gefahr. Ja, im Grunde ist es so falsch nicht, wenn die Schiffer die Stimmen der Sirenen für das Rauschen des Windes selbst halten und nicht als die Äußerungen eines menschenähnlichen Gegenübers verstehen; denn der Sturm der Leiden-schaft und die Gefahr einer Verlockung, die keinen ande-ren „Grund" kennt als den Abgrund, sind in dieser Mischung von Angst und Verlangen bei den „Seeleuten" wie den „Meerjungfrauen" ein und dasselbe. Am Ende sind es nicht einmal die Verlockungen der „Sirenen", die den Männern auf „See" den Tod bringen, sondern es ist die Turbulenz ihrer eigenen Gefühle und ihre Unvorsich-tigkeit beim „Navigieren", die sie in den „Untergang" reißt.

Für die „kleine Meerjungfrau" hingegen stellt sich unter diesen Umständen eine einzige entscheidende Frage an ihr Leben: ob es ihr gelingen wird, das angstverwunschene Schloß des „Meerkönigs", ihres „Vaters", in der Tiefe des Meeres zu verlassen und den Schritt hinüber in die Welt der „Menschen" zu tun, oder ob sie, gleich ihren fünf „Schwestern", es vorziehen wird, sich mit der Welt der „Tiefsee" – der Angst und der Unbewußtheit – als dem eigentlich „Schönen" abzufinden. Noch ist sie nicht „erwachsen" genug, um sich auf eine wirkliche Beziehung zu einem Mann einzulassen; doch werden ihre Einsamkeit und ihre Sehnsucht von Tag zu Tag größer und äußern sich in einem Weinen ohne Tränen.

Jeder, der einer „kleinen Meerjungfrau" als einer etwa Vierzehnjährigen begegnen würde, in ihrer Familie, in der Schule, die sie besucht, an der Arbeitsstelle ihres Berufes, hätte gewiß ein Mädchen vor sich, das ihm als überaus wohlmeinend, aber dann doch auch irgendwie sonderbar erschiene – nach dem Maßstab der Gleichaltrigen zu wenig spontan, zu wenig ausgelassen, zu wenig unbe-schwert; alles atmet hier „Tiefe" und „Dunkel" und macht einen in sich „versunkenen" Eindruck; doch niemals wird er etwas zu hören bekommen, das einer Klage oder einer Beschwerde gleichkäme. Keinem anderen wird eine „kleine Meerjungfrau" ihre geheime Traurigkeit mitteilen; sie würde es nicht nur als etwas Peinliches betrachten, wenn andere ihre Tränen bemerkten, sie käme auch sich selbst wie eine Zumutung für die anderen vor, falls sie „denen" auch noch mit ihrer Schwermut zur Last fallen würde – wo sie doch den Worten nach „alles hat", wo sie doch lebt „wie im Paradies", wo doch für sie alles „zum Besten bestellt" ist ... Nur insgeheim steht ihr Entschluß bereits fest: „Ich werde die Welt dort oben und die Men-schen, die droben ihr Haus bauen, liebgewinnen."

5. Die Meerjungfrau küsste seine hohe, wunderschöne Stirn

Endlich, zu ihrem fünfzehnten Geburtstag, erhält auch die „kleine Meerjungfrau" selbst die Erlaubnis, zum Meeres-spiegel hinaufzusteigen und die so ersehnte Welt der „Menschen" „dort droben" zu besichtigen, und in der Tat wird sie „leicht und hell" wie eine Blase durch das Wasser ans Ziel ihrer Wünsche emporsteigen. Zuvor aber hat die Großmutter sie noch ganz besonders festlich auf diesen Augenblick vorbereitet: Ein Perlenkranz von weißen Lilien soll ihr Haar zieren, und acht Austern, zwei mehr als selbst die vornehmen Meerleute für gewöhnlich tragen, werden an ihrem Fischschwanz befestigt; jedoch: so acht-bar und edel die „kleine Meerjungfrau" diesen Schmuck auch vor ihren Gefährtinnen trägt, so fremdartig, ja, schmerzend empfindet sie dieses neu ihr aufgeprägte Gepränge; gern hätte sie die „ganze Pracht abgeschüttelt und den Kranz abgelegt" – die roten Blumen im Garten, findet sie, stünden ihr weit besser an, doch darf sie es nicht wagen, gegen die Etikette ihrer „Großmutter" aufzube-gehren, die es trotz ihres Alters nach wie vor für standes- und pflichtgemäß hält, „fürs Feinsein" zu leiden ...

Bei diesem scheinbar harmlosen Konflikt zwischen dem Geschmack eines kleinen, eben doch noch nicht ganz mündigen Mädchens und den Schönheitsvorstellungen seiner Großmutter geht es indessen, näher betrachtet, keineswegs nur um bestimmte Fragen von Konvention, Stil und modischem Schick; in Wahrheit geht es um eine neuerliche Steigerung des Widerspruchs zwischen den vermeintlichen Verpflichtungen von Stand und Anstand auf der einen Seite und den Forderungen eines „einfachen", natürlichen Lebens auf der anderen Seite. Welch ein Gegensatz könnte größer sein als der zwischen einem Kranz aus Perlen, diesem Kondensat des Todes in ANDERSENS Lyrik, das ausgerechnet jetzt (bei ihrer ersten Begegnung mit den „Menschen") die Stirn der „kleinen Meerjungfrau" zieren und umzirkeln soll, und dem vitalen Ausdruck der roten Blumen aus dem Garten? Der *Perlenkranz* ist ein filigranes Kunstwerk, eine reine Hervorbringung der Kultur, eine „Umschreibung" der Grenzen, in denen sich die Bahnen der Gedanken eines jungen Mädchens unter der Aufsicht seiner „Großmutter" zu bewegen haben, und so steht er augenscheinlich in direktem Zusammenhang mit dem austerndekorierten „Fischschwanz" einer echten „Sirene"; beide verhalten sich zueinander gewissermaßen wie „Ursache und Wirkung". Denn solange der Perlenkranz aus „weißen Lilien", dieses Symbol sexueller „Reinheit" und Unberührbarkeit schlechthin[45], das Haupt einer Frau umgibt, solange wird sie eine singende „Sirene" bleiben – ein Wesen, dessen Unterleib in etwas Nicht-Menschliches, Tierisch-Verpöntes, Kaltes und Schuppiges ausläuft. Ein solcher „Fischschwanz" mag mit dem Emblem einer „Muschel" so oft geschmückt sein, wie es will, der Kontrast wird dadurch nur um so krasser: Während der „Fischschwanz" als das Symbol sexueller Verweigerung und Verdrängung schlechthin gelten kann, muß die achtfache „Muschel" für das genaue Gegenteil

genommen werden, für die Leugnung beziehungsweise für die Dennochdurchsetzung des Verdrängten: Schon die achtfache Steigerung der „Austern" zeigt an, wieviel Angst im Hintergrund der so prunkvoll demonstrierten Weiblichkeit steht.[46] Genauer gesagt, ist das Frausein unter dem Perlenkranz der blütenweißen Lilien nichts weiter als ein Vorzeigeattribut leidvoller Selbstverschönerung, das *überbetont* dargeboten werden muß, weil es in der Wirklichkeit des Erlebens tunlichst „unter Wasser" zu halten ist. Unter diesen Umständen wird es in der Tat ganz unmöglich sein, daß Männer und Frauen jemals einander begegnen könnten; der Fischschwanz markiert den tödlichen Widerspruch zwischen beiden. Doch derart ausgestattet oder richtiger, derlei eingestellt, muß oder darf die „kleine Meerjungfrau" sich an ihrem fünfzehnten Geburtstag zum erstenmal in die Nähe der „Menschen" begeben.

Bezeichnenderweise ist es bereits spät am Abend, da die „kleine Meerjungfrau" „auftaucht". In den Strahlen der untergehenden Sonne erglänzt gerade der Himmel „wie Rosen und Gold", so als verspräche er in der Stunde eines allerletzten alles entscheidenden Augenblicks die Erfüllung allen Verlangens nach zärtlicher Zuneigung und königlicher Wertschätzung; verheißungsvoll in der milden Luft leuchtet der Abendstern, der seit altersher für die Göttin der Liebe, für die nächtlich leuchtende Venus selber, gehalten wird[47]; und schon liegt am Ufer ein Schiff bereit, bis in die Toppen geschmückt wie mit den „Flaggen aller Nationen" – die ganze Welt in ihrer Schönheit und in ihrem Stolz versammelt sich augenscheinlich an diesem einen Ort oder besser: in diesem einen Gefährt, das „Seemann" und „Meerfrau" auf offener See zumindest vorübergehend zu Gefährten zu machen verspricht. Denn wirklich: Im wiegenden Auf und Ab der Wellen durch die spiegelblanken Scheiben des Kajütenfensters unter einer Vielzahl schmuckvoll herausgeputzter Menschen erschaut die „kleine Meerjungfrau" den jungen Prinzen. Vom ersten Augenblick an kennt sie ihn, *er*kennt sie ihn, und selbst das kann nicht länger verwundern, findet sie in ihm doch alles wieder, was ihr jenes Marmorbild im Garten im Verlaufe so vieler Jahre in ihren Träumen bereits verhieß. Erstaunen muß nur, daß auch der junge Königssohn just zur selben Stunde seinen Geburtstag feiert wie die „kleine Meerjungfrau" – sechzehn Jahre alt wird er soeben, nur um ein Jahr älter also ist er als sie. Günstiger, so scheint es, könnten die Sterne nicht stehen, um diese beiden wie schicksalhaft zusammenzufügen. Alles erweist sich als wie vorherbestimmt für ihr Glück. Und mit welch großen, schwarzen Augen der Prinz gesegnet ist! Wie wendig und geschmeidig er sich im Kreis der Männer unter dem Klang einer herrlichen Musik zu bewegen weiß!

Vorteilhaft für die „kleine Meerjungfrau" ist gewiß auch der Umstand zu werten, daß die gesamte Umgebung des Prinzen an Bord des Schiffes aus lauter Männern besteht. Wie in archaischen Gesellschaften, wenn man die Initiationsriten an den Jungen und Mädchen des Stammes zur Vorbereitung auf ihre Geschlechterrolle vornahm und dabei die einen von den anderen auf das strengste getrennt hielt[48], so sehen wir auch diesen Prinzen nach Art eines Männerbundes einzig umgeben von den Angehörigen seines eigenen Geschlechts, und so müssen wir vermuten, daß auch er von einer Frau bisher ebenso wenig je zu Gesicht bekommen hat, wie umgekehrt die „kleine Meerjungfrau" von einem Mann. Beide haben sie bislang offenbar in einer absolut geschlossenen Welt gelebt, in der es niemals möglich war, die Grenzen zum „anderen Geschlecht" hin zu überschreiten. Daß dies nun doch geschieht, geschehen soll, liegt freilich nicht an irgend-

welchen Aktivitäten, die von dem jungen Königssohn in Szene gesetzt würden, sondern die „Initiative" zu dieser „Initiation" zweier junger Menschen in das Leben eines Mannes und einer Frau geht ganz und gar von der „kleinen Meerjungfrau" selber aus. Und wie seltsam bricht da alles sich Bahn!

Denken könnte man, Sinnes, sich einen „harmonischen" Fortgang der Geschichte auszumalen, daß die „kleine Meerjungfrau", verzückt von dem seelenvollen Anblick des Prinzen, vorsichtig an das Kajütenfenster geklopft und ihn mit ihrer Schönheit zumindest dazu verlockt hätte, sich selber an Deck zu begeben, um mit der anmutigen Mermaid zärtliche Zwiesprache zu pflegen. Doch gerade das erzählt ANDERSEN uns nicht und kann es auch nicht erzählen.

Wie viele Beziehungen zwischen Männern und Frauen scheitern oder kommen gar nicht erst zustande, weil einer der beiden Partner ein *Übermaß an Erwartung* schon mit der ersten Annäherung verbindet! Die „kleine Meerjungfrau" verfügt durchaus über keinerlei Spielraum, zu dem „Prinzen" ihrer Träume eine ruhige, langsam reitende Beziehung aufzunehmen. Kein Wort wird gewechselt zwischen den beiden, ja, es fällt nicht auch nur *ein* Blick des „Prinzen" auf diese Frau, die nun schon seit Jahren, ohne daß er die geringste Kenntnis davon besäße, in ihrer Sehnsucht sich auf ihn vorbereitet hat. Ungleichzeitiger können zwei Menschen nicht aufeinandertreffen als diese beiden, indem auf der einen Seite längst alles, auf der anderen Seite durchaus noch gar nichts zur Liebe hin ausgerichtet ist. Es bleibt indes keine Zeit, diesen Unterschied zu überbrücken. Augenblicklich, kaum daß die „kleine Meerjungfrau" des „Prinzen" ansichtig geworden, entlädt sich über seinem „Schiff" ein funkensprühendes *Feuerwerk*, das in seiner Pracht das Mädchen sowohl erstaunt wie erschreckt.

Beide Eindrücke hängen paradoxerweise wieder miteinander zusammen: Es ist gerade die seit so langer Zeit aufgesparte *Sehnsucht* der „kleinen Meerjungfrau", welche die erste Begegnung mit dem „Königssohn" ihrer Träume in eine derartige *Explosion* von „über hundert Raketen" verwandelt. Es ist, wie wenn die „hundert Springbrunnen" der Spritzfontänen der Wale, welche die *vierte* „Schwester" weit draußen im Meer beobachten konnte, sich nun über die „kleine Meerjungfrau" selber ergießen wollten, allerdings in Gestalt eines Funkenregens aus Feuerfischen und Sonnenrädern. Gewiß ist es nicht die pyrotechnische Sensation der königlichen Geburtstagsfeier, welche die „kleine Meerjungfrau" so erschreckt, daß sie sogleich „unter Wasser tauchte", es sind im Grunde ihre eigenen so lange aufgestauten Gefühle, die sich jetzt wie eine Fontäne aus Feuer, „als ob alle Sterne des Himmels auf sie niederfielen", über sie entladen wollen. Gerade das Plötzliche dieser Begegnung, in der die „kleine Meerjungfrau" alles auf eine Karte setzt, ihr unbedingtes „Jetzt oder Nie", mit dem sie ihren „Prinzen" erwartet, macht ihr erstes unverhofftes und doch so sehr erhofftes Rendezvous zu einem derart überwältigenden Ausbruch aller Empfindungen und Leidenschaften; das königliche „Schiff" selbst taucht unter diesem „Feuerwerk" in gleißende Helligkeit, so daß die Schönheit des Prinzen in unvergleichlichem Glanze erstrahlt und die „kleine Meerjungfrau" den Blick von ihm nicht lassen kann.

In einer ungeheuren Dichte treffen in diesem Augenblick Faszination und Angst aufeinander und verschränken sich ineinander, indem die Angst alle Wünsche der „kleinen Meerjungfrau" so weit aufstaut, daß gerade der Moment ihrer Erfüllung eine eruptive Entladung der zurückgedrängten Triebimpulse befürchten läßt, die ihrerseits wieder im Erleben des Mädchens neue Ängste hervorruft – ein Teufelskreis, der sie fürchten läßt, was sie am meisten ersehnt, und der das am meisten wünschen macht, was sie am meisten fürchtet. Wie soll die „kleine Meerjungfrau" diesem Strudel ihrer Gefühle jemals entrinnen?

Spät am Abend, als das „Feuerwerk" des ersten „Augenblicks" auf seiten der „Meerjungfrau" sich gelegt hat, tritt keinesfalls, wie's zu erwarten stünde, eine gewisse Entspannung ein, vielmehr erschüttert die Macht des Verlangens nun wie ein Seebeben, das aus der Tiefe her aufsteigt, mit elementarer Gewalt die gesamte Welt der „kleinen Meerjungfrau": „tief drunten im Meer" summt es und brummt es – ein dumpfes Aufwallen, das, als ein reales Ereignis, jedem kundigen „Seemann" höchste Gefahr signalisieren sollte, doch hier, als Symbol für das Aufbrodeln aller Empfindungen, die „Matrosen" des „Prinzen" förmlich einlädt, nun erst recht die Anker zu lichten, Segel zu setzen und in immer rascherer Fahrt auszulaufen, mitten hinein in die immer stärker wogende See, mitten hinein in die aufziehenden Wolken, mitten hinein in das Gewitter, das in der Ferne draußen schon wetterleuchtet. Wie bereits über ihre *fünfte* „Schwester", bricht nun auch über die „kleine Meerjungfrau" ein Gewittersturm herein; doch während jene ganz ruhig, in gemessenem Abstand zu allen „Schiffen", auf ihrem „Eisberg" weiter dahintrieb, hat dieses Mädchen inzwischen die Wesensart eines „treibenden Eisbergs" ganz und gar abgelegt; voller Wonne vielmehr taucht sie unter einem schwülheißen Nachthimmel in die sich türmenden Wogen, und sie genießt es offensichtlich, daß das „Schiff" des Prinzen nun endlich „in Fahrt" kommt. Endlich riskiert er's! Endlich läßt er sich ein auf das Element, dem die „kleine Meerjungfrau" selber entstammt! Endlich erreicht ihn der schäumende Wogengang ihrer Liebe!

Max Klinger, Sirene, 1895. Öl auf Holz, 100 x 183 cm; Florenz, Villa Romana.

Die Kunstgeschichte der Malerei ist voll von Bildern, die sich nicht genug daran tun können, das Glück der Vermählung eines Mannes mit einer „Sirene" sinnenfällig zu machen; MAX KLINGER[49] zum Beispiel (siehe Abb.) malte mit Vorliebe die innige Umarmung eines braungebrannten Mannes, der im Wiegen der Wogen die nackte Schöne mit dem Fischschwanz im Arm hält und küßt, während sie, die Augen geschlossen, die blond-braunen Haare in langen Strähnen über den Rücken fallend, die hohen Brüste gegen seinen Leib gepreßt, ihn fest an sich zieht und ihren Fischschwanz wie ein zusätzliches Körperglied ihres Verlangens um ihn schlingt; weniger die Gesichter der sich so ungestüm Liebenden, als vielmehr die zueinander drängende Verschmelzung ihrer Leiber ist das Thema dieses Bildes von der „Sirene", von jener mythischen Frauengestalt, die nicht nur mit ihrem Gesang die Männer verlockt, sondern vor allem in ihrer halb tierischen Natur im Gegenzug zur Verdrängung der sexuellen Wünsche den Mutigen eine Liebe verspricht, die so naturhaft rauschend, so ungehemmt flutend, so zärtlich umspielend und zwingend umspülend ist wie die Wellen des Meers. Das Meer, wie wir in den Mythen der Völker schon hörten, ist eine *Frau* als Mutter und Gattin, doch mit dem Wogen des Leibes, wie wir nun hören, vor allem eine Liebende.

Was ANDERSEN indessen schildert, ist gerade nicht die Erzählung davon, daß der „Prinz" sich seinerseits sehnsuchtsvoll in die verlangend und verlockend ausgebreiteten Arme der „kleinen Meerjungfrau" geworfen hätte, um von ihr durch die Fluten sich tragen zu lassen oder an ihrer Seite womöglich das „Schwimmen" zu lernen; was er berichtet, kommt einem furchtbaren, lebensgefährlichen „Scheitern" gleich. Noch findet die „kleine Meerjungfrau", das sturmgepeitschte Schlingern des „Schiffes", das zwischen den schwarzen Wogen dahinrollt, sei „eine ganz

lustige Fahrt", da wissen die Seeleute an Bord bereits, daß ihr letztes Stündlein geschlagen hatte: „Unter den heftigen Stößen" der See bersten die Planken des Schiffes, bricht der Mast mittendurch gleich einem Schilfrohr, Wasser dringt in den Rumpf, und die Bruchstücke des Wracks treiben so wirbelnd in der Flut umher, daß die „kleine Meerjungfrau" selbst sich vor ihnen hüten muß, um nicht „erschlagen" zu werden. Und doch fühlt sie sich glücklich, als sie im Schein eines grell durch die kohlrabenschwarze Nacht zuckenden Blitzes sieht, wie der „Prinz" von dem auseinanderbrechenden Schiff in das „tiefe Meer" gespült wird, denkt sie doch, nun endlich komme er „zu ihr herunter". Erst zu spät, viel zu spät erkennt sie, daß er ja keineswegs freiwillig, sondern nur durch die ungeheure Macht der *Naturgewalten* in ihre Nähe getrieben wird. Wohl, es mag leichtsinnig von ihm gewesen sein, im Abendschein unter geschwellten Segeln „wie ein Schwan" sich dem Wüten des Sturms und der gischtenden See auszusetzen, doch gedachte er offenbar, des Elements der „kleinen Meerjungfrau" Meister, nicht Opfer zu werden, und durchaus nicht trug er sich mit dem Gedanken, daß ihm bei seiner so harmlos unternommenen Lustreise jeder Halt unter den Füßen weggespült werden könnte.

Dies ist und bleibt der entscheidende Kontrast in allem: Was der „kleinen Meerjungfrau" im Rauschen des Meeres als ein lustig-leidvoller Rausch vorkommt, das bedeutet für den „Prinzen" ein tödliches Drama, den Verlust seiner selbst, ein Ertrinken in einer ihm fremden, gefährlichen Welt. Natürlich enthält ANDERSENS Bildersprache von dem „Zerbersten" des „schwanengleichen" „Schiffes", von dem „Zersplittern" des ragenden „Masten", von dem „Erschlagenwerden" durch die herabfallenden „Trümmer" des „Schiffswracks" sowie von dem „Eindringen" des „Wassers" in den „Schiffsrumpf" eine Fülle sexueller Symbole, eingetaucht in das fahlhelle Licht der zuckenden Blitze eines himmlischen (Straf-)Gewitters; doch was sich in dieser Symbolik wesentlich ausspricht, ist als erstes das deutliche „Wissen", daß es eine Erfüllung der Liebe zwischen „Meerfrau" und „Prinz" eigentlich nur im „Tode" gibt, eine Einheit von Brautbett und Totenbett, von Hochzeitskammer und Gruft, in dem Schloß tief unten im Meer, das sowohl die Stätte des Vermählungsmahls wie des Grabmals ist. Alles, was ANDERSEN an dieser Stelle schildert, läßt sich lesen als verschlüsselte Darstellung einer gewiß recht einseitigen, doch lustvoll überschäumenden Liebes(traum)nacht, in welcher es einer „kleinen Meerjungfrau" nach einer schier endlosen Zeit des Wartens nun endlich doch noch gelingt, ihren „Prinzen" zu später Stunde trotz aller sich abzeichnenden Gefahren „flott" zu machen; doch eben jetzt, gerade inmitten des so „lustigen" „Treibens" der „Wellen", muß die „kleine Meerjungfrau" begreifen, daß sie mit ihrer Freude an den stürmend gischtenden Wellen dem Geliebten zu einer tödlichen Bedrohung wird: Käme der junge Königssohn *wirklich* zu ihr, so würde er die Begegnung mit ihr nicht überleben.

Warum das so ist?

„Das liegt an dem Tabu des Inzests", lautet nochmals die Standardantwort der Psychoanalyse auf diese Frage; „keiner Tochter", erklärt sie, „ist es erlaubt, ihren Vater zu lieben, und wenn ein Mädchen auf seinen Geliebten das Bild seines Vaters überträgt, so wird es die entsprechenden (tödlichen) Strafängste zu spüren bekommen." Ganz falsch ist eine solche Antwort nicht, in gewisser Weise haben wir selber eine entsprechende Deutung der Tragik einer „kleinen Meerjungfrau" bisher sogar schon ein Stück weit vorbereitet; und doch wirkt eine solche Auskunft angesichts des Problems, dem die „kleine Meerjungfrau" sich gegenübersieht, merkwürdig hilflos – es ist nicht ersichtlich, welch einen Nutzen ein Mensch in ihrer Lage aus einer solchen Erklärung ziehen könnte. Und trifft eine derartige Begründung denn überhaupt in jedem Einzelfall zu?

Da liebt eine Frau einen bestimmten Mann über alles, ja, sie sieht in ihm die Erfüllung all ihrer jahrelang gehegten Sehnsucht, und doch weiß sie nur allzu gut, daß sie den Geliebten mit ihrer Zuneigung in den Untergang reißt. Worin auch immer eine solche Situation ihren Anhalt findet: – sie droht, ihn aufgrund seiner sozialen Stellung durch ihre Bekanntschaft in den Ruin zu treiben, oder: sie überfordert ihn emotional mit ihrer Zuneigung, zum Beispiel indem sie seine Identität psychologisch in Gefahr bzw. seine innere Balance aus dem Gleichgewicht bringt, oder: sie führt ihn dazu, sich mit seiner Liebe zu ihr auf eine Persönlichkeit einzulassen, deren Konflikte, Erwartungen und Forderungen ihm sehr bald schon als „uferlos" erscheinen müssen ... – in all diesen Zusammenhängen wäre nichts zu erkennen, was auch nur irgendwie im Sinne der Psychoanalyse sich aus den Konflikten des „Ödipuskomplexes" herleiten müßte. Gleichwohl könnte eine solche Frau, wenn sie wirklich liebt, kaum anders handeln, als die „kleine Meerjungfrau" es bei ANDERSEN jetzt tut: Sie setzt all ihre Energie darein, den Geliebten aus eben der Situation zu retten, in die hinein sie selber ihn soeben noch gewünscht (und wohl auch gebracht) hat. „Nein, sterben, das durfte er nicht", denkt und fühlt sie in diesem Augenblick, und entsprechend handelt sie: Ohne auf die eigene Gefährdung zu achten, schwimmt sie in der stürmischen See, während die schwarzen Wogen sich um sie türmen, zu dem jungen Königssohn hinüber, und sie erreicht ihn, als seine „schönen Augen" bereits vor Erschöpfung geschlossen sind. Schon ist er dem Tode nahe, da umfaßt sie ihn, daß sein Kopf, wie wir später erfahren, „fest ... an ihrer Brust" ruht; und gerade so, in der Umarmung ihrer Liebe, in der Pose der größten zwischen ihnen nur möglichen Nähe, bleibt er ein Bewußtloser, während es ihre Aufgabe wird, „seinen Kopf über Wasser" zu halten ...

In dieser stürmischen Nacht ist es offenbar die „kleine Meerjungfrau", die ihr so lange aufgestautes Verlangen nach Einheit mit ihrem Geliebten, weil sie selbst es als tödlich für ihn erkennt, noch einmal zurücknimmt und ihn in seiner „Kopflosigkeit" vor dem Untergang rettet. In diesem Augenblick ist sie, die bis dahin so unscheinbare, schüchterne, „kleine" Meerjungfrau, die Vernünftige, Mutige, Starke, die *Rettende.*

In der Psychoanalyse hat man gelernt, Rettungsträume als Geburtsphantasien zu interpretieren. Eine Frau, die einen Mann aus einem tiefen Wasser an Land trägt, bringt ihn in gewissem Sinne noch einmal zur Welt – sie setzt ihn aus dem „Meer" des weiblichen Schoßes an Land, sie wünscht sich, mit anderen Worten, selber die *Mutter* eines solchen Mannes zu werden. Das, allerdings, sind Gefühle, die wir bei einer „kleinen Meerjungfrau" in solcher Lage unbedingt annehmen müssen: Statt den Geliebten mit ihrer Nähe zu gefährden, verzichtet sie lieber auf ihn; doch gibt es zwischen Wunsch und Verbot, zwischen Chance und Gefahr noch den schmalen Spielraum eines plausiblen Kompromisses: wie, wenn es möglich wäre, sich dem Geliebten als *hilfreich,* als *rettend,* ja, als lebensnotwendig zu erweisen?[50] In gewissem Sinne handelt es sich dabei tatsächlich um die *Gegenbesetzung* von ursprünglich wohl „ödipalen" Haltungen: Aus der Tochter, die nach einem Ersatz für ihren Vater (und ihre Mutter) suchte, wird eine Frau, die, um sich die Liebe überhaupt zu gestatten, ihrem Geliebten mit mütterlichen Gefühlen: als *Retterin,* zu begegnen sucht. „Zwar kann er, ja, darf er", so lautet die Überlegung, „mich eigentlich gar nicht lieben; im Grunde müßte er mich meiden, um nicht selber durch mich zugrunde zu gehen; doch wie, wenn es mir gelänge, ihm gegenüber mich nützlich, ja, unersetzlich zu machen? Dann vielleicht, würde, ja, *müßte* er mich am Ende doch lieben ..."!

In solch einer Stimmung, während eben „rot und leuchtend" die Sonne sich erhebt, läßt die „kleine Meerjungfrau" sich mit ihrem Geliebten, mit ihrem *Geretteten,* mit ihrem *Kind* und *Gefährten,* „von den Wogen treiben, wohin die wollten", wie willenlos, wie schicksalergeben – mehr kann sie, so scheint es, nicht tun. Noch einmal küßt sie die „hohe, wunderschöne Stirn" des jungen Königssohnes und streichelt sein nasses Haar zurück, dann setzt sie ihn in einer Bucht ab und wünscht nur, er möge nach dieser „Nacht" möglichst bald wieder lebendig werden. Warum, so muß man sich fragen, nutzt sie nicht besser ihre Chance?

Sie könnte doch, beispielsweise, mit dem jungen Prinzen wie mit einem Beutestück ihrer Liebe im Arm, immer weiter ins Meer hinausgeschwommen sein – stets weiter hätte er dann sich flüchten müssen in ihre Arme; gleich einem Kinde bei seiner Mutter hätte er dann nicht wenige Minuten auch nur leben können ohne die Nähe ihres Beistandes – *nie mehr* hätte sie ihn loslassen müssen, ja, loslassen dürfen! Mit Hilfe ihrer Geschwister hätte sie ihm eine künstliche Insel weit draußen im Meer bauen können, und jeden Tag, jede Stunde, hätte sie ihn betrachten, ihn umschmeicheln, ihn umlieben können. Warum nur tut sie das alles nicht? Warum wartet sie nicht zumindest, bis der Prinz in ihren Armen erwacht und sie in Dankbarkeit als seine Retterin seinerseits liebt? Warum darf zwischen den beiden nicht ein einziger Blick, nicht ein einziges Wort ausgetauscht werden?

In der ganzen Geschichte von der Kleinen Meerjungfrau ist dieses Moment das wohl sonderbarste: der vollkommene Ausschluß jeder Wechselseitigkeit in der Beziehung zwischen der „Meerjungfrau" und dem „Prinzen". Nie wird der Königssohn auch nur die Möglichkeit erhalten, die ihn so Liebende, die ihn Rettende, die ihm unter jedem Opfer ihres Lebens Nachgehende wirklich kennenzulernen. Warum?

Eine Antwort liegt nahe. Schon hier scheint es so etwas zu geben wie eine Peinlichkeit, die das Licht des Tages zu scheuen hat. Der „Prinz" *soll* offenbar nichts wissen von jener Nacht, in der er in den Armen jener Liebenden lag! Es *soll* ihm offenbar unbewußt bleiben, mit welchem Verlangen sie seinen Kopf an ihrer Brust bettete, um ihn durch die Wogen zu tragen! Er *darf* offenbar nicht entfernt auch nur ahnen, mit welcher Lust sie ihn im Zerbersten des Schiffes in *ihr* Element stürzen sah! Er hat, wohlbehütet, erstaunt wohl auch nach den Widerfahrnissen all solcher Gefährdungen, am Rand einer lieblichen Bucht zu erwachen – zur *Liebe* die Augen aufhebend, doch ohne sich zu erinnern an die, welche mit ihrem Fühlen die Liebe ihm schenkte ... Es gibt für all diese Seltsamkeiten wohl nur diese Erklärung: Der Geliebte soll und darf niemals wissen, mit welch einem Verlangen in jener stürmischen „Nacht" ihn die Liebende hätte umarmen, umschließen, umwogen und auf ewig zu sich „herunterziehen" wollen ... Er soll frei bleiben, wie er es war, er soll sich selber entscheiden, er soll von sich selber her zu ihr finden ...; doch dazu gehört, daß die „kleine Meerjungfrau" eine andere wird, als sie ist. Sie muß, um der Liebe des „Prinzen" würdig zu werden, sich zunächst „vermenschlichen", sie muß sich des „Fischschwanzes" entledigen, sie muß erst einmal lernen, selbst auf zwei Beinen zu gehen ... Und ist es denn sicher, daß der Königssohn für soviele Schmerzen wirklich sie lieben wird? Nur eines steht fest: Aus Liebe zu ihm wird sie *alles* tun.

6. ABER ... ER WUSSTE ... NICHT, DASS SIE IHN GERETTET HATTE

Könnte die „kleine Meerjungfrau", muß man noch einmal fragen, nicht zumindest in der spiegelglatten tiefen Bucht noch eine Weile lang verbleiben, dort, wo sie auf dem feinen weißen Sand den jungen Königssohn, mit dem Kopf in der wärmenden Morgensonne, nach jener abenteuerlichen Nacht niedergelegt hat? Warum wartet sie nicht einfach, daß er erwacht? Könnte sie ihm nicht vom Wasser aus von ihrer Tat und was sie bedeutet erzählen? Müßte sie ihm nicht unbedingt jetzt ihre Gefühle gestehen und ihn bitten, sich wissentlich und willentlich, am hellen Tage, ihr so in die Arme zu geben, wie er es unbewußt, willenlos, in dunkler Nacht treibend, doch schon getan hat?

Die Antwort, warum die „kleine Meerjungfrau" sich so ganz anders verhält, ist nicht schwer zu finden. Offenbar fürchtet sie, ihr junger Königssohn werde, erwachend, zu erschrocken und verwirrt sein, um sich zu der Wahrheit jener „Nacht" zu bekennen, er werde ängstlich zurückweichen vor dem Gefühlsandrang einer so ungestümen Zuneigung, wie die stürmende See ihn verdeutlicht; und vor allem – man darf nicht vergessen, daß die „kleine Meerjungfrau" noch immer das Wesen mit dem Fischschwanz ist, die Halb-Tierische, die nur Halb-Menschliche. Anders als in den Geschichten sonst, die man von singenden Sirenen sich gemeinhin erzählt, glaubt die „kleine Meerjungfrau" anscheinend nicht, den „Prinzen" mit der Anmut ihrer Gestalt als Meermaid ins Weite hinaus verlocken zu können, sie glaubt augenscheinlich, ihn zu verstören, sobald er ihres Wesens gewärtig würde. Sollte sie ihm da gar gestehen, wie glücklich sie war, als endlich sein Schiff unter dem Schwall der schäumenden Wogen in tausend Stücke zerbarst und sie ihn rettend ans Land tragen durfte? Würde nicht das Trennende, Fremde, Unheimliche, Wesensverschiedene zwischen ihnen beiden in diesem Falle nur um so krasser und dann wohl für immer deutlich?

Es ist diese Entscheidung, die der „kleinen Meerjungfrau" in jedem Falle für noch zu früh gilt und die sie am liebsten noch aufschieben möchte – bis daß er wieder Fuß gefaßt hat an Land, bis daß sie sich selber wiedergefunden hat in den Tiefen des Meeres; doch riskiert sie mit diesem Verschieben auf später, daß es eines Tages *zu spät* werden kann, sich dem Geliebten als immer schon Liebende zu offenbaren. Wann, wenn nicht jetzt, soll es an der Zeit sein, ihn in das Geheimnis der gerade bestandenen Sturmnacht einzuweihen? Statt dessen sehen wir die „kleine Meerjungfrau" schüchtern, voller Angst, von den „Menschen" entdeckt zu werden, weit hinausschwimmen „hinter einige große Steine, die aus dem Wasser aufragten", und, wie eine Verschleierte in orientalischen Ländern, Haare und Brust mit Meerschaum umhüllen, auf daß niemand etwas von ihrer Gegenwart merke. Aus der Sehnsucht der Liebe, tief drunten bei jenem Marmorbildnis im Garten, wird nun eine versteckt hervorlugende Liebe, die sehen will, ohne gesehen zu werden, und die sich nicht weiter hervortraut als bis zu einer gewissermaßen voyeuristischen Übergangszone[51] zwischen „Meer" und „Festland", zwischen jenem zweideutigen: „Ich weiß genau, daß ich dich liebe", aber: „Ich weiß auch genau, daß du mich verlassen wirst, wenn du weißt, wer ich bin." Nur: Wer müßte die „kleine Meerjungfrau" denn sein oder werden, um glauben zu können, der „Prinz" *werde* sie, *gerade* sie lieben, wenn er sie nur erst zu Gesicht bekäme?

Da sieht die „kleine Meerjungfrau" vor sich das Festland, die Heimat ihres Geliebten, und darauf „hohe, blaue Berge, auf deren Gipfeln der weiße Schnee glänzte, als lägen dort Schwäne"; erinnert das nicht an den Anblick, der schon der *zweiten* Schwester zuteil ward, als sie auf offener See den Wolkenbergen am Himmel zusah und einen Schwarm wilder Schwäne bemerkte, der „wie ein langer weißer Schleier" unter den Strahlen der Sonne über das Wasser flog? DIE WILDEN SCHWÄNE[52] sind in dem gleichnamigen Märchen ANDERSENS elf Brüder, die, von dem Fluch einer bösen Stiefmutter und Hexe verwunschen, ebenfalls zwischen zwei Welten über das ganze Meer dahinziehen müssen, um von ihrer Schwester erlöst zu werden. Für die „kleine Meerjungfrau" ist jene Welt des „Prinzen" im Grunde nur das (projektive) Gegenbild ihrer eigenen Welt, die erlöst werden müßte, um zu ihr zu finden, oder zu der sie erlöst werden müßte, um „drüben" heimisch zu werden.

Da gibt es auch auf dem Festland gleich unten am Ufer einen „Garten", bestanden mit „Zitronen- und Apfelsinenbäumen", diesen Symbolen verführerischer Weiblichkeit zwischen Säuernis und Süße seit Paradiesestagen[53], ganz vorn aber ragt „eine Kirche oder ein Kloster" auf. Beide Deutungen der Außenansicht dieses Gebäudes stehen wie spielerisch nebeneinander, so als läge zwischen den beiden Möglichkeiten nicht eine ganze Welt, so gegensätzlich wie Verheißung und Verweigerung, wie Vollenden und Beenden, wie Erhören und Zerstören. Eine *Kirche* – das könnte stehen für Orgelspiel und Brautaltar, das könnte der Ort einer feierlichen Einsegnung von Braut und Bräutigam sein, von ihr, der „kleinen Meerjungfrau", als der endlich erwählten Prinzessin, und von ihm, dem längst doch erwählten Prinzgemahl. Jedoch ein *Kloster* – das steht für den reinen Verzicht auf derartige Wünsche, das ist das Ende aller ehelichen Sehnsucht, das ist die Einwilligung, den „Prinzen" an eine „höhere", vermeintlich „göttliche" Liebe opfern und abgeben zu müssen.[54] Man versteht aber die Doppeldeutigkeit dieses Gebäudes am „Ufer" wohl erst dann richtig, wenn man den Gegensatz zwischen beiden möglichen Deutungen wieder (!) als Einheit betrachtet.

Da kam, erzählt ANDERSEN, „ein junges Mädchen dorthin", wo der „Prinz" lag; es gehört, wie wir später erfahren, zu dem Bereich jenes Tempels; es ist selber so etwas wie eine römische Vestalin, geweiht dem heiligen Feuer, doch unerreichbar für die Liebesglut eines Mannes, da gebunden durch das Gelübde „freiwilliger" „Keuschheit".[55] Dieses Mädchen ist offenbar die Gegengestalt oder, besser, die Parallelgestalt der „kleinen Meerjungfrau" selber. *So* also, lautet die erste Antwort, müßte sie sein, um als „Mensch" das „Land" des Geliebten zu betreten: Nicht warten dürfte sie darauf, eine Frau zu werden, sondern bewahren sollte sie sich als unberührtes und unberührbares Kind! *Das* allem Anschein nach bildete die erste Voraussetzung, um dem jungen Königssohn zu begegnen! Denn einzig in der Gestalt dieser Tempeljungfrau wird er, „erwachend", zum ersten Mal in seinem Leben einer Frau so in die Augen schauen, daß er sie nie mehr vergißt; all die Zeit später wird er alles daransetzen, diese seine vermeintliche „Retterin" wiederzufinden, nach ihr sich sehnend, so wie die „kleine Meerjungfrau" in der Nähe ihres Marmorbildes nach einem „Manne" sich ausstreckte, der dieser Kunstgestalt ihres Verlangens ähnlich sein könnte.

Ein junger Mann, der die Frau sucht, die ihn „ans Land" gesetzt hat, ist nach allen Einsichten der Psychoanalyse tatsächlich „ödipal" gebunden an seine Mutter[56], und so verstehen wir wohl, daß er all seine „Triebwünsche" verdrängen muß, um das Bild *seiner Mutter* nonnengleich „rein" zu halten von allen Begehrlichkeiten männlicher Leidenschaft; wir verstehen auch, warum einem solchen „Königssohn" das erste Gefühl der Liebe nur begegnen kann wie ein „Erwachen" nach einem „Schiffsuntergang" auf „hoher See"; am wichtigsten aber: wir verstehen jetzt,

warum die „kleine Meerjungfrau" auch aus der Sicht des „Prinzen" nur Zugang zu ihrem Geliebten gewinnen konnte, indem sie ihre Rolle als liebende Frau aufspaltete in die sehnsüchtige „Sirene" und in die rettende „Mutter". Doch selbst ihre Rolle als „Mutter" muß sie jetzt noch einmal aufspalten: in die Frau, die sich wie hinter Klostermauern verbirgt und allenfalls passiv gesucht und umworben sein will, und in die Frau, die, verstohlen und stark wie das Meer zwischen Ebbe und Flut, auf der Suche bleibt nach dem Mann ihrer Sehnsucht. Noch muß die „kleine Meerjungfrau" nicht wissen, daß jene andere, ihr so ähnliche, diese Zweitrolle ihres eigenen Zwiespaltes, bald schon als ihre Konkurrentin und schließlich als die triumphierende Siegerin über sie auftreten wird; doch um so mehr stellt sich hier schon die Frage, wie es mit ihr selber weitergehen kann, welch einen Ausweg aus der teils aufgenötigten, teils selbstgewählten Widerspruchsrolle der „Mutter" und „Retterin" und doch auch der liebenden Frau sie zu finden vermag.

Einstweilen, so sehen wir, tritt die innere Entwicklung gewissermaßen auf der Stelle. Der junge „Prinz", der „alle um sich her" so freundlich anzulächeln weiß, lächelt jener Liebenden „da draußen" durchaus nicht zu, denn selbst wenn er es wollte, er könnte es nicht, er *soll* es gar nicht, ihm wird bewußt verweigert zu wissen, was er im Grunde unbedingt wissen müßte.

Da entsteht eine Liebe, wie STEFAN ZWEIG sie in einer seiner Novellen, „Brief einer Unbekannten"[57], einmal erzählt hat: Überraschend erhält ein berühmter Romancier den Brief einer Frau, die ihm gesteht, daß sie wohl schon aus dem Leben geschieden sein werde, wenn er die nachstehenden Zeilen überflogen habe; in dem Brief nämlich steht zu lesen, daß seine Verfasserin ihn schon seit Jugendtagen gekannt und geliebt habe; sie sei das Mädchen, das mit ihm in dem gleichen Haus, gegenüber dem Flur, in ebenso ärmlichen Verhältnissen wie er selbst aufgewachsen sei; doch nie habe sie es gewagt, ihn anzureden oder gar um seine Zuneigung nachzusuchen; und so sei sie, während er immer höher gestiegen, ihm wie von ferne sehnsüchtig, ja, sklavisch gefolgt; Stadt um Stadt habe sie mit ihm bereist; ja, sie habe ein Kind von ihm, die Frucht dreier Nächte, da sie sich ihm hingegeben – doch er habe sie nie erkannt; das Kind sei gestern gestorben, und auch sie gehe jetzt aus dem Leben, doch sie mache ihm keine Vorwürfe ...

Ähnlich „rücksichtsvoll", scheu distanziert und verstohlen, wirkt auch die Liebe der „kleinen Meerjungfrau". Statt dem „Prinzen" Mitteilung von ihren wahren Gefühlen zu geben, versinkt sie, bisher schon ausgezeichnet durch Stille und Schweigsamkeit, nun erst recht in eine traurige, wortlose Nachdenklichkeit. Wie um nicht das *eine* zu sagen, das unbedingt jetzt gesagt werden müßte, beginnt erneut eine Phase des Gar-nichts-mehr-Sagens, des Rückzugs nach innen, des alten Grübelns ohne Außenbezug. Zwar schließt die „kleine Meerjungfrau" nach wie vor ihr Marmorstandbild im Garten in ihre Arme und bleibt es „ihr einziger Trost", wenigstens dieses Gleichnis auf ihren Geliebten und ihre Liebe anschauen zu können, doch liegt in dieser Gebärde mehr Klage als Frage, mehr Abbruch als Aufbruch, mehr Zweifel und Verzweiflung als der Mut zu Klärung und Klarheit. Selbst die „Blumen" in ihrem „Garten" läßt sie verwildern. Da wächst etwas in ihr weiter, doch wie ohne Ordnung und Richtung, und so überwuchern die Blumen und Stengel bald sogar das von ihr so geliebte Marmorstandbild und hüllen es ein in Schatten und Dunkelheit. Dafür besucht die „kleine Meerjungfrau" „manchen Abend und manchen Morgen" die Stelle noch einmal, an der „sie den Prinzen verlassen hatte". In dem Garten *dort* reifen inzwischen die Früchte und werden gepflückt, und auf den Bergen

schmilzt schon der Schnee, nur für die „kleine Meerjungfrau" selbst scheint es nicht Sommer zu werden noch Herbst; sie bleibt weiter allein, ja, sie weiß nicht einmal, wo ihr Geliebter wohnt.

Welch ein seelischer Druck an Trauer und Einsamkeit muß auf der „kleinen Meerjungfrau" lasten, daß sie es schließlich doch übers Herz bringt, einer der Schwestern von ihrer Not zu erzählen! Sie tut es sehr vorsichtig, doch wie Gerüchte so sind – sie wandern im Gelöbnis des Schweigens; es spricht sich rund, und dann schließlich: eine der Freundinnen weiß, wo das Königreich jenes Prinzen liegt; und dorthin begleiten ihre Schwestern die „kleine Meerjungfrau". Gerade an *der* Stelle tauchen sie aus dem Meer, wo das Schloß des Königssohns sich befindet.

Dieses „Schloß" *am Meer* erweist sich erneut als eine Art Gegenbild zu dem Schloß des Meerkönigs, in dem die „kleine Meerjungfrau" ihre Kindheit verbrachte. Auch hier gibt es marmorne Figuren, hohe gläserne Fenster und schöne Gärten, nur daß über allem hell und klar die Sonne scheint und daß die Wasserwüste des Meeres in der Heimat der „kleinen Meerjungfrau" in dem „Schloß" des „Prinzen" durch einen großen „Springbrunnen" vertreten wird, der in hohen Strahlen „bis ... unter die Glaskuppel an der Decke" sich ergießt ... Und wieder verstärkt sich noch beim Anblick dieser Fülle symbolisch verhüllter Verweisungen und Verheißungen im Herzen der „kleinen Meerjungfrau" die Sehnsucht ihrer Liebe, die jetzt allerdings von dem verwaisten „Standbild" im „Garten" des „Meerkönigs" hinüberfindet zu dem „Schloß" des „Prinzen", der seinen Garten wie ein lebendiges Standbild bewohnt.

Lebt dieser Prinz wirklich?

Alles, was die „kleine Meerjungfrau" „sieht", mutet

nach wie vor an wie eine Projektion und Übertragung der Träume eines verschüchterten Mädchens, das es nicht wagt, seine Erwartungen und Hoffnungen an der „Wirklichkeit" zu messen und notfalls daran zu korrigieren. Im Gegenteil. Immer von neuem des Abends und in der Nacht schwimmt die „kleine Meerjungfrau" unter den Marmorbalkon des königlichen Schlosses, um still für sich, unbemerkt und ungestört, im Schutze des grünen Schilfs, den „Prinzen" zu betrachten, wie er im hellen Mondschein auf die Brüstung tritt – eine Traumgestalt mehr als eine irdische Wirklichkeit, eine Person, in deren Gegenwart alle Wünsche und Sehnsüchte sich vereinen und deren Erfüllung zum Greifen nahe scheint, wäre da nicht diese unendliche, unüberbrückbare Kluft zwischen der Welt eben eines solchen „Prinzen" in all seiner Anmut und Schönheit und der Welt einer „kleinen Meerjungfrau" mit ihrem „Fischschwanz". *Nur* so verstohlen, das weiß sie, darf sie sich überhaupt ihrem Geliebten nähern. Und doch, einen Augenblick lang kehrt, zumindest der Vorstellung nach, das Bild der Vermählung von *Zeus* und *Leda* an dieser Stelle sich um: Wenn am Flußufer der silberweiße Schleier der „kleinen Meerjungfrau" vom Winde hochgeweht wird, so erweckt das den Anschein, als breite ein *Schwan* dort seine Schwingen; und in der Tat: Es ist die „kleine Meerjungfrau", welche die Rolle des Werbenden, Suchenden, Verlangenden gegenüber dem „Prinzen" einnimmt; *sie* ist der „Schwan", der die göttliche Macht der Liebe verkörpert, während der „Prinz" in der Position des passiv Umworbenen auftritt.

Nur: Kann man es als „Werbung" bezeichnen, wenn wir die „kleine Meerjungfrau" Nacht für Nacht unter dem Balkon ihres Geliebten kauern sehen, ohne sich je ihm zu offenbaren? Alles geschieht hier *indirekt;* alles wartet darauf, *entdeckt* zu werden; und doch ist es gerade eine solche „Entdeckung", welche die „kleine Meerjungfrau" am mei-

sten zu fürchten scheint, und zwar aus keinem anderen Grunde, als daß sie nur eine „Seekuh", eine „Sirene", kein „Mensch" ist. Von dem „Prinzen" erfährt sie von den Fischern „draußen auf dem Wasser" nur Gutes. Wer aber ist sie selber? Was kann aus ihr werden, um mit ihrer Liebe ihrem Geliebten als liebenswert zu erscheinen?

7. Er gäbe dir eine Seele
und behielte doch seine eigene

Es gibt in der Beziehung der „kleinen Meerjungfrau" zu dem „Prinzen" eine Eigentümlichkeit, die erst an dieser Stelle der Geschichte in voller Klarheit hervortritt, die aber sowohl das Glück wie den Schmerz einer solchen Liebe in ihrer tragischen Entwicklung in erschütternder Weise verständlich macht; diese Eigentümlichkeit besteht darin, daß die „kleine Meerjungfrau" sich selbst offenbar *um so weniger* mögen kann, je mehr ihre Zuneigung zu dem jungen Königssohn zunimmt. Statt, wie man erwarten würde, die Kluft zwischen den „Menschen" und den „Nixen" zu überwinden, vergrößert die Zuneigung der „kleinen Meerjungfrau" zu dem „Prinzen" ganz im Gegenteil gerade ihre Selbstablehnung und Selbstverachtung.

Gewiß, in jeder intensiven Begegnung zweier Menschen wird es nicht ausbleiben, daß die wachsende Annäherung zugleich auch den Eindruck des Andersseins, also auch der Fremdheit und des Abstands, vermehrt – doch ziehen „normalerweise" solche Gegensätze einander an. Im Falle der „kleinen Meerjungfrau" hingegen geschieht etwas ganz anderes: *Ihre* Liebe äußert sich wesentlich darin, den anderen möglichst hoch zu stellen, wie um in seinem Gegenüber sich selbst als möglichst „niedrig" erscheinen zu lassen. Die „kleine Meerjungfrau" *projiziert,* so sagten wir mehrfach schon, all ihre Wünsche und Sehnsüchte auf den „Prinzen“; aber warum? Wir sind jetzt dicht dabei, diese wichtige Frage zu beantworten.

Wir sahen bereits, wieviel Angst die „kleine Meerjungfrau“ hat, dem „Prinzen“ ihre Liebe zu gestehen; sie wagte es nicht, sich ihm bekannt zu machen, aus Furcht, er könnte sie als gar zu „niedrig“ ablehnen und verachten; gerade aus dieser Furcht wird jetzt aber so etwas wie der Trost einer schönen Seele: „Mag er mich lieben oder nicht“ – scheint sich die „kleine Meerjungfrau“ zu sagen –, „*ich* liebe ihn; ich bin die Frau, die immer *lieben* wird, es fragt sich nur, ob er, ein Mann, dieser meiner Liebe auch würdig ist.“

Da soll die Unruhe und die Angst einer solchen Beziehung durch eine *Spaltung* überwunden werden, indem alles Positive in den anderen hineinverlegt wird: „Der andere *muß* mich lieben, schon weil ich ihn liebe; er ist doch so liebenswert und liebenswürdig – wie sollte es da möglich sein, daß er mich nicht liebt?“ Aber die Frage wird damit nicht beantwortet, sie stellt sich nur um so mehr: „Kann der andere so etwas wie mich denn überhaupt lieben – wo ich, gemessen an ihm, so unwürdig und unwert *seiner* Liebe bin?“

Dieses ständige Hin und Her zwischen starken Selbstzweifeln und entsprechenden Zweifeln an der Liebe des anderen kommt durch die „projektive Selbstentleerung“ nur sehr begrenzt zu einer Beruhigung; doch eine andere „Lösung“ bleibt kaum übrig: „Wenn ich mich immer kleiner, immer bescheidener, immer unscheinbarer, immer minderwertiger stelle, und wenn ich umgekehrt *ihn* immer größer, immer stolzer, immer strahlender, immer überwertiger erscheinen lasse, *dann,* ja, dann *muß* er mich doch irgendwann als gut und hilfreich entdecken.“ So in etwa lautet die „Strategie“ einer „kleinen Meerjungfrau“ jetzt.[58]

Sie selber mit ihrem „Fischschwanz“, erklärt sogar die „Großmutter“, kann in den Augen der „Menschen“ gar

nicht anders als „häßlich“ erscheinen; sie selber, so spürt sie, lebt in einer derart engen, begrenzten und beschränkten Welt; die „Menschen“ hingegen sind imstande, alle möglichen „Grenzen“ zu überwinden: Sie bauen Boote, um das Meer zu befahren, sie können die Berge emporklettern bis zu den Wolken, und wie schön erst müssen die Felder und Wälder sein, die sich hinter dem Horizont verbergen! Noch hat die „kleine Meerjungfrau“ von diesen Herrlichkeiten kaum etwas zu Gesicht bekommen, doch erfüllt alles, was mit dem „Prinzen“ zu tun hat, sie ausnahmslos mit Neugier und Bewunderung. Ein „Mensch“ zu werden wie er, an seiner Seite zu sein und zu leben mit ihm – das ist mittlerweile der einzige Wunsch, der ganze Lebensinhalt einer „kleinen Meerjungfrau“. Und doch zeigt sie sich nach wie vor außerstande, mit dem „Prinzen“ selber zu reden; und dennoch setzt sie nach wie vor das im Grunde unwürdige Spiel der indirekten Erkundigungen fort! Dabei wäre, was die „Großmutter“ ihrer Enkelin zu sagen hat, eigentlich wohl schon die ganze Zeit über zu sagen gewesen, es ist aber erst jetzt offenbar dem (Selbst)Verständnis der „kleinen Meerjungfrau“ angemessen, fühlt sie doch selber seit langem schon das „Geheimnis“, über welches die „Großmutter“ sie jetzt „aufklärt“.

Wohl jeder Junge, jedes Mädchen wird, fünfzehn Jahre alt geworden, sich irgendwie mit der Frage nach dem *Tode* beschäftigen: Wofür eigentlich lohnt sich das Leben, wenn der Tod in jedem Moment jede noch so gut gemeinte Bemühung zu einem Nichts entwerten kann? Wenn er jede Hoffnung enttäuschen, jedes Versprechen zerstören, jede Erwartung in eine pure Illusion auflösen kann? Wer sind wir überhaupt, die wir uns „lebend“ nennen, wenn der Tod jederzeit seinen Spott mit uns zu treiben vermag? Die „Großmutter“ spricht offen aus, daß es nur den wirklichen „Menschen“ vorbehalten ist, eine „unsterbliche Seele“ zu besitzen; alle anderen, die „Meermänner“ und „Meerfrauen" vor allem, sind mit ihrem Dasein nichts als „Schaum auf dem Wasser"; sie sind ein Teil des Kommens und Gehens der Natur, eine Welle im Ozean, nichts, das in sich selbst eine Bedeutung besäße; persönlich, als Einzelwesen, sind sie derart unwichtig, daß es keinerlei Andenken, nicht einmal in Gestalt eines Grabmales, an sie geben wird. Sie sind da, nur um eine Weile zu sein; dann gehen sie fort, und nichts von ihnen mehr bleibt. Ihr Leben ist „wie das grüne Schilf", erklärt die „Großmutter"; „ist es erst geschnitten, dann kann es nicht wieder grünen!" Die „Menschen" hingegen sind unsterblich, und zwar nicht durch eine gewisse Dauer im Gedächtnis der Nachwelt, sondern durch die Eigenart ihrer „Seele, die immer lebt", auch „wenn der Körper zu Erde geworden ist."

Es bleibt das Rätsel dieser „Großmutter", wie sie *das* wissen und trotzdem damit einverstanden sein kann, eine bloße „Meerfrau" zu bleiben! Da besitzt sie eine genaue Kenntnis von der vollkommenen Aussichtslosigkeit ihres Daseins, und doch spricht alles dafür, daß sie sich die Bedeutung dieser ihrer „Kenntnis" niemals wirklich bewußt gemacht oder sie so rasch wie möglich verdrängt hat; ja, es scheint, als sei es geradezu die „Natur" echter „Meerfrauen" (und „Meermänner"), daß sie zwar einmal „aufsteigen", um die Erde der „Menschen" und die Sterne am Himmel zu sehen, doch daß sie dann ihre Sehnsucht nach Ewigkeit und Unsterblichkeit sogleich wieder vergessen, vergessen *wollen,* um in die Tiefe des Unbewußten zurückzutauchen und den beseligenden Schrecken: die Entdeckung der *Seele,* alsbald wieder hinter sich bringen. Jedenfalls behauptet wie mit einem gewissen Trotz die „Großmutter" zum Trost von den „Meerleuten": „Wir sind viel glücklicher und besser dran als die Menschen dort oben." Und deshalb, so fordert sie ihre „Enkelin" auf: „Laß uns fröhlich sein ..., hüpfen und springen ... die dreihundert Jahre, die wir zu leben haben ..., nachher kann

man um so zufriedener in seinem Grab ausruhen. Heute abend haben wir Hofball!"

Da spricht dieselbe Frau, die soeben erklärte, daß es für die „Meerleute" nicht einmal eine Grabstätte zur Erinnerung gebe, von der Zufriedenheit, die sie am Ende eines lebenslustigen Daseins *im* Grabe empfinde, und weiß im Grunde doch, daß das eine so offensichtlich verlogen ist wie das andere. Gibt es denn angesichts des Entsetzens über die vollkommene „Eitelkeit" der Existenz im Schatten der stets gegenwärtigen Todesdrohung wirklich keine andere Antwort als die Flucht eben in die Eitelkeit von Ballkleid und „Austern"-Schmuck, in die Betäubung von Tanz und Musik, in die Dumpfheit von „Laßt uns heute fröhlich sein!", so als wenn es immerhin noch zweihundert Jahre währen würde?[59]

Gewiß, diese Art von „Antwort" kann sich auf eine lange Tradition berufen. Schon das berühmte „Lied des Harfners" im Alten Ägypten[60] forderte den Fürsten auf, seines Sterbedaseins nicht zu gedenken, sondern „einen frohen Tag" zu feiern: „Sei wohlgemut, auf daß dein Herz vergesse, daß man dich einst im Tode verklären wird. Folge deinem Herzen, solange du lebst, leg Myrrhen auf dein Haupt und kleide dich in feines Linnen, salbe dich mit den echten Wundern der Gottesdinge ... Klagen erretten niemanden aus der Unterwelt. Begehe den Tag fröhlich, tue Salbe und feines Öl an deine Nase, Kränze und Lotosblumen an den Leib deiner Geliebten, die du liebst und die neben dir sitzt. Laß Gesang und Musik vor dir sein, wirf alles Üble hinter dich und gedenke der Freude, bis jener Tag kommt, wo man im Lande, das die Stille liebt, landet. Feiere den frohen Tag, gedenke nicht der Zeit des Tages, der die Herzen betrübt ... genieße dein Leben gar sehr, werde seiner nicht müde: Siehe, niemandem ist vergönnt, seine Habe mit sich zu nehmen."

„Lehren" wie diese wurden über Hunderte von Jahren im Alten Ägypten schon abgeschrieben – sie finden sich auf Grabsteinen noch in der Zeit der Ptolemäer[61], und sie bilden, ob ausgesprochen oder unausgesprochen, die Lebens„weisheit" aller, die mehr nicht kennen wollen als ein möglichst langes, möglichst unbekümmertes, möglichst unbeschwertes Leben *heute*[62]*;* denn morgen, vielleicht schon, wartet der Tod!

Nun mag eine solche Regel der Lebensklugheit für alle „Meerleute" gelten, für eine „kleine Meerjungfrau" gilt sie nicht. *Ihr* erscheint das Dasein tief unten am Grunde des Meeres durchaus nicht als glücklich: „Die Musik der Wellen" kann sie nicht hören, „die herrlichen Blumen" nicht schauen, „die rote Sonne" nicht erblicken, die sich in ihrer Pracht den Augen der „Menschen" darbietet. Es ist, als erwüchse der Blick für die Schönheit und das Ohr für den Wohlklang der Welt überhaupt erst jenem Mut, der den „Aufstieg" aus der „Tiefsee", den Beginn der Bewußtwerdung, nicht sogleich wieder ängstlich zurücknimmt, sondern ihn fortsetzt, um wirklich ein *Mensch* zu werden. Selber erklärt ja die „Großmutter": „So wie wir aus dem Meer auftauchen und die Länder der Menschen schauen, so tauchen sie zu unbekannten, herrlichen Gegenden empor, die wir niemals zu sehen bekommen." Man muß dieses „So wie ..., so nie" nur lesen als: „aus dem ersten *folgt* das zweite", und man hat die ganze Wahrheit dieser „großmütterlichen" „Information". Ja, man muß sogar noch einen Schritt weitergehen und offen heraus sagen: Es gibt keinen wirklichen „Aufstieg" zum Betrachten der Welt, ohne die Gewißheit des Glaubens, einem Reich der Unendlichkeit anzugehören, von dem die Kürze des menschlichen Daseins uns nur erst ein winziges Teil, das verschwindende Nichts eines bloßen Anfangs, enthüllt.

„Kann ich denn gar nichts tun, um eine ewige Seele zu erlangen?" Man verstünde diese drängende Frage der „kleinen Meerjungfrau" falsch, wollte man in ihr so etwas sehen wie eine metaphysische Erkundigung. Es geht nicht darum, eine „ewige Seele" im Sinne christlicher Theologie zu bekommen, sondern ein „seelenvolles" Leben zu gewinnen, das so ist, daß die Seele eines Menschen „Flügel" bekommt und sich ins Unendliche „aufschwingt". Nie mehr wird die „kleine Meerjungfrau" „singen" können wie der „Kanarienvogel" in ANDERSENS Märchen von den GALOSCHEN DES GLÜCKS[63]: „Oh, mein warmes, blühendes Vaterland! ... ich will von deinen dunkelgrünen Bäumen singen, von deinen stillen Meeresbuchten, wo die Zweige den hellen Wasserspiegel küssen, von dem Jubel meiner leuchtenden Brüder und Schwestern singen ..." Der „Kanarienvogel" in den GALOSCHEN ist ein Bild für ein „Genie" ohne „Besonnenheit", das „in diesen lauten Naturklängen" aufgeht; eben diese „Naturhaftigkeit" aber ist in der „kleinen Meerjungfrau" seit ihrem „Aufstieg" zu der Welt der „Menschen" ein für allemal zerbrochen, das heißt, eine solche „naturhafte" „Zufriedenheit" in der Sicherheit und Geborgenheit einer rein vitalen, animalischen Welt hat in ihrem Erleben niemals bestanden. Immer schon war sie zu „sonderbar", zu sehnsüchtig, zu still und zu sensibel gewesen, um sich nicht voller Verlangen fortzuwünschen in eine *ganz andere* Welt, eine Welt wirklicher „Menschen" zunächst, doch dann, *in den Menschen*, *mit* den Menschen hinaus in die Welt der *Seele,* in die Sphäre der Unendlichkeit, in den Raum der Unsterblichkeit ...

In gewissem Sinne läßt es sich schon voraussehen: Würde die „kleine Meerjungfrau" eines Tages wirklich zu einem „richtigen" Menschen, so würde sie bald schon im Erkunden der Welt wohl so sprechen wie in den GALOSCHEN DES GLÜCKS der „Theologiestudent": „Ja, reisen ist ganz schön ..., hätte man nur einen Leib! könnte dieser ruhen und der Geist dafür fliegen. Wo ich hinkomme, gibt es einen Mangel, der einem das Herz abdrückt; etwas Besseres als das Gegenwärtige möchte ich haben, ja, etwas Besseres, das Beste, aber wo und was ist das? Ich weiß im Grunde wohl, was ich möchte, ich möchte zu einem glücklichen Ziel gelangen, dem glücklichsten von allen!" Zu spät wird dieser „Student" merken, daß er mit seinem Wunsche sich eigentlich nach dem *Tode* sehnt, sagte doch der griechische Weise SOLON bereits, niemanden könne man glücklich preisen vor seinem *Tod* ...[64]

Was die „kleine Meerjungfrau" hingegen sucht, ist gerade nicht der baldige Tod; sie verlangt nach *unendlichem* Leben; wenn allerdings sie dies nicht gewinnt, erscheint ihr das Leben selbst bereits wie der Tod: wie etwas zeitlos Flüchtiges, ein Einerlei von Gestern und Morgen – ein jeder Tag buchstäblich gleichgültig. Soeben noch, hörten wir, war die „kleine Meerjungfrau" 15 Jahre alt, doch jetzt kommt es ihr vor, als hätte sie von den 300 Jahren der „Meerleute" bereits 200 Jahre hinter sich; alles jedenfalls, erklärt sie der „Großmutter", auch die restlichen 100 Jahre, die ihr vom Leben noch bleiben, würde sie gerne hergeben, um nur einen einzigen Tag lang ein Mensch zu sein und hernach teilzuhaben an der himmlischen Welt. Eine Welt, in welcher unfehlbar der Tod wartet, erträgt eine „kleine Meerjungfrau" nicht; sie, die „in ihrem Element" den Menschen den Tod bringt, erwartet von den Menschen das Leben. Aber: Als Mensch seiner Lage *bewußt* zu werden, heißt das nicht gerade, der eigenen Sterblichkeit und Endlichkeit inne zu werden? Gewiß! Und doch stellt es die zentrale Verheißung der ganzen Erzählung dar, wenn ANDERSEN durch den Mund der „Großmutter" uns versichert, die „Menschen" seien begabt mit einer unsterblichen Seele.

Um als „Mensch" zu leben, *muß* man offenbar an das Geschenk der Unsterblichkeit *glauben;* denn nur so läßt sich der Schrecken des „Auftauchens", der „Sturm" der

Bewußtwerdung, überwinden. Wie aber kann eine „kleine Meerjungfrau" glauben, daß auch *sie* eine „unsterbliche Seele" besitze? *Das* zu hoffen, das zu glauben und wirklich zu leben ist nur möglich durch das größte aller Geschenke des Lebens: durch die Liebe auch nur eines einzigen Menschen. Dieser eine wird in den Augen der Liebenden stets „einzigartig" sein – ein „Prinz", ein „Königssohn", von unvergleichlicher „Schönheit", von bezauberndem Wesen ... Ein einziger solcher Mensch, ein einziges Mal in einem ganzen Menschenleben würde genügen, und das eigene Leben gewönne einen unvertauschbaren Inhalt, es erhielte in dem seligen Empfinden des eigenen Ichs eine eigene „Seele", es wüßte sich selber gemeint, gemocht, gewollt, bejaht ..., und all die Jahre der Vergänglichkeit kämen dagegen nicht länger mehr auf. Nur die Liebe eines anderen Menschen vermag einen Menschen dem Strom der Zeit zu entreißen; nur sie vermag ihm ein Gefühl für die Ewigkeit seines Daseins zu schenken; nur sie belohnt den „Aufstieg" des Bewußtseins, den „Abschied" von „Vater und Mutter", mit dem Geschenk einer eigenen individuellen Persönlichkeit.

Es ist dies der Punkt, an dem eine rein psychoanalytische Deutung der Geschichte von der KLEINEN MEERJUNGFRAU mit ihrer Lehre vom „Ödipuskomplex" sich wie von selbst widerlegt oder sich doch als unzureichend erweist. Es gibt unzweifelhaft viele Züge in ANDERSENS Erzählung, die bei der Schilderung seiner „kleinen Meerjungfrau" für eine frühe Fixierung der Triebentwicklung im Erleben eines so heranwachsenden Mädchens sprechen, und ganz sicher sucht das Kind, das wir uns in der Gestalt einer solchen „Meerjungfrau" vorstellen müssen, in seinem „Prinzen" nach einem Ersatz auch für die Mutter, die es nicht kannte, und für den Vater, der in seinem Leben bisher so gar keine Rolle spielte – genau bis dahin auch reicht die Theorie vom Ödipuskomplex; dann aber ist es entscheidend zu sehen, daß alle Liebe, auch die der „kleinen Meerjungfrau", danach verlangt, ein anderer möge die Worte sprechen, die keine Mutter und kein Vater zu einem noch kleinen Kinde endgültig sagen können: „Ich liebe dich in deiner Einmaligkeit. Ich liebe dich, weil du anders bist als alle anderen; ich liebe dich: weil du mehr bist als das Produkt deines Vaters und deiner Mutter; weil du etwas Eigenes bist gegenüber allem, was sie aus dir machen wollten; weil du nicht aufgehst in den vorgefertigten Vorschriften ihrer Überlieferungen; weil du heraustrittst aus dem Gang des Gewöhnlichen; und: weil du mir selbst das Gefühl gibst, etwas Außerordentliches zu sein. Alles, was ich bin, schenke ich dir, und doch verliere ich mich nie, weil ich bei dir niemals verloren bin. Und mit alledem will ich nur sagen: Es gibt gar kein ‚weil‘, dich zu lieben. Es zieht mich wie selbstverständlich zu dir hin. Es bedarf keiner Begründung, es braucht keine Rechtfertigung."

Immer besteht die Liebe darin, den anderen bei der Hand zu nehmen und ihn herauszuführen aus den „ödipalen" Besetzungen im Hause von „Vater und Mutter" und ihn alles wagen zu lassen im Vertrauen auf die Treue des Geliebten; insofern besitzt die Liebe ganz sicher die Macht, die Welt der Kindheit zu zerstören, doch schenkt sie dafür die Welt eines „erwachsenen", eines bewußten und selbstbewußten Daseins, verbunden mit dem Versprechen, „treu zu sein hier und bis in alle Ewigkeit".

Freilich, gerade deswegen ist die Liebe ein Wagnis auf Leben und Tod. Scheitert sie an der Gleichgültigkeit des anderen, so sinkt das eigene Leben in die Gleichgültigkeit zurück; ist es nicht möglich, mit dem Geliebten zu leben, so wird das Leben selber unmöglich; verschmilzt nicht seine Seele mit dem eigenen Dasein, so droht das eigene

Wesen wie seelenlos zu verströmen. Nur die Liebe spannt eine Brücke zwischen Zeit und Ewigkeit; nur sie verbindet die Muscheln mit den Sternen; nur sie holt den Himmel herunter in die Trauer der „Tiefsee". Wie also die Liebe auch nur *eines* Menschen erringen? An dieser einen entscheidenden Frage leidet die „kleine Meerjungfrau" ganz buchstäblich wie um ihr Leben. Wir kennen schon ihre Schwierigkeiten: ihr mangelndes Selbstwertgefühl, ihr Unvermögen, mit dem „Prinzen" zu sprechen, ihre Meinung, in seinen Augen nicht „schön" genug zu sein – selbst in *dem* nicht, was alle in *ihrer* Welt für ganz ausnehmend schön halten … Es gibt aber vor allem *ein* Problem, mit dem sie sich jetzt „auseinander"setzen muß, wenn sie jemals „selbständig" und „bodenständig" in der Liebe zu dem jungen Königssohn werden will – das ist *ihre Rolle als Frau*. Die „kleine Meerjungfrau", das sagten ihr alle, besitzt „die schönste Stimme … auf der Erde und im Meer", und sie verfügt über die Fähigkeit, schöner zu tanzen als alle anderen; wie aber dringt das Lied ihrer Sehnsucht und die Stimme ihrer Schwermut aus der Welt ihrer Einsamkeit hinüber zu dem Mann, den sie zu *retten* vermocht hat vor dem Ungestüm der „Wogen" ihres Herzens? Wie stellt sie seinem „Kopf", den bislang sie so vernünftig und hilfreich im „Sturm" „über Wasser" zu halten vermochte, das Ungestüm ihres eigenen Frauseins vor?

8. Aber bei jedem Schritt, den du machst, ist es, als trätest du auf ein scharfes Messer

Folgt man den Worten der „Großmutter", so besteht für die „kleine Meerjungfrau" nicht die geringste Aussicht, sich zu „vermenschlichen"; was diese Frau ihrer „Enkelin" als Lebenseinstellung mit auf den Weg gibt, ist im Grunde nichts weiter als die Eitelkeit und Äußerlichkeit eines resignierten Amüsements. Es spricht nur *für* die „kleine Meerjungfrau", daß sie aus dieser „Tiefseewelt" der „Undurchsichtigkeiten" und „Verschwommenheiten" ein für allemal heraus will.

Aber wie?

Das austerndekorierte „Fischschwanz"-Dasein einer Halbfrau ist nach ihrem „Auftauchen" nicht länger mehr erträglich. Doch eben da liegt all die Zeit schon das Problem: Die „kleine Meerjungfrau" wird nur zu einem „Menschen", wenn sie sich aufmacht, eine *Frau* zu sein. „Mensch" – das ist nicht ein Neutrum; „Liebe" – das ist nicht nur ein Gefühl von „Hochachtung" oder „Emporgezogenwerden"; „Seele" – das ist nicht etwas rein körperlos Dahinschwebendes; vielmehr hat die „kleine Meerjungfrau" in jener „Sturmnacht", ob sie es wollte oder nicht, ob sie es sich eingestand oder nicht, den „Prinzen" als Mann und sich selber als Frau kennengelernt. Was hilft es, diese Tatsache *vor ihm* verborgen zu halten – die „kleine Meerjungfrau" selber kennt sie! Was nützt es, die Attribute ihrer Weiblichkeit: Haare und Busen, mit „Meerschaum" vor seinen Augen zu verbergen – das erwachte Gefühl für die eigene Weiblichkeit läßt sich nicht mehr abstumpfen.

Es geht deshalb endgültig nicht länger mehr an, das Frausein nach den Weisungen der „Großmutter" auf die Rolle eines bloßen Posierens, einer „seelenlosen" „Tänzerin" ohne Empfindung für sich selber, zu reduzieren. Je länger die „Großmutter" redet, desto deutlicher wird für die „kleine Meerjungfrau" dieser Eindruck; was sie mit ihrer „Aufklärung" bewirkt, ist deshalb das genaue Gegenteil dessen, was sie beabsichtigt. Wohl begibt sich die „kleine Meerjungfrau", folgsam und brav, wie sie ist, noch einmal zum „Hofball" in den „Tanzsaal ... aus ... durchsichtigem Glas"; wohl stimmt sie noch einmal ihren „eigenen, schönen Gesang" an; und doch kann sie „den schönen Prinzen und ihren Kummer, daß sie nicht, wie er, eine

unsterbliche Seele besitze, nicht vergessen". Will sie wirklich zu ihm finden, will sie wirklich ein „Mensch" werden, so muß sie gerade das tun, was die „Großmutter" in *ihrer* Art ausschließt: ihr Frausein bejahen; so muß sie das *Gegenteil* der „Großmutter": die Gestalt der „Meerhexe" aufsuchen.

Jedoch: Was da psychologisch so lehrbuchhaft „richtig" abläuft, läuft für die „kleine Meerjungfrau" auf das größte Abenteuer ihres Lebens hinaus – auf eine grausige Konfrontation mit der „abgründigen" Seite dessen, was es *auch* bedeuten kann, eine Frau zu sein, geschildert in dem Ensemble aller nur möglichen Requisiten eines sexualsymbolischen Horrorszenarios.

Die „Meerhexe" selbst, dieses Gegenbild der „königlichen" „Großmutter", verkörpert all das, was sich tief unterhalb des moralisch diktierten Bildes einer Frau entsprechend den Vorstellungen von Konvention und Tradition wie aus Urzeiten abgelagert hat; in ihrer Person melden sich all die „verteufelten", unterdrückten, verachteten und gefürchteten Wunsch- und Gefühlsregungen einer Frau gegen alle Zensur wieder zu Wort.[65] Und so weiß die „kleine Meerjungfrau" mitten während des „Hofballs" offenbar wie von selbst, daß sie diese Negativgestalt ihrer selbst aufsuchen muß, wenn je sie den „Fischschwanz" einer „Sirene" in den Leib einer Frau mit zwei Beinen umwandeln will. Die „Quintessenz" dazu, das „Scheidewasser" einer „analytischen" Auflösung, wird ihr nur zuteil werden, wenn sie mit diesem unheimlichen Bild und Gegenbild ihrer selbst, mit der „Meerhexe", einen *Pakt* schließt und es wagt, „hinabzusteigen in die Hölle".[66]

Schon der Weg zu dieser *Schatten*gestalt des weiblichen Unbewußten ist von der „kleinen Meerjungfrau" „noch nie gegangen" worden, führt er doch geradewegs in *den*

Bereich der Psyche, der nie zum Leben zugelassen war: „Hier wuchsen keine Blumen, kein Seegras, nur der kahle graue Sandboden" – eine fruchtlose, freudlose Wüstenei also, der Außenrand dieses „Abstiegs zur Hölle", das Symbol einer Phase der inneren Leere und Sinnlosigkeit, an deren Ende jedoch bereits das Tosen eines untermeerischen Malstroms vernehmbar wird, „wo das Wasser wie sausende Mühlräder rundherum wirbelte und alles, was es zu fassen bekam, mit sich in die Tiefe riß". Es ist, als wenn die „kleine Meerjungfrau", um mit ihrem „Fischschwanz" die „Seeleute" nicht länger in den Tod zu locken, selber den „Tod" ihres geordneten Halblebens in Kauf nehmen müßte, und es gibt dafür wirklich nur ein einziges Motiv: die Liebe zu dem „Prinzen", das Verlangen nach einer unsterblichen Seele, die Aussicht, dem Geliebten sich endlich als „selbständige" Frau zumuten zu können.

Für wieviele Frauen (und Männer) mag gerade dieses Bild der Begegnung mit der „Meerhexe" zur Schlüsselszene eines langen Abschnitts ihres Lebens geworden sein! Immer haben sie gelernt, sich als lebende Gefahr gerade für den Menschen, den sie am meisten liebten, zu betrachten; immer haben sie eine Liebe ersehnt, vor der sie den anderen dann doch wieder zu *retten* die Pflicht hatten; immer mußten sie ihrem Geliebten gegenüber, um ihre Gefühle legitimieren zu können, sich in die Rolle der schützenden *Mutter* flüchten, während sie selber noch waren wie *Mädchen,* die dringend eines eigenen Schutzes und Schützers bedurft hätten; jetzt zum ersten Mal geht es unaufschiebbar darum, zu leben, was nie zu leben erlaubt war, jetzt gilt es, noch einmal in den Schoß der „Mutter" zurückzukehren und daraus als eine selbstbewußte Frau, wiedergeboren, hervorzugehen. Wieviel aber an Angst, Ekel und Abscheu vor sich selber wird diesen „Prozeß" Stelle um Stelle begleiten!

Gleich hinter dem „zermalmenden Wirbel" des Eintritts in diese „Tiefenwelt", noch tief unterhalb des „Meers" der „Verschwommenheit", beginnt, so erfahren wir, „ein langes Stück" Wegs, das „über heiß brodelnden Schlamm" führt – das „Torfmoor" der „Meerhexe".

„Was soll ich nur mit meinen Träumen machen?", fragte vor einer Weile eine Frau, die sich, nach der streng katholischen Erziehung in ihrer Jugend, durch die Liebe zu einem jungen Studenten zum ersten Mal auf ihre „heißeren" Gefühle einlassen mußte; „ich habe solche Angst", sagte sie. „In *einem* Traum stand ich in einer Art Schute, einem flach im Wasser liegenden Lastkahn, und trieb immer rascher in der Strömung eines Flusses dahin; an den Ufern rankten Schlingpflanzen, die um die Säulenstümpfe griechischer Tempel oder christlicher Kirchen gewunden waren; zerborstene Heiligtümer, überwuchert vom Dschungel – schon dieser Anblick irritierte mich sehr. Am unheimlichsten aber war es, daß die Fahrt immer schneller voran ging, je enger der Fluß wurde; am Ende ging er ganz in Morast über, doch das Boot schob sich immer schneller durch den Schlamm. ‚Mein Gott‘, dachte ich, ‚muß ich denn da wirklich durch‘?"

Es war nicht anders möglich, als dieser Frau zu versichern, sie *werde* all das „durchmachen" müssen, was sie da geträumt habe, doch werde es sich aller Wahrscheinlichkeit nach bald schon als nicht mehr so „schmutzig" und „scheußlich" erweisen; als so ganz und gar inakzeptabel erscheine es gewissermaßen nur im „Torfmoor" der „Meerhexe" – als *etwas,* das als ein Rest abgestorbenen Lebens vor sich hinmodere, wie Torf, in einem Zwischenzustand zwischen Holz und Kohle; wenn es ihr indessen erst einmal gelinge, in dem vermeintlichen „Sumpf" voranzukommen, werde sie gewiß bald merken, daß das „Moor" und der „Morast" nur so viel sei wie ein Fluß, der im Frühling, in der Zeit der Schneeschmelze, über die Ufer getreten sei – dieser „Fluß" werde sich womöglich schon in ein paar Monaten mit prachtvollen Seerosen schmücken, während die geborstenen Tempelsäulen einer natürlichen Kathedrale aus Birken und Erlen am Uferrand weichen würden, ... wenn sie nur durchhalte!

Freilich, mit der Passage durch das „Torfmoor" ist es nicht getan. Was auf die „kleine Meerjungfrau" zukommt, ist, gleich hinter dem „brodelnden Schlamm", ein „seltsamer Wald", in dem als „Bäume und Sträucher" in Wahrheit „Polypen" stehen, „halb Tier und halb Pflanze", die aussehen „wie hundertköpfige Schlangen"; „alle Äste waren lang, schleimige Arme mit Fingern wie sich schlängelnde Würmer", „Glied für Glied" bewegen „sie sich von der Wurzel bis zur äußersten Spitze", und sie greifen nach allem, was sie erhaschen können. Die „kleine Meerjungfrau", die „ganz erschrocken" mit klopfendem Herzen stehenbleibt, als sie diesen „Polypenwald" sieht, würde es nie wagen, zum Haus der „Meerhexe" hinüberzugehen, dächte sie nicht erneut „an den Prinzen und die Seele des Menschen". So aber bindet sie „ihr langes wehendes Haar fest um ihren Kopf, damit die Polypen es nicht packen konnten", legt „die Hände ... beide über ihrer Brust zusammen" und fliegt in dieser Haltung „wie der Fisch durchs Wasser" an den „Polypen" vorbei. Nur in dieser „Verhaltenheit", in ihrer Weiblichkeit gänzlich zurückgenommen, vermag sie offenbar die „biegsamen Arme und Finger" der häßlichen und gräßlichen „Polypen" zu passieren – zu deutlich zeigt der Leichnam einer anderen kleinen Meerjungfrau, was ihr widerführe, wäre sie weniger *vorsichtig* und in sich verklammert. – Was soll das alles, muß man sich fragen, und was ist es um diese schreckliche „Meerhexe"?

Daß gerade in der Tiefsee eine furchtbare „Hexe" hause, erzählen *zahlreiche* Mythen und Märchen der Völ-

ker – ANDERSEN brauchte dieses Motiv nicht zu erfinden, er fand es vor. Insbesondere nach *germanischer* Vorstellung lebte im Meer die unheimliche *Ran,* die Gattin des Meergottes *Ägir,* als deren „Töchter" die „Wellen" galten; in ihrer Grausamkeit und Gefährlichkeit war *Ran* eine Parallelgestalt der Göttin *Hel,* der Herrin des germanischen Totenreichs; alle, die im Meer ertranken, gelangten in ihr Haus[67]; es spricht alles dafür, daß die „Meerhexe" bei ANDERSEN eine spätgeborene Tochter dieser mythischen Urgestalt ist.

Aber nicht nur.

Umgeben von den schrecklichen Schlangen des „Polypenwaldes" und umringt zudem noch von einer Menge gräulicher gelbbäuchiger Nattern, die sich auf dem Boden ihres Hauses wälzen, gewinnt sie die größte Ähnlichkeit mit der *griechischen* Gorgo *Medusa,* deren abgeschnittenes, von Schlangen umringeltes Haupt, einen jeden, der es erblickte, vor Schrecken versteinerte.[68] In einem nachgelassenen Manuskript aus dem Jahre 1922 hat SIGMUND FREUD, in Anlehnung an gewisse Überlegungen S. FERENCZIS[69], dieses mythologische Symbol als „das Genitale der Mutter" gedeutet, das auf einen Jungen, der es betrachte, Angst vor der *Kastration* auslöse. „Wenn die Haare des Medusenhauptes von der Kunst so oft als Schlangen gebildet werden", schrieb er, „so stammen diese ... aus dem Kastrationskomplex, und merkwürdig, so schrecklich sie an sich wirken, dienen sie doch eigentlich der Milderung des Grauens, denn sie ersetzen den Penis, dessen Fehlen die Ursache des Grauens ist. – Eine technische Regel: Vervielfältigung der Penissymbole bedeutet Kastration".[70]

So also mag die Gestalt der „Frau mit den Schlangen" auf einen *Jungen* wirken; im Erleben eines heranwachsenden *Mädchens* jedoch erzeugt das Bild der „Meduse" nicht die Angst, kastriert zu werden, sondern es ruft – in der

Sprache S. Freuds – die Tatsache ins Bewußtsein, als Frau von jeher „kastriert" zu sein. Ohne die Lehre der Freudschen Psychoanalyse vom „Kastrationskomplex" an dieser Stelle begründen oder sie gegen die Vielzahl oft vorgebrachter, zum Teil berechtigter Einwände verteidigen zu wollen, kann sie uns doch von größtem Nutzen sein, um in der Begegnung der „kleinen Meerjungfrau" mit der „Meerhexe" in der Tat den „tiefsten Grund" all der Ängste und Sonderbarkeiten im Verhalten von Andersens berühmter Märchengestalt zu erkennen; freilich müssen wir die Sprache Freuds dabei in das Erleben eines Mädchens, das so empfindet, wie hier geschildert, *übersetzen,* statt sie dogmatisch nachzusprechen.

Näherhin sind es gleich *zwei* Erfahrungen, welche die „kleine Meerjungfrau" mit der „Meerhexe", das heißt „im Grunde" mit sich selber machen muß, wenn sie je eine Frau werden will: Die eine Erfahrung gilt dem Erleben des „fremden", männlichen Geschlechtes, die andere dem Erleben des „eigenen" weiblichen Geschlechtes.

Schon bisher fiel uns auf, mit welch einer Scheu die „kleine Meerjungfrau" ihre eigenen weiblichen Gefühle förmlich versteckte und ihre Wünsche buchstäblich nur auf weite Entfernung und dann noch in symbolischer Verkleidung (wie in den Wasserstrahlen der Wale) in ihr Bewußtsein treten ließ; vor allem seit jener „Sturmnacht" waren die Sphären von „Tag" und „Nacht", von Bewußtsein und Unbewußtem für sie säuberlich voneinander getrennt geblieben; jetzt aber, beim „Hinabtauchen" zu der „Meerhexe", fällt sie mitten hinein in die Horrorszenarien ihrer eigenen unterdrückten Wünsche.

Es sagt sich psychoanalytisch leicht dahin, daß „Bäume" *phallische* Symbole sind oder sein können, eben weil sie langgestreckt aufragen[71]; was aber Andersen hier beschreibt, ist ein jungferlicher Alptraum: ein ganzer „Wald" von männlichen Geschlechtsteilen, die wie Polypen gierig nach ihr greifen und insbesondere, gefräßig wie sie sind, kleine Meerjungfrauen zu sich „herabzuziehen" suchen. Es ist an dieser Stelle das erste Mal, daß wir die sonderbare Angst der „kleinen Meerjungfrau" wirklich begreifen, sie könnte dem „Prinzen" (und jedem anderen Menschen) mit ihrer Liebe zu einer tödlichen Gefahr werden, so daß sie ihn vor ihrer Nähe förmlich bewahren müsse: Sie selber ist es ja, welche die Nähe eines Mannes offenbar in dieser Widersprüchlichkeit erlebt: Einerseits fühlt sie sich „zutiefst" „hingezogen" zu dem Erleben männlicher Sexualität, andererseits aber fürchtet sie, von eben den Verlockungen ihres eigenen Verlangens „heruntergezogen" und „ausgesaugt" zu werden. Was also soll sie anderes tun, als all ihre Weiblichkeit „festzubinden" und „festzuhalten", um nicht von diesen gräßlichen „Schlangen" „festgebunden" und „festgehalten" zu werden?

Will man sich ein Mädchen vorstellen, das sich selbst als heranwachsende Frau des Nachts und am Tage inmitten eines solchen „Polypenwaldes" vorfindet, so wird es sich gewiß ganz so verhalten, wie Andersen es hier schildert: Alles, was schon im Äußeren ein Mädchen als eine Frau kenntlich macht, muß von ihm irgendwie unter Kontrolle gebracht werden. Da sind die Haare! Wie aufregend könnte es sein, sie lang und offen zu tragen – aber welch ein „Signal" auch! Jetzt in der „Tiefsee" nutzt es nichts mehr, die Haare mit Meerschaum zu „verschleiern", sie müssen „festgebunden" werden, damit die „Polypen" ihnen nicht zu nahe kommen; schon von weitem soll man sehen, was Anstand und Ordnung im Leben eines Mädchens bedeutet, das auf sich hält. Und ebenso die Brust! Wie kann man sie unter den gekreuzten Armen nur so verstecken, daß man ungefährdet durch den „Polypenwald" kommt? Eine „kleine Meerjungfrau" wird gerade in ihrer Schönheit einem jeden, der sie sieht, dadurch auffallen, wie in sich „verklemmt" sie ist, nur um an „all dem" vorbeizukommen …

Tatsächlich ist ja die „kleine Meerjungfrau" nicht unterwegs zu einer gütigen Fee, sondern eben zu der furchtbaren „Meerhexe", zu dem Gegenbild all der in der „Großmutter" verkörperten weiblichen Eitelkeit, zu einer Ausgeburt weiblicher Sexualangst. Eine gütige Fee *zwischen* „Großmutter" und „Meerhexe" würde die „kleine Meerjungfrau" gewiß in die Arme schließen und ihr erklären, es sei allein ihre Angst, die ihre Liebe zu dem „Prinzen" auf einen einzigen Aspekt reduziere und von einem Manne nichts anderes mehr wahrzunehmen imstande sei als eine ins Maßlose gesteigerte sexuelle Zudringlichkeit; nur wenn aus lauter Angst die persönliche Beziehung zu dem Geliebten förmlich gemieden werde, kehre die Sehnsucht einer heranwachsenden Frau in das Erleben als eine Phantasmagorie sexueller Zwangsvorstellungen zurück; nichts in der Liebe sei „gefährlich", „sumpfig", „verschlingend" und „ekelig", was einem wirklichen Austausch der Zärtlichkeit zwischen zwei Menschen zu dienen vermöge; eine *gute Fee* würde die „kleine Meerjungfrau" ganz sanft aus dem Schreckenskabinett ihrer sexuellen Angstphantasien in eine Art „Erlaubnisraum" der Liebe zu ihrem „Prinzen" zurückgeleiten.

Doch: Eine solche *gute Fee* gibt es für eine „kleine Meerjungfrau" nicht!

Was es für sie gibt, ist einzig die furchtbare Figur der „Meerhexe", die schon genüßlich auf die Ankunft der „kleinen Meerjungfrau" gewartet zu haben scheint. *Sie* ist es, in deren Gestalt das Mädchen sich selber sieht; und *was* es da zu sehen bekommt, wird den Schock seines ganzen Lebens bilden: Wenn es *das* heißt, eine Frau zu sein, wer möchte dann schon so leben?

Alles beginnt bereits damit, daß jedes Wort, das diese „Meerhexe" zu sagen hat, nichts ist als eine giftige, vergiftende Krötensprache.

In dem Märchen „Die Feen" erzählt Charles Perrault einmal von einer Frau, die damit bestraft wurde, daß aus ihrem Munde, bei jedem Wort, statt der erhofften Goldstücke, nur Kröten gesprungen kamen.[72] Durchaus vergleichbar erzählt H. C. Andersen von der „Meerhexe", daß sie neben ihren „fetten Wassernattern" mit ihrem „garstigen, weißgelben Bauch", die sie ihre „Küken" nannte, sich als ihren „Kanarienvogel" auch eine „Kröte" hielt, die von ihrem Munde fraß.

Kann man in der Sprache eines Märchens deutlicher sagen, was passiert, wenn eine solche „Meerhexe", diese Verkörperung aller Negativanteile einer Frau, auch nur den Mund aufmacht? Es mag sein, daß sie wähnt, wie ein Vöglein zu singen – herauskommen wird dabei nur ein glitschig-gemeiner Kommentar auf das menschliche Leben aus der „Froschperspektive". Da ist die Liebe nichts als eine monströse Form tentakelähnlichen Einfangens und Sich-Aussaugens von Mann und Frau in Wechselseitigkeit. Tod und Leben sind auf dieser Reduktionsstufe des Daseins ein und dasselbe: ein animalischer Selbstzweck ohne Sinn, Gefühl und Verstand, ein Teil des biologischen Selbstvollzugs, aufgeführt in einem Totenhaus, das aus den verblichenen Knochen schon Gestrandeter errichtet wurde.

In den Augen dieser „Meerhexe" stellt es selbstredend eine Form von „Dummheit" dar, an so etwas wie Liebe wirklich zu glauben. Wenn es für sie denn ein Motiv gibt, der „kleinen Meerjungfrau" zu helfen, so besteht es einzig in der Gewißheit, sie damit unglücklich machen zu können. Nur deshalb *will* sie tatsächlich, daß die „kleine Meerjungfrau" zu dem „Prinzen" findet; sie soll an ihm endgültig zugrunde gehen. Fast scheint es, als wolle dieses Monstrum von Frau sich schon wegen seiner Häßlichkeit an der „wunderfeinen Prinzessin" rächen; jedenfalls ist die negative Einheit der „Meerhexe" mit der „Meerjungfrau" so groß, daß die Hexe sich in den Wünschen und Plänen des Mädchens ganz so auskennt, als wären sie ihre eigenen; erfüllen freilich kann sie diese nur, weil die „Zeit" dafür reif ist: in der Nacht vor dem Sonnenaufgang des folgenden Tages; anderenfalls, erklärt sie, würde die ganze Aktion sich um ein Jahr verzögert haben ... Worum es jetzt geht, ist ein Reifungsschritt, der offenbar nur getan werden kann, weil die Zeit dafür „reif" ist.

Natürlich läßt ANDERSEN die Gelegenheit sich nicht entgehen, in dieser entscheidenden Szene seines Märchens eine Fülle stereotyper Standards aus dem Almanach „magischer" Hexenkünste aufzugreifen: Da muß ein „Trunk" bereitet werden, durch dessen Wirkung der schöne „Fischschwanz" der schönen Meermaid sich in zwei ebenso schöne Frauenbeine teilen soll; zur Herstellung dieses Gebräus, muß, selbstredend, „Blut fließen"; die Hexe selber muß sich in die Brust ritzen, um „ihr schwarzes Blut" in den mit Schlangen gescheuerten Kessel hineinträufeln zu lassen, und der Dampf, der aus dem Kessel aufsteigt, formt sich zu den „seltsamsten Gestalten" ... Gleichwohl geht es ANDERSEN keinesfalls um bloße Gruselästhetik. Die Genialität des dänischen Dichters zeigt sich vielmehr gerade in der scheinbaren Leichtigkeit, mit der es ihm an dieser Stelle gelingt, eine Traumsequenz von erstaunlicher psychologischer Dichte und Aussagestärke zu formen, „überdeterminiert" in FREUDschem Sinne in jedem symbolischen Detail.[73]

Beschrieben wird an dieser Stelle, wie die „kleine Meerjungfrau" zur Frau (gemacht) wird; beschrieben wird eine Art „zweiten" Erwachens am Vorabend eines neuen „Sonnenaufgangs", in dessen Licht die „kleine Meerjungfrau" zum ersten Mal „auf die Erde kommen" wird – wie man im Deutschen zu sagen pflegt, um den überfälligen „Rea-

litätsgewinn" im Leben einer „Traumtänzerin" von der Art dieses Mädchens zu bezeichnen; vor allem aber wird beschrieben, wie die schöne „Meerjungfrau" sich selbst in der abscheulichen „Meerhexe" wiederbegegnet. „Wenn ich je mich darauf einlasse, zu tun, was eine Frau sonst tut, werde ich, bin ich dann nicht gerade ein solches Ungeheuer, wie ich es jetzt vor mir habe?" Diese Frage, die sich der „kleinen Meerjungfrau" jetzt aufdrängt, enthält ihren ganzen Schrecken, den Schock ihres Lebens.

Alles, was die „Meerhexe" ihr rituell vorstellt: wie sie mit dem Knäuel „Schlangen" einen „Topf" „ausreibt", den sie dann zum „Kochen" bringt und in den sie „alle Augenblicke" „neue Sachen" tut, vermischt mit ihrem eigenen venösen Blut, während über dem „Kessel" neue greuliche Gestalten aufsteigen und Stimmen ertönen, wie wenn ein „Krokodil" weint – alles das malt überdeutlich in symbolischen Bildern, welch einen Alptraum es für eine „kleine Meerjungfrau" bedeutet, ihre Sexualität kennenzulernen und einem Manne ihre „Unschuld", ihre „Jungfräulichkeit" zu opfern. Aus der Vereinigung zweier Liebender wird hier die entsetzliche Vorstellung, daß da ein „Kessel" mit „Schlangen" „geschrubbt" werde; doch ist es nicht ein Mann, der so etwas der „kleinen Meerjungfrau" (an)tut, es ist diese hexenartige Urfrau und Unfrau selber, die dem Mädchen so etwas zumutet und zufügt; es ist, mit anderen Worten, die eigene Weiblichkeit, die in diesem ungeheuerlich erscheinenden Geschehen sich der „kleinen Meerjungfrau" herstellt und darstellt! Und wieder: Niemand sagt diesem Mädchen in diesem Augenblick seiner tiefsten Begegnung mit sich selber als einer erwachsen werdenden Frau, daß das Ende seiner „Jungfernschaft" nur dann diese fratzenhafte Zerrgestalt seiner Sehnsucht annehmen wird, wenn es all seine Liebe aus Angst in den Hintergrund drängt und die „Sexualität" vollkommen von seinem wirklichen Gefühl isoliert.

Hat die „kleine Meerjungfrau" in dieser Situation sich nicht überhaupt nur gebracht, weil sie unentwegt an ihren „Prinzen" und ihre „Seele" gedacht hat?

Wie aber soll es dann möglich sein, daß der „Prinz" mit ihr nichts weiter vorhaben könnte, als mit „Schlangen" ihren „Kessel" zu scheuern, um darin seine „Essenzen", vermischt mit ihrem „Blute", zum „Kochen" zu bringen?[74] Wie soll es dann möglich sein, in dem Seufzen zweier Liebender im Augenblick ihres höchsten Glücks nichts weiter zu vernehmen als das Klagegestöhn eines „Krokodils"?[75] Ja, soll die „kleine Meerjungfrau", wenn sie erst einmal zwei Beine besitzt, die sich zur Liebe hin auftun können, selber wirklich mit dem Raubtier-rachen einer Panzerechse sich vergleichen, die am Ufer-rand eines Flußlaufes liegt, um auf ihre Beute zu lauern? Wie eigentlich muß ein Mädchen als kleines Kind im Haus seiner eigenen Eltern die „Liebe" einmal belauscht, erspäht, erahnt und erfahren haben, um sie als ein solches Gebräu gefährlicher Miasmen vor sich zu sehen? Und wie insbesondere muß es die Rolle seiner *Mutter* dabei erlebt haben, um sie derart aufgespalten zwischen der Rolle einer Vorzeige-Großmutter und einer derart vettel-hafte „Meerhexe" wahrzunehmen? Und vor allem: Bis wohin muß in dieser Optik eine Frau sich eigentlich noch benutzen und beschmutzen lassen, um als „voll-gültige" Frau in die Welt der „Menschen" aufgenommen zu werden?

Unter der Anleitung der „Meerhexe" erlebt die „kleine Meerjungfrau" in symbolischer Verkleidung, wie ihr als Frau ein „Liebesakt" erscheinen muß, bei dem jegliche Liebe aus Angst verdrängt wird. Rückblickend verstehen wir jetzt nur zu gut all die Scheu, mit welcher dieses Mädchen über die Maßen nach Liebe sich sehnte und doch zugleich jegliche Begegnung in der Liebe zu einem Mann wie phobisch zu fürchten schien. Nehmen wir den Kontrast von „Großmutter" und „Meerhexe" als die Widersprüchlichkeit im Wesen der eigenen Mutter, so verstehen wir zugleich auch, in welch einem Umfang die „kleine Meerjungfrau" zwischen den Vorschriften ihres „Überichs" und den Antrieben des „Es" hin- und herge-rissen wird: Sie *muß* um ihr Leben darauf hoffen, daß die Liebe eines Mannes sie aus der „Tiefe" heraufholen und von ihrem verängstigten „Sirenen"-Dasein befreien werde; dann aber muß sie eben diese „Liebe" fürchten als schrecklicher denn den Tod selber, hat sie doch diese „Liebe" offenbar viel zu früh als lieb*los* kennengelernt und das ihrem kindlichen Bewußtsein unfaßbare Geschehen zwischen den Geschlechtern als eine ganz und gar unheimliche, sadistische Aktion gedeutet. Jetzt erst erhal-ten zugleich die Sätze am Anfang des Märchens ihr volles Gewicht, die „kleine Meerjungfrau" habe ihre „Mutter" nie kennengelernt, was ihre Mutter habe sein sollen, sei ersetzt worden durch die oberflächlich-eitle, seelenlos-glückliche Person ihrer „Großmutter"; denn gerade dane-ben, oder „darunter", im *Untergrund,* so erkennen wir jetzt, hat das Frausein der „kleinen Meerjungfrau" Gestalt ange-nommen in der grausen Person der „Meerhexe" als der eigentlichen Hüterin des Geheimnisses der Geschlechter-beziehung zwischen Mann und Frau; ihr „Vater" hinge-gen, dem es als erstem angestanden hätte, die Angst sei-ner Tochter vor einem Mann zu beruhigen, stand offenbar nur da als der „Meerkönig", als der geheime Komplize der „Meerhexe".

Am schwersten muß es der „kleinen Meerjungfrau" indessen ankommen, daß sie unter diesen Umständen das Lieben „lernen" soll *außerhalb* der Liebe. Es ist ja nicht der „Prinz", der da auf sie zukommen und sie nach und nach von ihren mädchenhaften Ängsten und Alpträumen befreien würde, sondern umgekehrt: die „kleine Meer-jungfrau" versucht, sich als Frau zu entdecken, um sich auf die männliche Liebe des Geliebten überhaupt erst vorzubereiten.

Was da geschieht, weist eine fatale Ähnlichkeit zu den Problemen mancher Frauen auf, die mit Frigiditätsproblemen in eine Psychotherapie kommen, um sich ihrem Gatten oder Geliebten als „richtige" Frauen erweisen zu können: Statt die Liebe durch das Lieben zu lernen, sollen sie *in Vorbereitung* auf die Liebe irgendwelche Praktiken und Techniken „üben", die ihren Widerwillen, ja, ihren Ekel eher noch vermehren als verhindern, schon weil das Klima der Kälte, der Künstlichkeit und der Kontrolle aus ihren Gliedern und aus ihrer Seele auf diese Weise nicht weichen will. Dabei müssen wir uns eine „kleine Meerjungfrau" an sich als überaus warmherzig, sensibel, verträumt und gefühlsintensiv vorstellen, von Natur aus ist sie alles andere als die Eisbergprinzessin, als welche ihre fünfte Schwester vormals erschien. Was aber bleibt einer Frau übrig, die auf eben *die* Art „an Land gehen" soll, wie die „kleine Meerjungfrau" es nach all dem, was sie bisher erlebt hat, jetzt tun muß?

Ein jeder Schritt wird ihr wehtun, als wenn sie barfuß über Glas gehen müßte. Da erscheint die Liebe eher als eine Fakirübung denn als ein Ausdruck spontaner Lust am Leben! Nie wird es eine „kleine Meerjungfrau" lernen, „mit beiden Beinen fest auf der Erde zu stehen", einen eigenen „Standpunkt" zu vertreten oder auch nur ruhig und sicher „*auf*zutreten"; stets wird sie eine Schwebende bleiben, welche die Erde nur unter Schmerzen betritt – eine enge Verwandte offenbar der „Prinzessin auf der Erbse", die ANDERSEN in einem anderen seiner Märchen sprichwörtlich gemacht hat.[76)] Alles für eine „kleine Meerjungfrau" ist zu „hart", zu „stechend", zu „aggressiv", zu „direkt"; immer wird sie der Schrecken der gierigen „Polypen" verfolgen.

Das allerschlimmste aber von allem steht einer „kleinen Meerjungfrau" noch bevor: Anders sogar als die „Prinzessin auf der Erbse", anders auch als all die Frauen, die es wagen, sich auf eine Psychotherapie zum „Erlernen" der Liebe einzulassen, wird sie von dem Schrecken ihres Eintritts in das Erleben ihrer Weiblichkeit in alle Ewigkeit niemandem auch nur ein Sterbenswörtchen mitteilen können! Denn: Die „Meerhexe" selber wird der „kleinen Meerjungfrau" zum Entgelt für ihre „Dienste" die Zunge herausschneiden und sie für alle Zeiten buchstäblich „mundtot" machen. Nie wird die „kleine Meerjungfrau" zu einem anderen Menschen von ihrer Liebe reden können; zu schrecklich ist für sie und zu scheußlich bleibt für sie, was sie im Untergrund dieses Wortes „Liebe" im „Gebeinhaus" der „Hexe" hat mitansehen müssen. Und natürlich wird ihr „Verstummen" kein freundlich friedliches Schweigen sein. Das „Getränk", das die „Meerhexe" ihr auf dem Weg zur Oberwelt mitgibt, wird alle „Polypen" vor Schreck „sich zurückziehen" lassen. Die Wirkung der „Kastrationsangst" wird selber „kastrierend" sein, hätte S. FREUD dazu gesagt; die Angst vor einem Zuviel an männlicher Nähe, sagen wir „einfacher", wird jeden Mann, der eine „kleine Meerjungfrau" liebgewinnt, dahin bestimmen, auch selber von ihr nie etwas anderes zu wollen als eine Art geschwisterlicher Begleitung. Ein Schutzkreis sehnsüchtig wartender Unnahbarkeit wird die „kleine Meerjungfrau" nach diesem ihrem „zweiten Erwachen" bei der „Meerhexe" umgeben, und niemand wird es wagen, den Bannkreis ihrer Angst je zu durchschreiten, wie wenn er schon aufgrund ihres Verstummens wüßte, welch eine Schreckensgestalt hinter soviel Schönheit und Liebreiz lauerte.

Ganz gegen ihren Willen steht die „kleine Meerjungfrau" mithin sehr in der Gefahr, denselben Gegensatz zwischen „Großmutter" und „Meerhexe", an dem sie so sehr gelitten hat, im eigenen Leben zu wiederholen, indem sie selber *beides* wird: die leichthin tanzende „Königin" *und* die in der Tiefe versteckt gehaltene, tunlichst verdrängte „Hexe", das anmutige, scheue, verlockende Sirenen-Mädchen *und* die Verkörperung all des „Unaussprechlichen", das sie als Frau vermeintlich sein muß, um zur Liebe zu finden, und das sie zu sein als Frau doch nie wollen kann, ohne zu allererst zur Liebe gefunden zu haben.

9. ER HATTE SIE LIEB, WIE MAN EIN GUTES, LIEBES KIND LIEBHAT

Merkwürdig: Dasselbe Mädchen, das sich zeitlebens von zu Hause fortgesehnt hat, verspürt jetzt ein tiefes Heimweh, als es sich, vorbei an dem wie schlafend daliegenden Schloß des „Meerkönigs", auf den Weg macht, im Morgengrauen dem „Prinzen" zu begegnen. Endgültig nimmt die „kleine Meerjungfrau" Abschied von all ihren Angehörigen; doch trotz ihres Schmerzes weckt sie niemanden auf, sagt sie keinem ein Wort; sie kann es nicht mehr, nachdem die „Meerhexe" ihr die Zunge geraubt hat. Doch hätte sie es auch vorher nicht gekonnt! Mit keinem Wort auch nur hat sie versucht, der „Großmutter" und den Geschwistern zu erläutern, warum sie mitten während des Balls von ihnen geht. Wie hätte sie zu ihnen denn auch von ihrem Entschluß sprechen können, die „Meerhexe" aufzusuchen aus Sehnsucht nach ihrem Geliebten? Alle hätten sie bestürmt, sich doch nicht wie mutwillig ins Unglück zu stürzen und ihre Familie traurig zurückzulassen; freuen solle sie sich vielmehr, mit ihnen, an ihnen, sich drehend im Tanze, doch nicht hinauf wollen zu den Menschen! Wer von ihren Geschwistern wäre wohl imstande gewesen zu verstehen, daß die „kleine Meerjungfrau" just im Moment allgemeiner Ausgelassen-

heit und Fröhlichkeit, mitten im Kreisen und Wiegen der Wellen, einzig daran denkt, von den Armen des „Prinzen" umfangen zu sein, ja, daß mitten in der Unschuld harmloser Vergnüglichkeiten in ihr die wollüstigsten Wünsche aus der Welt der „Meerhexe" aufsteigen und unaufschiebbar nach Lösung, nach Erlösung rufen? Und jetzt? Müßte in ihren Augen die „kleine Meerjungfrau" nicht vollends wie eine Verwunschene und Verrufene erscheinen, würde sie ihnen von ihrem Erleben und von ihren Erlebnissen bei der „Meerhexe" berichten? Nein, ihnen als ersten gegenüber muß dieses Mädchen verstummen, ihnen am wenigsten vermag es sich verständlich zu machen; und so macht es sich wortlos auf wie eine Flüchtende; gleich einer Diebin, schleicht es sich in den Garten, nimmt von „jedem Blumenbeet ihrer Schwestern eine Blume mit", und steigt damit, während ihm „das Herz vor Leid" zu brechen droht, an die Oberwelt auf. Was nutzen die „tausend Kußhände", mit denen es seinen Angehörigen, die friedlich im Schlosse schlafen, zum Abschied zuwinkt, wo es keine Worte mehr gibt, mit denen es seinen Schritt kommentieren könnte?

Noch weit schlimmer als dieses völlige Verstummen gegenüber den eigenen Angehörigen aber muß die Tatsache wirken, daß die „kleine Meerjungfrau" auch dem „Prinzen" kein einziges Wort von ihrer Liebe wird sagen können. In dem Märchen EIN HEITERES GEMÜT[77] erzählt ANDERSEN einmal ironisch von einem „Fräulein aus guter Familie", das in Gesellschaften ihre Stimme erschallen lassen mußte und dann stets sang: „Mi manca la voce" – mir fehlt die Stimme, und dies sei, schreibt ANDERSEN dort, „die einzige Wahrheit in ihrem Leben" gewesen; eine treffendere Beschreibung hätte er auch für die tragische Existenz seiner „kleinen Meerjungfrau" kaum finden können, nur daß es diesem Mädchen, dieser jungen *Frau,* durchaus nicht länger um einen Auftritt „in Gesellschaften" zu tun ist; ihr würde genügen, ganz leise zu reden, in das Ohr des einzigen, der das Unerhörte erhören müßte: das Eingeständnis ihrer ewigen Liebe.

In einem kleinen Gedicht aus dem Jahre 1898 hat, seelenverwandt, HERMANN HESSE einmal Worte gefunden, wie sie einer „kleinen Meerjungfrau" in den Mund zu legen wären, wollte sie, *könnte* sie ihrem „Prinzen" ihr Herz aufschließen:

Mein Heimweh und meine Liebe
Ist heut in dieser heißen Nacht
Süß wie ein Duft von fremden Blumen
Zu heißem Leben aufgewacht.

Mein Heimweh und meine Liebe
Und all mein Glück und Mißgeschick
Steht wie ein stummes Lied geschrieben
In deinem dunklen Märchenblick.

Mein Heimweh und meine Liebe,
Der Welt und allem Lärm entflohn,
Hat sich in deinen dunklen Augen
Erbaut einen heimlichen Königsthron.[78]

In diesem Gedicht wird sogar angedeutet, daß der Geliebte seinen „königlichen" Rang allererst erhält aus der stummen Sehnsucht einer Liebenden, die voller Angst „heimlich" bleibt, um die Entscheidung über ihr Schicksal noch eine Weile hinauszuzögern. Doch eben: Solche Worte zu sagen wird in ANDERSENS Märchen der „kleinen Meerjungfrau", der ehedem so sehnsuchtsvoll Singenden, in alle Zeit nicht vergönnt sein. Alles drängt sie, dem „Prinzen" zu begegnen, doch nie wird sie von dem Geheimnis ihres Verlangens als Frau, wie die „Meerhexe" es ihr gezeigt hat, ein Wort über ihre Lippen bringen. Gleich-

wohl wagt sie jetzt das Äußerste: So ungewiß die Zukunft auch sein mag, ihrem Dasein als Meerfrau setzt sie ein Ende; entschlossen wird sie, was sie immer sein wollte: ein Mensch. Noch ist die „Sonne ... nicht hervorgekommen", da gleitet sie „die prächtige Marmortreppe" empor, die zum Schloß des „Prinzen" führt, während sie selber von einem „wunderbar hellen" Mondlicht umglänzt wird, und nimmt „den brennend scharfen Trunk" zu sich, der ihren „feinen Leib" durchrinnt wie „ein zweischneidiges Schwert", so daß sie ohnmächtig zusammenbricht und „wie tot" daliegt.

Schon rein äußerlich ist es, als sollte auf diese Weise sich die *erste* Begegnung zwischen der „kleinen Meerjungfrau" und dem „Prinzen" noch einmal, nur umgekehrt, wiederholen: Während damals der „Prinz" bewußtlos am Strand lag, bis er von der „Tempeljungfrau" gefunden wurde, liegt nun die Frau aus dem Meer auf den Stufen seines Schlosses und wartet darauf, von ihm „gefunden" zu werden. Doch gerade diese vollkommene Parallelisierung der Szenen läßt für beide nichts Gutes ahnen. Es rächt sich jetzt, daß die „kleine Meerjungfrau" es damals nicht vermochte, jedenfalls versäumte, am Strand bei dem „Prinzen" zu bleiben, auf daß er hätte sehen können, *wer* ihn aus dem Wasser gezogen und ans Land gesetzt hat. So „mütterlich" wie die „kleine Meerjungfrau" damals, so „väterlich" müßte sich jetzt der „Prinz" ihr gegenüber verhalten; doch „väterlich" – das ist es nicht, was die „kleine Meerjungfrau" eigentlich will: Eine *Mutter* wird ihr Kind eines Tages in die Welt entlassen, ein *Vater* ebenso seine Tochter; die „kleine Meerjungfrau" aber möchte lieben dürfen und geliebt werden können *als Frau*. Indessen spricht alles dafür, daß die Macht der „Übertragungen" stärker sein wird und der „Prinz" und die „kleine Meerjungfrau" auch in Zukunft sich zueinander verhalten werden wie in dieser Eingangsszene bereits: Während sie sich im „Mondlicht" zu ihm begibt, kommt er zu ihr, als die Sonne schon „über das Meer schien". Beide, so scheint es, sind einander jetzt wohl nicht mehr so tödlich entgegengesetzt wie damals, wie Festland und Meer, aber doch sind sie einander so wesensfremd noch wie Tag und Nacht, wie Sonne und Mond, so als müßte der eine untergehen, wo der andere aufgeht ... Für die „kleine Meerjungfrau" allerdings ist es eine Frage auf Leben und Tod, ob es ihr gelingt, diese Fremdheit nach und nach in eine Beziehung wechselseitiger Liebe umzuformen oder nicht; der „Prinz" hingegen besitzt nach wie vor nicht eine Ahnung auch nur von der Rolle, die ihm im Lebenskonzept dieser Frau auf den Stufen seines Palastes zugedacht ist. Und wie sollte er auch? Schon schlägt sie den Blick nieder, kaum daß seine „kohlschwarzen Augen" sich auf sie richten; wohl besitzt sie, nachdem der „Fischschwanz" verschwunden ist, „die hübschesten weißen kleinen Beine ..., die ein Mädchen nur haben" kann, doch kaum wird sie unter seinem Blick ihrer Nacktheit gewahr, als sie sich „in ihr dichtes langes Haar" zu hüllen sucht ...

Eine Szene wie diese ähnelt aufs äußerste der Geschichte der Brüder Grimm vom „Marienkind" (KHM 3)[79], das, ebenfalls einer symbolisch verschlüsselten, sexuellen Entdeckung wegen, von einer Frau, welche die Stelle der Mutter vertrat, mit Stummheit gestraft wird und vollkommen bloß, nur mit den Haaren bekleidet, von einem König „gefunden" wird; ein *Unterschied* zwischen beiden Geschichten besteht freilich darin, daß die „kleine Meerjungfrau" ihre Sexualität nicht wie das „Marienkind" durch natürliche Neugier kennenlernt, sondern einzig um einer Liebe willen, die sie als ein „moralisch" denkendes Mädchen nach ihren Erfahrungen mit der „Meerhexe" vor derartigen Triebregungen geradewegs schützen zu müssen meint. Nicht verlockend, wie sie wohl möchte,

„sanft und ... traurig" nur hebt sie deshalb ihre dunkelblauen Augen zu dem „Prinzen" auf, als dieser sie nach ihrer Herkunft befragt; mit keinem Wort wird sie das Geheimnis ihres Wesens vor ihm lüften. Was bleibt da dem „Prinzen", als sie wie ein „Findelkind" aufzuheben und sie, bei der Hand nehmend, in sein Schloß zu führen? Er *soll* nicht merken, daß jeder Schritt an Land der fremden Schönen an seiner Seite wehtut wie „spitze Pfrieme und scharfe Messer"; er weiß nichts von ihren Hoffnungen, er weiß nichts von ihren Schmerzen; er sieht mit den Augen, doch sein Herz bleibt blind.

Dabei umhüllt er die „kleine Meerjungfrau" äußerlich mit allem nur erdenklichen Komfort. „Kostbare Kleider aus Seide und Musselin" darf sie tragen, „wunderschöne Sklavinnen, in Seide und Gold gekleidet", umgeben sie und unterhalten sie mit ihrem Gesang; und doch gleicht gerade so das Schloß des „Prinzen" am Land aufs Haar dem Schloß des „Meerkönigs" auf dem Meeresgrunde. In allem ist dies wohl das Sonderbarste: Was hat nicht die „kleine Meerjungfrau" darum gegeben, dem „Paradies" der Unbewußtheit unter der Aufsicht der „Großmutter" zu entkommen und als „Mensch" „beseelt" zu leben, und jetzt findet sie sich erneut in einer Welt vor, die von nichts anderem bestimmt wird als von einer ebensolchen „mütterlichen" oder „väterlichen" Versorgungsheiterkeit im äußeren! Wieder herrscht hier die „königliche" Unbeteiligtheit vor, mit der man sich amüsiert und auf „unterhaltsame" Weise die Zeit verbringt, ohne daß es jemals so etwas gäbe wie eine Beziehung von Person zu Person, wie ein Gespräch zwischen Ich und Du. Gewiß, es liegt an der „Stummheit" der „kleinen Meerjungfrau", daß ein solcher Dialog nicht zustande kommt; doch was kann sie tun? Wenn sie schon damals gegenüber den eigenen Geschwistern, gegenüber der „Großmutter", gegenüber dem „Meerkönig" ein „stilles" Kind blieb, wie soll sie jetzt gegenüber dem „Prinzen" das eine alles erlösende Wort finden, das ihm ihre Liebe gesteht? Jeder Tag ihres Schweigens indessen vermehrt noch die Not. Wird nicht die Wirklichkeit, endlich entdeckt, den Traum ihrer Liebe in Nichts auflösen – so wie die Strahlen der aufgehenden Sonne die Schatten der Nacht? Dieses „Nichts" aber müßte die „kleine Meerjungfrau" selber vernichten. Niemals mehr wird sie eine „Meerjungfrau" sein; ein „Mensch" aber mit einer „unsterblichen Seele" – das kann sie nur werden durch die unsterbliche Liebe eines anderen Menschen, und unter allen Menschen existiert für sie nur dieser eine, den sie liebt und der sie lieben müßte.

Es ist diese in der Tat „ödipale", vaterähnliche Stellung des „Prinzen" im Erleben einer „kleinen Meerjungfrau", die jetzt nach Art eines echten *Wiederholungszwangs*[80] im Schloß des „Prinzen" am Lande dieselbe Situation wiederheraufführt, wie sie schon auf dem „Meeresgrund" herrschte. Und es wird sich an dieser Konstellation solange nichts ändern können, als der „Königssohn" den „Meerkönig" ersetzen soll. Solange er es ist, der die „kleine Meerjungfrau" durch die Verleihung seiner Seele zum „Menschen" allererst machen muß, verbleibt er in sublimer Weise in der Position des „Erzeugers" eben der Frau, die ihn für ihr Leben liebt, solange bleibt er ihr *Vater,* solange ist er der Träger des gesamten Selbstwertgefühls einer dergestalt Liebenden, solange käme sein Nein zur Liebe in der Tat für die „kleine Meerjungfrau" einer endgültigen Verneinung ihres ganzen Daseins, einem Todesurteil gleich, solange also kann sie ihm von ihrer Liebe nicht sprechen. Und dazu noch die Ungeheuerlichkeiten der „Meerhexe"!

Aber, wird man vielleicht einwenden, so hat es uns ANDERSEN doch erzählt! Seine „kleine Meerjungfrau" wird allein durch die Liebe zu ihrem Prinzen ein Mensch; nur durch ihn kann sie lieben, eben weil sie nur für ihn lebt;

was für Möglichkeiten also, sich anders zu verhalten, sollte es da noch geben?

Der Einwand gilt, doch nur begrenzt. Denn ANDERSEN sagt nicht, *allein der „Prinz"* vermöge die „kleine Meerjungfrau" zu „beseelen", er sagt in den Worten der „Großmutter" nur, daß es *ein Mensch* sein müsse, der die Nixe liebgewinne und ihr sein Leben verspreche. Theoretisch käme mithin *ein jeder* für eine solche Tat in Frage; theoretisch könnte die „kleine Meerjungfrau", statt sich wartend und stumm nach dem Geliebten in ihrer Nähe zu sehnen, auf die Suche nach einem anderen gehen – es gäbe der Menschen so viele in der Weite des Landes, das noch so unbekannt vor ihr liegt! Wohl – jeder Schritt täte ihr weh; wohl, eben weil unbekannt, bereitete die fremde Erde ihr Schritt für Schritt Angst; doch warum nur muß der buchstäblich „Erste" unter den Menschen, den sie zu sehen bekommt, auch schon der Beste, der Einzige sein? All diese Gegenfragen scheinen nicht minder berechtigt; doch man muß zugeben: Sie sind rein theoretischer Art.

Denn praktisch *kann* die „kleine Meerjungfrau" ihren „Prinzen" gar nicht verlassen, eben weil er der „Prinz" ist. Als Vatergestalt müßte sie ihn aufgeben, um sich auf den Weg in ihre Freiheit zu begeben; doch solange er eine Vatergestalt für sie bildet, *ist* sie von ihm abhängig auf Sein oder Nichtsein.

Die Intensität einer solchen „Übertragungsliebe"[81], aber auch ihre Seligkeit, aber auch ihr Leid kann man sich gar nicht groß genug vorstellen: Wie hat der „Prinz" doch soeben gesprochen – wie war noch sein Wort, wie war doch der Klang seiner Stimme? Und wie war sein Blick? Hat er inmitten der anderen wenigstens flüchtig seine Augen auf mich gelenkt, die ich, am liebsten versteckt, weit hinter der Säule, ihn unverwandt anschauen möchte – als letzte und kleinste die erste und größte? Jede

Geste, jede Gebärde, jedes Räuspern, jeder Seufzer kann im Kraftfeld solch bangen Fragens den Himmel verheißen oder die Hölle bereiten – und immer von neuem, immer von neuem! Ein Leben ist das wie im Schwung einer Schiffsschaukel, zwischen Rauf und Runter ein ständiges Ziehen im Magen. Welch eine Angst, welch eine Qual, welch ein Fieber des Glücks, welch ein Taumel der Seligkeit verbirgt sich hinter einem solchen psychoanalytischen Kunstwort wie „Übertragung"! Doch freiwillig aus dieser „Schaukel" auszusteigen – das eben ist ganz unmöglich! Eher könnte ein Planet durch chaotisches Taumeln der Umlaufbahn seiner Sonne entkommen, als ein solches Mädchen, als eine Frau solcher Liebe der Anhänglichkeit an ihren „Prinzen".

Nein, für eine „kleine Meerjungfrau" gäbe es, wenn überhaupt, nur die Hoffnung, daß ihr Geliebter *von sich aus* ihr Wesen erspürte. War es nicht einmal ihr innigster Wunsch gewesen, vor ihm zu singen und ihn die Süße ihrer Stimme hören zu lassen? Wieviele Stimmen umtönen und betören ihn, aber der Klang eines einzigen Liedes, gesungen von ihr – undenkbar, daß er sein Herz nicht aufschließen würde für sie! Doch wieder: Dieses „würde" getraut sich nie in die Wirklichkeit! Was wäre, wenn er es wüßte? Wüchse dann nicht die gleiche Gleichgültigkeit wie in dem „Meerkönig" auch in ihm? Um „bei ihm" zu sein, möchte die „kleine Meerjungfrau" singen; doch um bei ihm zu bleiben, versagt ihr aus Angst die Stimme. Sie, die ganz „Seele" ist und Seele sein will, schrumpft in seiner Nähe auf ihre reine Körperlichkeit zusammen – ganz wie es die „Meerhexe" prophezeite: „Was behalte ich übrig?" hatte die „kleine Meerjungfrau" sie gefragt; „deine liebreizende Gestalt, deinen schwebenden Gang und deine sprechenden Augen", hatte sie ihr zur Antwort gegeben.

Da hebt denn wirklich die „kleine Meerjungfrau" an zu *tanzen,* schwebend, anmutig, auf den Zehenspitzen, so „wie noch keiner getanzt hatte", und „bei jeder Bewegung wurde ihre Schönheit noch sichtbarer, und ihre Augen rührten tiefer ans Herz als der Gesang der Sklavinnen". Es ist von ihr her das einzige, was sie noch tun kann. So tanzt eine Frau, wenn ihr ganzes Sein durchglüht ist von Sehnsucht, ein Schautanz, der leidenschaftlich dem Geliebten sich gänzlich zu schenken verspricht, wenn er nur selber in diese offen ihm entgegengehaltenen Arme sich wirft, wenn er nur selber diesen verlockend ihm entgegengestreckten Leib umfängt, wenn er nur selber in diese Augen hinabsinkt, die, hellblau und tief wie das Meer, ihn einladen zu einem Glück ohne Ende. Und doch: Der Tanz einer „kleinen Meerjungfrau" bleibt eine stumme Pantomime! Alle zollen ihr „begeistert" Beifall, „vor allem der Prinz", aber ihr Herz entdeckt sich ihm nicht. Dabei tanzt die „kleine Meerjungfrau" fortan „immer mehr" – es ist ja die einzige „Sprache", in der sie jetzt noch zu „reden" vermag. Sie wird – darf man dieses „Tanzen" wohl übersetzen – auch weiter versuchen, dem „Prinzen" jeden Wunsch von den Augen abzulesen, und sich darein schmiegen, ihn zu erfüllen – eine Fata Morgana seines Verlangens, wollte er nur erst an ihrer Seite sich auf die Reise begeben! Das aber tut er nicht. Das aber kann er nicht. Oder vielleicht doch?

O ja, er könnte schon! Freilich, er müßte einer Angstverstummten die Zunge wiedergeben; er müßte ein *Wunder* der Liebe wirken; und dazu müßte er selber ein Liebender sein; zumindest müßte er sich für die Not einer „kleinen Meerjungfrau" so engagieren, wie es vergleichsweise in einer Psychotherapie geschähe.

Immer wieder in intensiven Beziehungen wird es geschehen, daß eine Frau sich so ähnlich verhält wie ANDERSENS „kleine Meerjungfrau" hier: Sie verstummt; sie beantwortet keine Fragen mehr; sie ist selbst durch freundliches „Gegenschweigen" zu keiner Lautäußerung mehr zu bewegen; statt dessen schaut sie wie eine Ertrinkende zu ihrem Gegenüber auf und sucht wie flehentlich einen Blick besonderer Aufmerksamkeit von ihm zu erhaschen. Ist es zu viel, von einem „Prinzen" in solcher Lage zu erwarten, er werde gerade das Schweigen der „kleinen Meerjungfrau" beredt genug finden, darauf zu antworten – er werde nicht nur hören, was die Worte meinen, die sie sagt, er werde auch hören, was ihre nicht gesagten Worte besagen? Könnte ein solcher „Prinz" die einfache Wahrheit der Liebe und der Angst einer „kleinen Meerjungfrau" sich nicht selber zusammenreimen, so wie es jeder sensibel Zuhörende in einer vergleichbaren Situation auch tun würde?

„Ihr Schweigen", würde jeder wirklich Interessierte in solcher Lage denken, „ersetzt eine Botschaft, die dir selber gilt. Entweder will hier etwas gesagt werden, das einer Kritik, einem Vorwurf gleichkommt, der sich nur noch nicht hervortraut – dann müßtest du nur einmal fragen, was denn passiert ist, das eine bestimmte Enttäuschung, einen solchen Zweifel, einen gewissen Ärger verursacht haben könnte, vielleicht unbemerkt, ganz sicher nicht absichtlich, womöglich nur durch ein reines Mißverständnis, doch auch ein solches ‚Mißverständnis' kann äußerst störend wirken und darf so nicht stehenbleiben ... Oder es geht gar nicht um ein Mißverständnis, sondern ganz im Gegenteil um den Wunsch nach vollkommener, wortloser Verschmelzung. Eine Frau, die so schweigt, verschweigt womöglich das einzige, was zu sagen ihr wirklich wichtig ist: das übergroße Gefühl ihrer Liebe."

In der Tat: Für eine solche Frau bedeutete es eine Erlösung, ihr heimlich Geliebter begönne von selber zu ahnen, was sie empfindet, er faßte sich ein Herz und ließe von sich aus ein Wort der Ermutigung fallen wie einen Rettungsanker im Sturm. Oft genügte es zu solcher „Ermuti-gung" schon, die Vermutung auszusprechen, daß es sich gewiß um sogar sehr starke Gefühle der Zuneigung handeln dürfte; doch selbst dazu gehörte ein eigener Mut, in die Angst des anderen hineinzugehen; es gehörte dazu ein gewisses Verständnis dafür, daß gerade das Wichtigste im Leben eines Menschen sich am schwersten mitteilen läßt, eben weil davon am meisten abhängt; und vor allem gehörte dazu die Fähigkeit, einen Mittelweg zwischen dem Alles-und-Nichts-Prinzip im Erleben einer „kleinen Meerjungfrau" zu finden, indem man gemeinsam mit ihr überlegt, was wirklich geht und was nicht geht – in der Gewißheit und mit dem Versprechen, daß es kein Nein, keine Abgrenzung gibt, die nicht durch eine um so klarere Bejahung und Bestätigung verständlich und erträglich würde.

Wenn also der „Prinz" gegenüber der „kleinen Meerjungfrau" sich schon in der Rolle eines Ersatzvaters beziehungsweise einer Ersatzmutter und zugleich eines Geliebten und Herzensgefährten befindet, könnte er darin nicht auch und gerade die Verpflichtung erblicken, dem „Mond" zu erklären, daß er, selbst in der Nacht, der Sonne nicht deshalb schon fern ist, nur weil er allein am Himmel steht? – Er erleuchtet vielmehr das Dunkel kraft der Strahlen der Sonne, die außerhalb des Erdschattens ihn erreichen; er macht in gewissem Sinne die Sonne seinerseits sichtbar gerade in den Stunden der Nacht ... Gerade aus den vermeintlichen Gegensätzen und Unvereinbarkeiten müßte und könnte der „Prinz" nach und nach Übergänge und Brücken bauen. Doch natürlich, so etwas geht nicht ohne ernsthafte Arbeit. Und gerade dazu scheint er weder willens noch fähig. Weit davon entfernt, ihm wesentlich zu werden, bleibt die „kleine Meerjungfrau" für ihn ein zufälliges „Findelkind". Wohl mag er die stumme Schöne ganz gern; wohl verhält er sich gütig und gut zu ihr; doch in

Wahrheit hält er sie, erneut, wie ein Waisenkind. Gewiß, er schenkt ihr eine Art Bleiberecht in seiner Nähe, ja, er erlaubt ihr tatsächlich „vor seiner Tür auf einem samtenen Kissen" zu schlafen, so wie man ein braves Haustier, einen Hund, eine Katze, damit verwöhnt, sich an die Nähe des „Herrchens" gewöhnen zu dürfen; doch geht diesem „Prinzen" jegliches Gespür dafür ab, wie sehr er mit der Geste einer nur fürsorglichen Achtsamkeit diese ihm Zugelaufene, diese ihm Nachlaufende aufs tödliche quälen muß.

Dabei, zu seiner Entschuldigung muß man es immer wieder betonen, reagiert der „Prinz" mit seiner Reserviertheit im Grunde nur auf die Angst der „kleinen Meerjungfrau" vor ihrem eigenen Frausein, namentlich, indem er den Bereich der Sexualität auch von sich her ganz und gar ausblendet. Erstaunt hören wir, daß der „Prinz" der „kleinen Meerjungfrau" „eine Männertracht nähen" läßt, „damit sie ihn zu Pferde begleiten könnte". Die ursprünglichen Wünsche einer Frau, die der „Prinz" nun doch wohl irgendwie zu ahnen scheint, werden auf diese Weise nicht eigentlich „sublimiert", sie werden sexuell neutralisiert und tabuisiert.[82] Aus einer Liebeheischenden macht er, ganz einfach und „praktisch", eine Art Amazone, eine Frau jedenfalls, die in gewissem Sinne ihm alles sein kann und muß: auch männlich und stark und „dynamisch" aktiv ... eine Bergsteigerin ... seine Sportkameradin ...

Viele Mädchen am Beginn ihres Frauseins durchlaufen wohl eine Zeit, in der sie nichts lieber tun, als ein Pferd einzureiten, und jeder begreift die symbolische Verhüllung, die nötig ist, um den entsprechenden Triebwunsch vor dem Bewußtsein eines Mädchens eine Weile lang verborgen zu halten und in aller Stille das künftige Leben einer erwachsenen Frau vorzubereiten; hier aber dient der gemeinsame Ausritt in die „duftenden Wälder, wo die grünen Zweige" der „kleinen Meerjungfrau" „gegen die Schultern" schlagen und „die Vögelchen hinter den frischen Blättern" singen, lediglich dem Ziel, den Entwicklungsstand eines Mädchens *festzuschreiben,* indem die symbolischen Surrogate die ersehnte Wirklichkeit ersetzen sollen. Was sind schon „grüne Zweige" die „gegen die Schultern schlagen", gegen die Hände und die Arme eines Mannes, der es wagt, Anstand hin, Anstand her, den Abstand zu einer derart Liebenden aufzugeben und damit womöglich zu sich selber als einem geliebten Liebenden wirklich zu stehen? Was sollen die „Vögelchen hinter den Blättern", wenn sie nur von etwas künden, das sie verstellen, indem sie es darstellen? Immer schmerzhafter wird ein solches *Leben in Gleichnissen* für die „kleine Meerjungfrau" – ein „Bergsteigen" mit blutenden Füßen ist es, zu dem sie tapfer sogar noch lächelt; und doch wird sie für ihren „Prinzen" nie etwas anderes sein als „ein gutes, liebes Kind".

Dieser „Königssohn", noch einmal, meint es nicht böse, bewahre; er hält sich im Grunde nur stets in eben der Fluchtdistanz auf, welche die Angst der „kleinen Meerjungfrau" ihm selbst auferlegt. Und doch begeht er, unmerklich und unbemerkt, etwas, das den Straftatbestand einer fahrlässigen Tötung erfüllt, eine Art perfekten Mords: Kein Gift, kein Messer ist nötig; es genügt, die Lebensfrage der „kleinen Meerjungfrau": „Hat er mich lieb, lieber als alle? Schenkt er mir sein Herz, seine Seele? Nimmt er mich nicht nur auf, sondern wirklich an?" – ins rein Amouröse und Amüsante zu verschieben.

Dies ist der Punkt, an dem der „Vater" der „Existenzphilosophie", ANDERSENS Zeitgenosse SÖREN KIERKEGAARD, auf immer recht hat: Wer nichts will und wagt als den heiteren Genuß, wo es gilt, mit dem ganzen Sein auf einen anderen Menschen zu antworten, der vertut die Forderung der Ethik an das Ästhetische[83]; der bleibt von außen bestimmt, statt es zu lernen, in eigener Verantwortung sich selbst zu bestimmen; der antwortet auf eine tödliche Angst mit mörderischen Zweideutigkeiten.

Schon geht die „kleine Meerjungfrau" immer öfter zum Meer hinunter, ihre „brennenden Füße" zu kühlen – psychoanalytisch erneut ein weibliches Symbol für das unerfüllte Verlangen nach Liebe[84]; was jetzt aber im Erleben der „kleinen Meerjungfrau" geschieht, ist nicht nur eine Wiederholung des Alten, sondern zugleich auch seine Umkehrung: Dieselbe Frau, die ihr Leben lang als Meermaid sich liebend danach sehnte, als „Mensch" „auf die Erde zu kommen", sitzt nun als Ungeliebte am Ufer des Meeres und beginnt sich zurückzusehnen nach ihrer „Heimat". Wieder ziehen vor ihren Augen die Wolken dahin, „als wären sie ein Schwarm Vögel", unterwegs in fremde Länder; fortan erscheint ihr nicht mehr im Traume der „Prinz", sondern „Arm in Arm", „kummervoll" singend, tauchen „ihre Schwestern" auf und berichten der „kleinen Meerjungfrau" von der Trauer, die sie mit ihrem Fortgang über all ihre Angehörigen gebracht habe ...

Selbstredend malt sich auch in dieser „Trauer" der *Geschwister* der Gemütszustand der „kleinen Meerjungfrau" selbst, doch wieder begegnet dieses Mädchen sich selbst in seinen eigenen Gefühlen nur in der projektiven Wahrnehmung anderer: Nicht sie ist traurig und voller Heimweh, sondern die anderen kommen zu ihr und sprechen sie schuldig an ihrer Traurigkeit ... In einem noch kindlichen Gemüt, meinte sinngemäß C.G. JUNG einmal, werden Gedanken nicht gedacht, sie treten von selber an das Ich heran[85], wie Gespenster, auf die das eigene Denken kaum Einfluß hat. Als ein solches „Kind", noch immer, finden wir die „kleine Meerjungfrau" vor; ihr „Prinz" aber scheint, gelinde gesagt, nicht gerade unfroh, sie in diesem Zustand zu halten.

In einem dreiteiligen Gedicht unter dem Titel „Maria" hat, noch einmal, HERMANN HESSE dem Gefühl und der Tragik einer solchen Liebe Ausdruck verliehen, die bei einem der Partner alle Faszination und alles Verlangen in sich birgt, während sie den anderen nie weiter emporhebt als bis zu einer gewissen Hochachtung und Wertschätzung:

Ein Lieblingstraum aus goldnen Nächten
Vortretend, schlank, in ernster Ruh,
Den Zauberschleier in der Rechten –
So schön bist du!

Mein Blick erstaunt und muß sich senken,
Mein Herz schließt alle Tore zu,
Dem Wunder heimlich nachzudenken –
So schön bist du!

So ziehen Sterne ihre Bahn,
Unwandelbar und unverstanden!
Wir winden uns in hundert Banden,
Du steigst von Glanz zu Glanz hinan.

Dein Leben ist ein einzig Licht!
Ich muß aus meinen Dunkelheiten
Sehnsüchtge Arme nach dir breiten,
Du lächelst und verstehst mich nicht.

Ich fragte dich, warum dein Auge gern
In meinem Auge ruht,
So wie ein reiner Himmelsstern
In einer dunklen Flut.

Du sahest lang mich an,
Wie man ein Kind mit Blicken mißt,
Und sagtest freundlich dann:
Ich bin dir gut, weil du so traurig bist.[86]

In ANDERSENS Märchen vernimmt der „Prinz" sehr wohl die Frage, die in den Augen der „kleinen Meerjungfrau" geschrieben steht: „Hast du mich nicht von allen am liebsten?"; doch wohl kaum versteht er die Dringlichkeit, mit der diese Augen ihn anschauen; nicht von weitem denkt er daran, „sie zu seiner Königin zu machen"; für ihn bleibt sie „ein gutes, liebes Kind", dessen Angst, „zu Schaum auf dem Meere zu werden", er durchaus nicht begreift. Zwar spricht er zu ihr: „Doch, du bist mir am liebsten, ... denn du hast das beste Herz von allen, du bist mir am meisten zugetan"; wirklich lieben aber wird er die „kleine Meerjungfrau" niemals, und zwar nicht nur, weil er die Schweigemauer ihrer Angst nicht zu übersteigen vermag; vielmehr daß er dies gar nicht erst versucht, hat erklärtermaßen einen in ihm selber liegenden eigenen Grund: Die „kleine Meerjungfrau" erinnert ihn an jenes junge Mädchen, das ihn als die jüngste unter einer Schar anderer „nahe bei einem heiligen Tempel", wie er meint, *gerettet* hat; dieses Mädchen allein, soviel steht für ihn fest, wird er in Wahrheit lieben, auch wenn es als „Tempeljungfrau" für ihn prinzipiell unerreichbar bleiben müßte; die „kleine Meerjungfrau" hingegen wünscht er vor allem deshalb in seiner Nähe zu halten, weil sie diesem Mädchen so ähnlich sieht, daß sie mit ihrer Erscheinung dessen *Bild* „fast" aus seiner Seele „verdrängt".

Auch im Erleben des „Prinzen" besteht mithin eine sonderbare Spaltung: zwischen einer idealisierten, doch eben deshalb von vornherein unerreichbaren Gestalt einer Frau und einer anderen, wirklichen, sich ihm förmlich anbietenden, die jedoch niemals den engen Kreis einer mitleidig-großzügigen Freundschaft oder unterhaltsamen Kameradschaft überschreiten darf. Es handelt sich, wohlgemerkt, nicht etwa darum, daß der junge „Königssohn" in der Realität durch ein Versprechen an eine andere Frau sich gebunden fühlte, so sehr, daß er jener anderen die

Treue bräche, falls er in die Liebe der „kleinen Meerjungfrau" einwilligen würde; vielmehr ist er gebunden einzig an das *Bild* jener anderen, die er, nach seinem „Schiffbruch" „erwachend", ein einziges Mal als die Gestalt seiner „Retterin" schaute. Psychologisch ist seine Situation damit deutlich genug beschrieben.

Wir sagten bereits: Eine Frau, die einen Mann „aus dem Meer rettet" und ihn „an Land bringt", ist in der symbolischen Sprache der Märchen und Träume als die *Imago*[87] der *Mutter* zu verstehen. Der „Prinz", mit einem Wort, kann das Liebesangebot der „kleinen Meerjungfrau" deshalb nicht mit eigener Liebe erwidern, weil *das Bild seiner eigenen Mutter* ihm hindernd den Weg verstellt. Das Paradox ist damit vollkommen: die Geschichte der zwei Königskinder, die zueinander nicht kommen können, weil eine „böse Nonne" zwischen ihnen steht, deren Rolle an dieser Stelle erkennbar von der *Mutter* des „Prinzen" übernommen wird. Beide „Königskinder" scheinen, wie in dem deutschen Volkslied, „eigentlich" wie geschaffen füreinander, so vollständig parallel ist ihrer beider Erwartung an den jeweiligen Partner geformt; und doch ist es gerade die Energie ihrer wechselseitigen „Übertragung", die ein gemeinsames Glück zwischen beiden verhindert: Da sucht die „kleine Meerjungfrau" in dem „Prinzen" nach einem Ersatz für die Mutter, die sie nicht kannte, und für den Vater, der für sie faktisch wie abwesend war; doch als sie ihm begegnet, übernimmt sie *innerlich*, in jener „Sturmnacht", die Rolle einer „verantwortlichen" „Mutter" für ihn, während sie ihm *äußerlich* begegnet wie ein stummes, abhängiges Kind. Der „Prinz" hinwiederum sehnt sich zurück nach der Frau, die ihn gebar, doch kann er oder, richtiger, *darf* er nicht wissen, daß er gerade dieser Frau in der Gestalt der „kleinen Meerjungfrau" wiederbegegnet; statt dessen träumt er von jener anderen

Unberührbaren, Heiligen, Überirdischen, von der er indessen annehmen muß, daß er ihr niemals mehr begegnen wird.

Das heißt: Nicht nur die „kleine Meerjungfrau", der „Prinz" nicht anders *sucht* in all seiner Sehnsucht nach etwas, das er in Wirklichkeit gerade *vermeidet*. Und so tritt er, äußerst widersprüchlich, der „kleinen Meerjungfrau" als ein „Vater" gegenüber, der sein „Findelkind" nicht lieben kann um jenes mütterlichen Ideals willen, das in ihrer „Schönheit" und „Güte" zwar vor seinen Augen erscheint, doch das eben deshalb nicht „berührt" werden darf, auf daß jenes Ideal nicht entweiht werde ...

Wollen wir also wissen, warum der „Prinz" den stummen Mund der „kleinen Meerjungfrau" nicht zu lösen vermag, so lautet die Antwort: weil er selber die eigene Mutterbindung und damit die Aufspaltung des Frauenbildes in Mutter und Mädchen, in Hohe und Niedrige, in Tempeljungfrau und Findelkind nicht zur Sprache zu bringen wagt. Die „Erlösung" der „kleinen Meerjungfrau" wäre identisch *mit seiner eigenen Erlösung:* indem er zu ihr fände, gelangte er zugleich zu sich selber. Doch eben dafür, daß er das will, spricht eigentlich gar nichts. Beider Entwicklung ist im Gegenteil denkbar ungleichzeitig: Die „kleine Meerjungfrau" ist in ihrer „Selbstanalyse" mit dem Besuch bei der „Meerhexe" sehr weit oder, besser, sehr „tief" gegangen, und sie hat damit die Voraussetzungen einer wahren Begegnung zwischen Mann und Frau für sich selber geschaffen; alles in ihr wartet darauf, sich nunmehr dem „Prinzen" als die Frau zu offenbaren, nach welcher er „eigentlich" sucht. *Er* aber träumt noch immer von dem Mutterbild seiner „Tempeljungfrau". Wie könnte sie mit einem solchen Mann ihre Erlebnisse bei der „Meerhexe" durcharbeiten? Doch wenn sie das wirklich nicht kann, wie sollte dann er dahin gebracht werden, seinen unwahren Traum von der rettenden Tempeljungfrau gegen die

traumhafte Wahrheit der „kleinen Meerjungfrau" einzutauschen?

„So sind sie alle, die Männer", sagte einmal eine Frau, die selber das Problem der „Stummheit" ebenso kennengelernt hatte wie die Eigenart eines solchen „Prinzen"; „sie suchen alle nach ihrer Mutter, und wenn man dann wie ihre Mutter sein will, laufen sie weg und suchen sich eine andere. Immer haben sie Angst, das zu finden, was sie im Grunde möchten. Es ist verrückt."

Ob es sich bei *allen* Männern so verhält, sei einmal dahingestellt; doch daß es sich bei dem „Prinzen" in Andersens Märchen so verhält, ist überdeutlich. Zwar wissen wir von seiner Mutter und von seinem Vater im Grunde gar nichts; doch eben deshalb müssen wir denken, daß auch er auf seine Art ein Waisenkind ist; und wir müssen zusätzlich annehmen, daß auch bei ihm das Erleben der Männlichkeit derart von Schuldgefühlen und Ängsten belastet ist wie die Entdeckung des Frauseins auf seiten der „kleinen Meerjungfrau". Das Wort „Waisenkind" müssen wir freilich in derselben Weise verstehen, wie wir es für die „kleine Meerjungfrau" verwandt haben. Annehmen sollten wir ein Klima seelischer Entbehrung bei einem gleichzeitig hohen Standard von konventionellen Regeln und Äußerlichkeiten: Der „Prinz", selbstverständlich, ist ein Königssohn bereits durch den Adel seiner Geburt; er braucht kein „königlicher Mensch" zu *werden* – er *ist* es, umgeben von dem Gepränge des Palastes, von der Steifheit der Etikette und dem verpflichtenden Anspruch von Tradition und Titulatur. Alles in den Voraussetzungen seines Lebens verhält sich nicht anders als bei der „kleinen Meerjungfrau", nur zeigt sich bei diesem Vergleich ein entscheidender Unterschied: Während die „kleine Meerjungfrau" dem untermeerischen Scheinleben ihrer Jugend mit aller Kraft zu entfliehen sucht, denkt der „Prinz" nicht von ferne daran, die Welt, in die er hineingeboren wurde, als eine „seelenlose" in Frage zu stellen. Er ist, was er ist! Selbst seine Geburtstagsfahrt hinaus auf die hohe See galt nicht dem Abenteuer, ein fremdes Element aufzusuchen und zu erforschen, es handelte sich um nichts weiter als um eine Lustreise anläßlich einer Party an Bord seiner königlichen Yacht.

Versuchen wir, uns die Situation eines solchen „ewigen Prinzen" psychologisch recht klarzumachen, so stellen wir uns am besten einen jungen Mann vor, der sich selber so gut wie nicht kennengelernt hat – es gab keinerlei Leid in seinem Leben, an dem er hätte reifen und sich *vertiefen* können! Das Leben war und ist für ihn bestimmt durch das Vorbild der Eltern, durch die Ehre des Standes und durch die Rituale von Konversation und Konvention. Nichts Eigenes auszubilden ist da vonnöten oder gar wünschenswert. Doch so wenig persönliches Format unter solchen Umständen auch in ihm stecken mag – für seine Eltern ist er „der Stammhalter", ihr ganzer Stolz. Insbesondere seine Mutter wird ihn als „ihren" Prinzen betrachten, den sie bewundert, weil er, in ihren Augen zumindest, so klug, so gescheit, so originell und so witzig ist, so gewandt in Gesellschaft, so stilvoll im Umgang ... Für diese Frau vor allem muß ein solcher „Prinz" ständig „etwas" sein, und so wird er niemals er selber. Gerade die geflissentliche Heiterkeit und spielerische Leichtigkeit, welche die „kleine Meerjungfrau" vom ersten Augenblick an für ihn einnahm, da sie ihn im Kreis der Matrosen an Bord seines Schiffes bewunderte, hätten das Mädchen eigentlich warnen sollen, statt es zu verlocken. Wohl mochte es hoffen, in seiner Schwermut durch seine Leichtlebigkeit auf das glücklichste ergänzt zu werden, doch konnte es kaum wissen, wie hohl seine Welt bloßer Fassaden in Wirklichkeit ist. Wenn irgendein Mensch zur Erlösung einer „kleinen Meerjungfrau" seinem ganzen Wesen nach vollkommen ungeeignet ist, so ist es dieser „Prinz", der doch so

vieles mit der „kleinen Meerjungfrau" gemeinsam hat – bis auf ihren Ernst, bis auf ihre Traurigkeit, bis auf ihre Leidenschaftlichkeit, bis auf ihr Verlangen, in dem die Verzweiflung wohnt.

Freilich, auch der „kleinen Meerjungfrau" gebricht es im Umgang mit diesem „Prinzen" an Mut. Unbedingt müßte sie es riskieren, die Welt dieses eitlen Jünglings in Frage zu stellen; das aber tut sie nicht, schon aus Angst, eine Liebe zu verlieren, die sie nie bekommen hat. Könnte sie aber, wenn schon Worte ihr fehlen, sich nicht doch noch einmal aufmachen, um auf die Suche zu gehen nach einem „richtigen" Mann, nicht nach einem derartigen Mustermenschen einer bloß eingebildeten Welt? Die Frage ist müßig; sie kann es nicht. Sie bleibt bei ihm. Sie tut alles für ihn. Und so wird sie zu der unfreiwilligen Begleiterin und Zeugin ihrer endgültigen Zurücksetzung.

Bisher fand sich für die „kleine Meerjungfrau" immerhin noch ein letztes dünnes Fädchen Hoffnung in den *Komplexen*, an denen der „Prinz", wie ohne es zu wissen, litt. Schon aufgrund seiner Mutterbindung stand zu erwarten, daß er zu einer anderen Frau niemals finden werde, am wenigsten zu jener „Tempeljungfrau", die er als den idealisierten Teil seiner Mutter für unerreichbar und unantastbar erklärte. Tatsächlich würde denn dieser „Prinz" sich wohl niemals getrauen, auf eine Frau zuzugehen, wollten nicht irgendwann seine „Eltern verlangen", er solle sich „die schöne Prinzessin ansehen", die als die „Tochter des Nachbarkönigs" mit ihm verheiratet werden soll. Eine „Hochzeit", wie man wohl merkt, gilt unter solchen politischen Gepflogenheiten nicht dem Ausdruck von Sympathie und Zuneigung oder von Liebe gar, sie ist nichts als eine höflich-höfische Farce, ein Kabinettstück geplanter Diplomatie, eine Standardmusterung nach Stand und Anstand. Ein letztes Moment der Zuversicht bleibt der „kleinen Meerjungfrau" damit allerdings noch: daß der

„Prinz" jene Auserwählte gar „nicht lieben" kann, wo er doch einzig das Mädchen vom Tempel in sein Herz geschlossen hat; und glücklicherweise wollen ihn die Eltern zur Heirat auch nicht zwingen! Wenn denn, so sagt er, schon in eine Ehe gewilligt sein müsse, so werde er am ehesten wohl doch noch die „kleine Meerjungfrau" heiraten, sehe sie doch dem Mädchen vom Tempel so ähnlich. Wenn er ihr solche Worte sagt und dabei ihre schöne Stirn küßt und seinen Kopf sogar an ihr Herz legt, so träumt die „kleine Meerjungfrau" noch einmal „von Menschenglück und einer unsterblichen Seele": Sie wird, so hofft sie in solchen Momenten, die „Einzige bleiben", die der „Prinz" zumindest „ersatzweise", als äußerste Annäherung an sein Idealbild, womöglich doch als die große Liebe seines Lebens entdecken und anerkennen wird ...

Tatsächlich begibt sich die „kleine Meerjungfrau" denn auch zu Schiff mit dem „Prinzen" gemeinsam auf Hochzeitsreise, hinauf auf die Weite der See, hinein in ihr eigenes und eigentliches Element, ungewiß, ob diese letzte alles entscheidende Ausfahrt ihr das ewige Leben bringen wird oder den ewigen Tod. Dieweilen erläutert der „Prinz" ihr die Unwägbarkeiten der Seefahrt bei „Sturm und Meeresstille", so als wenn er, dieser Theoretiker des Mittelmaßes, irgendeine Ahnung besäße von den Gewalten, die sich über dem offenen Ozean in den Turbulenzen der Atmosphäre zusammenbrauen. Die „kleine Meerjungfrau" lächelt bescheiden, wenn er derart unbelehrt belehrend daherredet, von Gefahren, die er nie erfahren, und von Abenteuern, die er nie bestanden hat. Und wieder wagt sie es nicht, dieses Geflecht von Hochmut und Kleinmut im Leben ihres „Prinzen" in Frage zu stellen; wieder verharrt sie stumm an den Grenzen der Angstdistanz ihres Geliebten; wieder respektiert sie stillschweigend die Furcht, die ihn sofort überkäme, wollte sie die „Stürme" ihres eigenen Herzens über ihn schicken oder ihm die

„seltsamen Fische" zeigen, die sich „in der Tiefe" tummeln. Lieber scheint es auch ihr, das Königsschiff ihrer Liebe in „Windstille" dahindümpeln zu lassen, als es noch einmal den Gewitterstürmen schwülheißer Nächte auszusetzen. Stattdessen, im Mondschein, wenn bis auf den Steuermann die Seeleute schlafen, sitzt sie traurig verträumt an der Reling und „starrt durch das klare Wasser hinunter", „bis zu des Meerkönigs Schloß". Sie alle erscheinen ihr wieder in den Schaumkronen auf den Wellen; sie strecken voll Kummer nach ihr ihre Hände aus; was wird sie selber sein: Gischt oder Geist, eine bloße Kräuselung der ewig brandenden See oder eine ewig brennende Seele an der Seite eines kraftvollen Königs?

Die „kleine Meerjungfrau" weiß es nicht. Aus ihrer Sicht kann sie nichts tun, um es selbst zu entscheiden. Und der Mann, in dessen Händen ihr Schicksal liegt, weiß nicht einmal, was bei dieser Hochzeitsreise zur See für sie auf dem Spiel steht. Anders als bei seinem sechzehnten Geburtstag dräut ihm kein Wetterleuchten am Horizont; ruhig und gemächlich gleitet seine Bark dahin, während die „kleine Meerjungfrau" neben ihm mit ihrer noch unerwiderten Liebe ihr Herz ins Unendliche hält, gleich einem Segel, das unter heftigen Böen zum Zerreißen gespannt ist.

10. Und die kleine Meerjungfrau hob ihre hellen Arme zu Gottes Sonne empor

Wie hält ein „Prinz" Hochzeit? Noch ist von der Braut nichts zu sehen, noch darf die „kleine Meerjungfrau" hoffen, ihr Geliebter werde die fremde Königstochter, die seine Eltern für ihn bestimmten, als Ehefrau nicht akzeptieren, da hebt ein Spektakel an, als sei die so wichtige Entscheidung über das Leben der „kleinen Meerjungfrau" längst schon gefallen: „Alle Kirchenglocken" läuten, „Soldaten mit wehenden Fahnen und blinkenden Bajonetten" stehen Spalier – Religion und Militär bilden das übliche zeremonielle Dekor im Vorfeld einer Veranstaltung, die, wenn sie stattfindet, die „kleine Meerjungfrau" vernichten muß. Wie auf dem Meeresgrunde damals beginnt erneut das Getriebe und Geschiebe höfischer „Bälle und Gesellschaften", und wieder *wartet* die „kleine Meerjungfrau" stumm und unbemerkt auf etwas, das in ihrem Leben alles verändern muß. Wer wird die Fremde sein, die „weit fort in einem heiligen Tempel erzogen" wurde? Noch fällt kein Gedanke daran, daß dieser ferne Tempel derselbe sein könnte, in dessen Nähe die „kleine Meerjungfrau" am Ende der „Sturmnacht" den „Prinzen" als gerettet an den Strand legte. Und doch: Sie *ist* es! *Sie* ist es!

Als die „kleine Meerjungfrau" in gespannter Neugier die neu Ankommende mustert, muß sie zu ihrer Verwunderung und zu ihrem Schrecken feststellen, daß diese andere auffallend hübsch ist. Ja, „eine anmutigere Gestalt" hat selbst die „kleine Meerjungfrau" noch niemals geschaut. „Die Haut war ganz fein und rosig, und hinter den langen, dunklen Augenwimpern lächelten ein Paar schwarzblaue, treue Augen!" Nicht nur „schön" also ist diese Frau; anerkennen muß die „kleine Meerjungfrau" zugleich auch ihre menschlichen Qualitäten: Zur „Konkurrentin" hat sie in dieser Fremden nicht irgendeine leichtlebige Gesellschaftsdame, sondern eine Frau ernsten Wesens, fähig und willens, eine gültige Beziehung zu dem „Prinzen" einzugehen. Selbst die schwarzblaue Farbe ihrer Augen spricht dafür, daß sie dem „Prinzen" mit seinen „großen, schwarzen Augen" nicht nur nähersteht als die „kleine Meerjungfrau", deren Augen „dunkelblau" sind wie das Meer, sondern daß sie ihm zugleich auch all das schenken wird, was in der „kleinen Meerjungfrau" verkörpert scheint.

Für eine Frau, die einen Mann so innig und unbedingt in ihr Herz geschlossen hat wie die „kleine Meerjungfrau" ihren „Prinzen", ist eine schlimmere Situation als diese kaum vorstellbar. Alles, was sie besaß, und alles, was sie war, hat sie der Liebe zu dem „Prinzen" geopfert: ihr Elternhaus, ihre Heimat, ihre Herkunft, die Unschuld ihres Wesens, ja, sogar ihre liebliche Stimme; und da kommt, unvorhersehbar, plötzlich, diese andere daher und droht, das gesamte Geflecht der Gefühle, das mit so viel Mühe gewebte, durch ihr bloßes Erscheinen zu zerreißen. Allein die Möglichkeit einer solchen Zerstörung läßt das Herz der „kleinen Meerjungfrau" erbeben vor Schrecken. Völlig vernichtend aber ist, was im nächsten Augenblick geschieht: „Du bist es", spricht der „Prinz" zu der Neuangekommenen, „du, die du mich errettet hast, als ich wie eine Leiche am Strand lag", und nimmt die schamhaft Errötende als „seine ... Braut fest in die Arme".

Da werden all die Verdienste und Anstrengungen der „kleinen Meerjungfrau" einfach ignoriert, ja, sie werden dieser anderen zugute geschrieben, so als wenn die einfachsten Regeln der Vernunft nicht länger in Gültigkeit stünden. Wer, um Himmels willen, hat denn den „Prinzen" an den Strand gelegt, daß er „wie eine Leiche" „gerettet" werden konnte? Und was für eine „Rettung" war das wohl, die darin bestand, jemanden, der sonnenbeschienen am Strande gefunden wird, immerhin in einem gastlichen Tempel bewirten zu lassen? Alle Rücksichtnahme, alle Vorsicht, alle gebotene Zurückhaltung hat die „kleine Meerjungfrau" bisher gegenüber dem „Prinzen" walten lassen, um sich ihm *nicht* zu erkennen zu geben, und nun bekommt dieser Mann in seiner Blindheit es fertig, an all dem vorbei auf diese Fremde zuzugehen und sie für die eigentliche, für die einzige Frau seines Lebens zu erklären! Ja, wie um die Qual noch zu steigern, lädt er die „kleine Meerjungfrau" ein, sich *mit ihm* zu freuen und glücklich zu sein, selbstverständlich doch wird sie sich mitfreuen mit seiner Freude, wo sie ihn doch so liebhat, „von allen am liebsten"! Wie könnte der „Prinz" auch etwas anderes von ihr denken! Und wirklich küßt die „kleine Meerjungfrau" ihm dienstbar und dankbar die Hand und küßt damit doch schon ihren eigenen Tod ...

„Wissen Sie", sagte einmal eine Frau, die jahrelang die Liebe ihres Mannes zu einer anderen Frau hatte miterleben müssen, „es zerriß mir am meisten das Herz, daß ich zu allem, was er tat, auch noch gute Miene machen sollte. Ich konnte ihn ja verstehen – er hing so sehr an seiner Mutter, die auf ihn große Stücke hielt, doch selbst eine eher kalte Frau war. Ständig suchte er nach einer Liebe, die ihm sofort Angst machte, sobald er sie fand. Ich will ihm keine Vorwürfe machen, auch jetzt nicht. Irgendwie liebte ich ihn,– seine traurigen Augen, seine Hilflosigkeit, er meinte es gewiß nicht böse. Aber in Gedanken war er immer bei der anderen. Wir fuhren gemeinsam in Ferien; alles hatte er so bestellt und organisiert, daß ich mich wohlfühlen sollte; aber wie konnte ich das? Wir gingen schwimmen; doch kaum war ich im Wasser, da rannte er los, um mit *ihr* zu telephonieren. Und nach zwei, drei Tagen Ferienaufenthalt erklärte er mir, daß er für den Rest der Ferien zu ihr fliegen werde. Immer fürchtete ich, daß es so kommen würde, aber ich durfte nicht weinen, wenn es soweit war. Nichts nahm er mir *mehr* übel, als wenn ich weine. Offenbar fühlte er sich schuldig; mir aber warf er vor, ich engte ihn ein, ich sei unselbständig, ich klammerte mich zu sehr an ihn. Was sollte ich tun? Wenn er nach Hause kam, tat ich so, als wenn ich von nichts wüßte. Ich nahm mir vor, auf keinen Fall zu weinen; ich zwang mich, alles positiv zu sehen; ich wollte ihn fröhlich begrüßen. Aber es war so schwer."

Es ist kaum etwas vorstellbar, unter dem eine Frau mehr leiden würde, als einen Mann zu lieben, der eine andere liebt; eine „kleine Meerjungfrau" aber unterliegt zugleich noch der Pflicht, zu all dem, was sie weiß und was ihr offen gesagt wird, lächelnd zu schweigen und sogar die fremde Liebe aus eigener Liebe wie ein großes persönliches Glück zu begleiten.

In dem Märchen DER FREUNDSCHAFTSBUND[88] hat ANDERSEN einmal geschildert, wie der Grieche Aphtanides fortgeht, um die Liebe seines Freundes zu der jungen Anastasia nicht zu stören – wortlos und stumm, doch „in seinem Schweigen liegt gerade seine Liebe". Ein solcher Schritt, gegebenenfalls, mag ehrlich und in gewissem Sinne „fair" sein, und er scheint auch wohl möglich unter Freunden, die sich beide zugleich in dieselbe Frau verlieben; wie aber soll die „kleine Meerjungfrau" ehrlichen Herzens voller Freude eine Frau an der Seite des Mannes begrüßen, für dessen Liebe sie jedes Opfer ihres Lebens gebracht hat, weil er ihr Leben ist oder doch zu sein schien? Ja, sie *hat* ihn „von allen am liebsten"; doch was für ein Mann ist dieser „Prinz", daß er diese Tatsache sehr wohl „registrieren" kann, ohne auf eine solche Bindung in irgendeiner Weise verbindlich zu reagieren? Alles hat die „kleine Meerjungfrau" gelernt und getan, um die Liebe eines „Menschen" in Gestalt dieses „Prinzen" zu erringen: Nach jener für den „Prinzen" scheinbar so gefährlichen „Sturmnacht" hat sie sich in gewissem Sinne selber in die „Tempeljungfrau" verwandelt – in ein unberührbares Mädchen und in eine gütige Mutter zugleich, doch um so mehr blieb sie dabei die sehnsüchtig Wartende unter dem Marmorbalkon des königlichen Schlosses; dann wieder mußte sie lernen, ihre Rolle als Frau im Haus der „Meerhexe" in das genaue Gegenteil zu verwandeln, indem sie ihr Verlangen nach Liebe mit den Visionen der Angst vor der Begegnung mit einem Manne in Verbindung setzte: Sie verlor dadurch ihren „Fischschwanz", sie fing an, trotz aller Schmerzen auf dieser Erde zu gehen, doch verlor sie zugleich damit auch vor lauter Entsetzen ihre Sprache. In dem Märchen DER STEIN DER WEISEN[89] schreibt ANDERSEN einmal, ein „Poet" könne „von dem singen, was er nicht sagen" könne. Die „kleine Meerjungfrau" hatte vor dem Besuch bei der „Meerhexe" im Kreis ihrer Angehörigen von ihrer Sehnsucht eigentlich *nur* gesungen; sie war in der Unerfülltheit ihrer Liebe zu einer „Dichterin" geworden. Ihre, am meisten tragische Erfahrung nun aber ist, daß sie von ihren Bedürfnissen und Ängsten als Frau gerade ihrem Geliebten gegenüber kein Wort, keinen Ton zu sagen oder zu singen vermag. Zugleich mit ihrem „Fischschwanz", diesem Symbol ihrer „Halbfrauenschaft", verlor sie auch ihre Zunge. Zur Frau gereift, war sie und blieb sie wesentlich „stumm", reduziert auf die „Sprache" ihrer Augen, auf die „Sprache" ihres Körpers; ihre Gefühle mitzuteilen, ihre Ängste und Wünsche zu schildern – das vermochte sie nach dem Besuch bei der „Meerhexe" nicht mehr.

Insofern konnte, ja, *sollte* der „Prinz" eine gewisse Barriere der Angst ihr gegenüber von vornherein gar nicht überschreiten; insofern verblieb er sogar nicht ganz zu Unrecht unangefochten in dem Getto seiner *eigenen* Ängste und Übertragungen. Wenn sich jetzt aber zeigt, wie diese andere, die allein vom Diktat des elterlichen Willens Bestimmte, aus dem Dasein der „Tempeljungfrau" heraustritt, um als Gattin dem „Prinzen" in die Ehe gegeben zu werden, müßte dann nicht auch die „kleine Meerjungfrau" in diesem Augenblick endgültig aus ihrer Stummheit heraustreten und nicht länger mehr „aus ihrem Herzen eine Mördergrube machen", wie man im Deutschen zutreffend zu sagen pflegt?

Gerade das aber ist jetzt offensichtlich noch schwerer möglich als zuvor. Schon läuten alle Kirchenglocken, schon reiten die Herolde durch die Straßen, schon schwenken die Priester die Weihrauchfässer, schon rei-

chen der „Prinz" und die „Tempeljungfrau" einander die Hände als Braut und als Bräutigam, schon spricht der Bischof seinen Segen – und keiner merkt, daß sie alle mit ihren freudigen Fanfaren und gottseligen Gebeten der „kleinen Meerjungfrau" das Todesurteil sprechen und verkünden! Was versteht schon ein königlicher Botenläufer, was ein Staatskirchenbeamter von der Wirklichkeit des menschlichen Herzens? Was weiß er von den Paradoxien und Brechungen der Gefühlsentwicklungen, was von der Dynamik der Übertragung und Gegenübertragung in den Fragen der Liebe? Sie posaunen herum, sie segnen ein, sie erheben zu einem höfisch oder bürgerlich bedeutsamen Ereignis, was nicht einmal den Betroffenen selber, wenn es sich an ihnen vollzieht, wirklich klar und verständlich ist, und nennen eine „heilige Handlung", einen staatskirchenamtlichen Bund der Gnade, was in Wahrheit ein erster Treuebruch ist und nichts als der Anfang eines neuen Mißverständnisses. Doch von all dem kann die „kleine Meerjungfrau" nicht reden, davon *darf* sie nicht reden.

Schon bisher fiel es schwer, ja, unmöglich, zu dem „Prinzen" auch nur von den Erfahrungen mit der „Meerhexe" zu reden. Würde er, den sie in ihren Armen aus der „Sturmnacht" „rettete", sie tatsächlich noch lieben können, wenn sie ihm gegenüber sich zu den Schreckensphantasien ihrer Ängste und Wünsche als Frau im Umkreis der „Meerhexe" bekennen würde? War es nicht wirklich besser, ihm davon zu schweigen und das „Unaussprechliche" gar nicht erst über die Lippen zu bringen? Namentlich jetzt aber, wo der „Prinz" seine „Retterin" in jener „Tempeljungfrau" am Strand wiederzuerkennen meint, ohne sich seiner eigentlichen „Retterin" aus den Fluten des „Meeres" bewußt zu sein, muß sich die „kleine Meerjungfrau" geradezu schuldig, ja, dafür bestraft fühlen, daß sie die Gefühle einer Frau so vor der Zeit und in einer derart angstverzerrten Form wie bei der „Meerhexe" kennengelernt hat – sie ist eben *nicht* dieses mustergültig erzogene, unerfahrene „Tempelmädchen", zu dem sich der „Prinz" im Einklang mit den diplomatischen Interessen des Hofes hingezogen fühlt! Weder als „Meermaid" mit dem „Fischschwanz" noch als die Frau mit den schönen Beinen, zu welcher die „Meerhexe" sie gemacht hat, weder als eine Frau, die ihre Sexualität wie etwas „Tierisches" vermeidet und im Unbewußten hält, noch als die Frau, die den Aufbruch ihrer Weiblichkeit verdrängt und verschweigt, weder in der Rolle der „rettenden Mutter" noch in der Rolle des stummen „Findelkindes" wird sie dem „Prinzen" je als erwachsene Frau und als Partnerin begegnen können. Gewiß, es ist sehr die Frage, ob der junge Königssohn überhaupt reif ist für eine solche Begegnung zweier erwachsener Menschen – viel zu sehr wirkt er selber noch wie ein muttergebundener großer Junge; aber die „kleine Meerjungfrau" müßte sich unbedingt jetzt – wie etwa in dem GRIMMSCHEN Märchen vom „Marienkind" (KHM 3)[90] – zu ihrer Gestalt als Frau bekennen, sie müßte endgültig *in diesem Augenblick* ihr Schweigen lösen. Jetzt oder nie müßte sie dem „Prinzen" erklären, daß diese seine vermeintliche „Retterin" vielleicht ein behütetes und geborgenes Leben im Schutze des „Tempels" geführt haben mag, doch daß sie von der Weite des „Meeres", von der Sehnsucht der „Tiefsee", von dem Andrang der „Wogen", von der Leidenschaft der „Stürme", von den Schrecknissen des „Abgrundes", von den Mühen und Qualen des „Aufstiegs", mit einem Wort: von all den Abenteuern und Gefahren der Liebe so wenig Kenntnis besitzt wie von ihrem Schmerz und von ihrer Geduld. Was weiß diese verwöhnte Königstochter denn von der Anstrengung, die es die „kleine Meerjungfrau" kostete, zu diesem „Prinzen" als der Gestalt ihres einzig Geliebten hinzufinden! *Sie,* so viel steht fest, hat sich um ihn nicht gemüht. *Sie* soll ihm, so will es der Ratschluß seiner Eltern, wie eine fertige Frucht vom Stammbaum der Ahnen in den Schoß fallen. Aber er irrt sich! Es wäre die letzte Chance der „kleinen Meerjungfrau", diesen Lebens„irrtum" des „Prinzen" aufzudecken und endlich sich selbst jetzt ins rechte Licht zu stellen. Doch was bisher schon nicht möglich war – jetzt, unter dem Druck der Zeit, in dem Zwiespalt noch gesteigerter Sehnsucht und Angst, geht es gar nicht.

Hinzugekommen nämlich ist nunmehr noch ein Gefühl, das es so bisher im Herzen der „kleinen Meerjungfrau" in der Tat noch nicht gab: der Zorn, die Empörung, das Ressentiment, der Wunsch, sich zu rächen, das Verlangen, zu zerstören ...

„Ich spürte von einem bestimmten Zeitpunkt an, daß nur noch drei Wege vor mir lagen", erinnerte sich jene Frau an die Zeit, in der sie sich von ihrem Mann zunehmend verlassen fühlte; „ich konnte in den Wahnsinn ausweichen, ich hätte ihn umbringen mögen oder ich hätte mir selber das Leben genommen."

Der „Wahnsinn" – das ist der Versuch einer „kleinen Meerjungfrau", ein letztes Mal all die tödlichen Konflikte der Beziehung zu dem „Prinzen" zu *übertanzen*. Alles wiederholt sich aus der Szene der ersten Begegnung: Eine leichte Brise weht meerwärts und schwellt die Segel des Schiffes, das, mit Lampions geschmückt, ablegt und über die klare See dahingleitet; wieder tanzen die Matrosen voller Freude an Deck; wieder kündet alles von „eitel Fröhlichkeit bis weit über Mitternacht"; doch für die „kleine Meerjungfrau" bedeutet es nicht mehr, wie damals, eine Einladung zu Hoffnung und Verheißung; der Ring hat sich geschlossen: Für *sie* bedeutet es den tanzenden Tod, den Totentanz des endgültigen Endes.

Freilich läßt sich aus der Gleichheit der Szenen noch einmal im Rückschluß eine Vermutung erhärten, die wir schon damals geäußert haben: daß es schon bei der ersten Begegnung mit dem „Prinzen" für die „kleine Meerjungfrau" so gewesen sein muß, als nähme sie die „Brautnacht" vorweg. Was jetzt scheinbar so friedlich und geordnet sich vollzieht, führte damals unversehens und überwältigend zu einem „Feuerwerk" der Gefühle, zu einem „Sturm" der Leidenschaft, der mit einer Katastrophe endete. Annehmen darf man, daß die „kleine Meerjungfrau" ihre erste Liebesbegegnung wirklich als solch einen „Schiffsuntergang" erlebt hat: als etwas, das ganz „lustig" anfing und dann über sie gleich einem Gewitter mit solcher Heftigkeit hereinbrach, daß sie danach nur auf die Suche gehen konnte, wie sie das Erlebte zu „beseelen" und zu „vermenschlichen" vermöchte. Was würde passieren, wenn sie das „Marmorstandbild" ihrer idealisierten Liebe mit Leben erfüllte? Wer würde sie selbst sein, gäbe sie sich den Empfindungen einer Frau hin? Diese Fragen steckten hinter dem Besuch bei der Meerhexe. Doch verwirrender und tragischer kann die Entwicklung einer „kleinen Meerjungfrau" nicht verlaufen.

Es war ihr erschütterndes Erleben, daß sie offenbar in jener ersten Liebesnacht bei ihm und seinem „Geburtstag" viel zu weit gegangen war: Ihr „Prinz" bekam Angst, sobald der Sturm der Liebe sich erhob, er geriet in „Lebensgefahr", da wo sie sich selbst ganz in ihrem „Element fühlte". Sie hatte seither lernen müssen, sich ganz zurückzunehmen und ihn *in* ihren Armen *vor* ihren Armen zu „retten". Nie mehr seitdem hatte sie es gewagt, dem „Prinzen" gegenüber „aktiv" zu werden. Sie hatte ihn durch äußerste Distanziertheit zu schützen gemeint, in der Hoffnung freilich, für ihre Zurückhaltung mit um so innigerer Zuwendung belohnt zu werden; und sie hatte gemeint, durch das Verschweigen ihrer eigenen Wünsche ihm gerade den Mund für seine Erwartungen an sie aufzutun. Daß jetzt eine andere daherkommt, die all dieses

Leid zwischen Angst und Schuld, zwischen Verzweiflung und Zerstörung, zwischen Sehnsucht und Suchen nicht kennt, wie soll nach so vielen Anstrengungen eine so schnöde Wahl des „Prinzen" die „kleine Meerjungfrau" nicht bis ins Innerste aufwühlen! Gewiß, nie hat sie in Anspruch genommen, den „Prinzen" mit ihrer Liebe „verpflichten" zu können; doch jetzt miterleben zu müssen, wie der Mann ihrer Liebe ihre Rücksicht und Vorsicht scheinbar so skrupellos ausnutzt, *das* ist zuviel!

Soll man es nicht als „Wahnsinn" bezeichnen, wenn die „kleine Meerjungfrau" sich ein letztes Mal wie verzweifelt in die einzige Pose stürzt, die ihr in Stummheit und Schönheit noch bleibt? *Sie tanzt!* Ganz wie all die Glücklichen an ihrer Seite, tanzt sie und „lacht" sie „mit dem Todesgedanken im Herzen". Wie schimmern die „sprechenden Augen" einer „kleinen Meerjungfrau" in diesem Augenblick! Wird es nicht sein wie ein fast irres Lächeln? Abgründig und unheimlich wie das Meer, wenn sich über seiner spiegelglatten Fläche unter der brütenden Schwüle der Sonne ein Taifun zusammenbraut, so müssen diese Augen den „Prinzen" in diesem Augenblick angeschaut haben. Kein Lachen liegt darin, wie es manchmal einen Menschen überfällt, der alles zusammenbrechen sieht, was ihm einmal ernst und heilig war, so als sei das Schicksal selbst nichts als ein grausamer Scherz – ein „hysterisches" krampfartiges Gelächter, das alle verspottet, die so „dumm" sind, an irgendwas noch zu glauben; – eine „kleine Meerjungfrau" wird sich im Gegenteil einreden, daß die Liebe nach wie vor etwas Wunderbares sei und daß der „Prinz" jedes Recht besitzt, zu handeln, wie es ihm beliebt, nur daß sie seiner nicht würdig sei, nur daß sie es nicht besser verdient habe, nur daß sie eine Verlorene sei; *ihr* „Lachen" soll nur ein letztes Mal vermeiden, daß sie ihn „stört": Nein, sie ist glücklich, ihn glücklich zu sehen! Er hat ganz recht: So handelt die Liebe, und sie *ist* eine vollkommen Liebende! Nein, sie hat Grund, nach seiner Weisung zu *tanzen,* und alle werden jubeln in Bewunderung über die Darbietung von so viel Anmut und Schönheit! Niemand wird merken, was einzig ANDERSEN selber erkennt, wenn er schildert, daß die „kleine Meerjungfrau" dahinschwebte „wie die Schwalbe, wenn sie verfolgt wird" – wie innerlich gejagt, wie getrieben, ein Tanz buchstäblich wie auf dem Vulkan.

Da gehört jemand äußerlich wohl noch zur Welt der Lebenden, ja, sogar der Lebensfrohen: Er folgt ihrem Rhythmus, er teilt ihre Lust, er steigert sogar die Gebärden der Freude bis zum Höchstmaß der Virtuosität und ist doch dabei, innerlich von allen Abschied zu nehmen, und ist doch schon von ihnen getrennt durch einen Abgrund von Schmerz und Trauer, der sich nie mehr wird schließen lassen. Mitansehen muß die „kleine Meerjungfrau", wie der „Prinz" „seine liebreizende Braut" küßt, wie sie „mit seinem schwarzen Haar" spielt, wie sie beide „Arm in Arm" sich in das Zelt „zur Ruhe" zurückziehen, sie selbst aber sieht vor sich den sicheren Tod: Ein letzter Sonnenaufgang, ein letztes „Erwachen", und sie wird zerrinnen in nichts, spurlos, so als wäre sie nie gewesen. Gibt es irgendwo in ihr nicht vielleicht doch einen Rest an Selbstachtung, der dagegen rebelliert, sich so gänzlich vernichtet zu sehen?

Alle Menschen, die seit Kindertagen lernen mußten, ihre Gefühle, insbesondere diejenigen eines sexuellen oder aggressiven Inhaltes, als etwas Unerwünschtes, ja, Unangemessenes und Unanständiges zu verstecken, zu verschweigen oder in ihr gerades Gegenteil zu pressen, werden immer wieder auch den gegenteiligen Effekt ihrer Verdrängungsversuche erlebt haben: Das unterdrückte Material der Psyche staut sich so weit auf, daß es jetzt erst, als das schlechthin Unsagbare, eine unsäglich gefährliche Energie gewinnt. Es ist, als wenn sich im Herzen der „klei-

nen Meerjungfrau" der friedvolle Sonnenaufgang nach jener „Sturmnacht" jetzt umkehren und alle Stille und Rücksicht sich nunmehr in wilde Wut und schäumendes Rasen verkehren wollte. Wo eben noch Liebe und Sanftheit, regt sich erbebend im Untergrund nun ein zerstörerischer Zwang, ein hypnotischer Hang, alles Glück mit hinab in das eigene Unglück zu reißen.

Die Erinnerungen an die Kindheit, die Stimmen des eigenen Lebenslaufs, die Gestalten der Geschwister, der Gespielinnen, der Eltern von einst – jetzt „tauchen sie auf" wie willkommene Schutzgeister oder wie die ungebetenen Boten des Wahnsinns und raten zur Rache an dem, dessen Liebe ewiges Leben verhieß, dessen Lieblosigkeit aber ewiger Tod ist. „Schüttel sie ab, diese Liebe, die dich vernichtet", flüstern ihre Stimmen aus dem Dunkel der Nacht; „kehre zurück in das Leben, das du führtest, ehe du diesem Unwürdigen begegnetest, der dich seiner Liebe nicht würdigte; werde wieder die Frau, die du warst, ehe du meintest, durch die Liebe zu diesem Seelenlosen eine ‚Seele' gewinnen zu können. Ihm bedeutest du nichts, denn er selbst ist ein Nichts. Du hattest Angst, ihn zu verletzen, wenn du zu ungestüm dich ihm nahtest; doch er verletzt dich bis in den Tod mit seiner Angst vor jeder ehrlichen Aufwallung von Gefühl und Leidenschaft. Er liebt es, im Mondschein zu *schlafen,* nicht zu träumen. Er, dein Marmostandbild, dein Prinz – was für ein albernes Kind! Was für eine Marionette, was für ein Lakai und Laffe ...!"

Man braucht kein „Messer" in wörtlichem Sinne, um einen Menschen ins Herz zu treffen; es genügt, Worte wie diese in ihn zu bohren. Erst wenn der Zorn keine Worte mehr findet, erst wenn die eigenen Gedanken erneut wie Gespenster dem Ich gegenübertreten, drängt das Gefühl, vernichtet zu werden, nach physischer Vernichtung. Man kann dem anderen nicht sagen: „Verschwinde aus meinem

Leben", man ist viel zu sehr an ihn gebunden; man muß ihn *gewaltsam* entfernen, und zwar in der „Realität", wenn es rein psychisch nicht geht. Wer von den Richtern später sieht schon bei einem Mord dieser Art die innige, unauflösliche *Bindung,* die diese Form einer verzweifelten „Lösung" erzwang?

„Wochenlang habe ich es geträumt, Nacht für Nacht", erzählte eine Frau von dem Mord, den sie an ihrem Geliebten verübt hatte. „Ich sah immer Blut, an den Wänden Blut, wie in einem SHAKESPEAREschen Drama." Sie hatte, als verheiratete Frau, sich in ihren Arzt verliebt; sie hatte seinetwegen die Ehe gebrochen, sie hatte seinetwegen alle Schuld begangen und auf sich genommen, sie war seinetwegen zum „Vamp" und zur „Hexe" geworden, und dann hatte sie entdecken müssen, daß sie für ihn nur eine unter anderen war, daß sie, der er alles bedeutete, für ihn nur ein kurzweiliges Spielzeug abgeben sollte. Da stach sie zu, gerade als er ins Auto stieg, auf dem Weg womöglich wieder zu einer andern; sie stieß zu wie blind, so oft sie konnte – über vierzigmal, zählte später die Kripo, ein Mord, der den Akt der Liebe bis zum Exzeß symbolisch verkehrte, weil alles, was Liebe war oder zu sein schien, in der Wirklichkeit des Erlebens ins Perverse pervertiert worden war.

So ähnlich wohl fühlt es sich, wenn die „Meerhexe" einer Frau ein „Messer" schenkt, das wie ein Elixier des Lebens wirken soll, indem es den lieblos Tötenden aus Liebe tötet. All die „Schwestern" der Rache, die so sprechen, haben in gewissem Sinne aufgehört, „Frauen" zu sein – die Hexe mit ihrer „Schere" hat ihnen die Haare geschoren; Nonnen der Trauer und des Todes sind sie, die selbst mit ihrer Einladung zur Rückkehr in das „alte" Leben der „kleinen Meerjungfrau" nichts weiter versprechen können, als „eine ewige Nacht ohne Gedanken und Traum".

Nur wer die mörderische Tödlichkeit solcher Verlorenheit, einer *Medea* gegenüber einem *Jason*[91], mitzuempfinden vermag, wird verstehen, was die „kleine Meerjungfrau" bei ANDERSEN jetzt wirklich tut. Noch wird es fast ein ganzes Jahrhundert dauern, bis die Psychoanalyse in manchen Formen des *Selbstmords* einen verdrängten, gegen das eigene Ich gerichteten Mordimpuls entdeckt[92], da beschreibt ANDERSEN in außerordentlicher Dichte gerade diesen Zusammenhang: Wie zur Tat schon entschlossen, den „tiefen Seufzer" ihrer „Schwestern" noch im Ohr, bedrängt bereits von den ersten Strahlen des aufziehenden Frührots, wirklich, als wäre sie ein Vampir, der zu Staub zerfällt, sobald die ersten Strahlen der Sonne ihn treffen, hebt die „kleine Meerjungfrau" „den Purpurvorhang vom Zelt fort" und sieht, wie „die liebliche Braut mit ihrem Kopf an des Prinzen Brust" schlummert; sie hört, wie er „im Traum den Namen seiner Braut" flüstert; sie küßt noch einmal „seine schöne Stirn", und das „Messer" zittert bereits in ihrer Hand – da wirft sie, die Augen zum Himmel erhebend, die Mordwaffe „weit in die Wogen hinaus"; und dann, noch einmal den „Prinzen" anschauend, stürzt sie sich selbst „vom Schiff hinab ins Meer" und fühlt, „wie ihr Körper sich in Schaum" auflost.

Es ist das zweite Mal, daß die „kleine Meerjungfrau" den „Prinzen" vor sich „rettet": Zum ersten Mal in der „Sturmnacht" rettete sie ihn vor der Leidenschaft ihrer Liebe; jetzt, an einem windstillen Morgen, erlöst sie ihn und sich von dem Leid, das seine Lieblosigkeit schafft. Damals rettete sie ihn, indem sie den „Prinzen" an das „Festland" zurückgab, jetzt, indem sie sich selber ins „Meer" zurücknimmt. Sie, die nicht leben zu können meinte ohne ihn, möchte nicht leben *durch* ihn; *mit* ihm, ja; doch wenn das nicht geht, so mag er leben *ohne* sie! Ein Rest an Auflehnung, ja, an Trotz schwingt da mit; doch auch der sagt sich nicht.

„Ich war dicht dabei, damals ganz leis aus dem Leben zu gehen", gestand jene Frau in der Erinnerung an die Liebe ihres Mannes zu dieser anderen; „ich fühlte auf unheimliche Weise keinerlei Aggression gegen ihn; ich glaubte ihm, wenn er sagte, daß er eine Frau wie diese andere immer schon gesucht habe. Ja, wahrscheinlich hatte er sie immer schon in sich getragen, ein Stück seiner Mutter, eine Hysterikerin wie diese auch. Ich war nicht so. In mir hatte er eigentlich genau das Gegenteil gefunden. Doch das konnte ich ihm nicht erklären." Wenn diese Frau damals selbst „weggegangen" wäre, hätte sie keinen Zettel, keinen Abschiedsbrief, *nichts* hinterlassen; sie hätte versucht, es so aussehen zu lassen wie einen Unglücksfall. Sie wäre, wie die „kleine Meerjungfrau", einfach „über Bord gegangen".

Erhalten ist uns nur eine kleine Notiz, daß der „Prinz", am anderen Morgen erwachend, die „kleine Meerjungfrau" einen Moment lang gesucht habe. Doch wenn irgend ihr Weggang ihm insgeheim Schuldgefühle hätte bereiten sollen, so war dieser Schritt wohl vergeblich. Sie war zu ihm gekommen, er hatte sie aufgelesen, er war stets gut zu ihr gewesen – mehr konnte sie von ihm nicht verlangen. Was sie *eigentlich* wollte, woher sie kam, hatte sie ihm niemals zu sagen vermocht. Sie war recht unterhaltsam gewesen, gewiß, eine herausragende ästhetische Erscheinung; ihre Gestalt, ihre Grazie, ihre Gewandtheit, ihr Tanz – beachtlich, doch, schon! Und ihre Augen – bemerkenswert. Aber sonst? Nein, der „Prinz" hat sich nichts vorzuwerfen: Solche Dinge können passieren! In milden Mondnächten schlummert schon mal jemand ein; er sitzt an der Reling und fällt vornüber, ohne daß von der Freiwache es jemand bemerkt; und um Hilfe rufen konnte die „kleine Meerjungfrau" ja nicht. Also doch wohl: ein Unfall! Bedauerlich! Doch was kann man tun?

Bis hin zu dem Arrangement ihres „spurlosen Verschwindens" handelt die „kleine Meerjungfrau" wie in einem freiwilligen Gehorsam gegenüber dem eigentlichen Willen ihres Geliebten. Ab sofort wird sie nicht länger gebraucht, nicht einmal mehr als der Spiegel einer halb verwirrten Erinnerung. Sie drohte zu stören. Sie drohte zu zerstören. Da zerstörte sie sich selbst, oder vielmehr: da willigte sie ein in die Tatsache, daß ihr Leben endgültig zerstört war. Ein Bilanzselbstmord. Ein Liebesselbstmord. Ein verhinderter Mord ... Wenn nur die Wellen sich drüber breiten und spülen's hinweg ... Einen Moment lang noch werden immer weiter sich öffnende Ringe die Stelle markieren, an welcher die „kleine Meerjungfrau" sich in die Tiefe stürzte, dann wird man nicht einmal mehr zu sehen vermögen, wo das Meer sie aufnahm. Schaum, der auf Wellen sich bildet und in Wellen sich auflöst, was, bilden die Menschen sich ein, wären sie sonst, wenn sie zur Liebe nicht finden?

Mit Vorliebe hat man in ANDERSENS Märchen von der KLEINEN MEERJUNGFRAU einen Beleg für das Gefühl und die Gedankenwelt des „Kampfs der Geschlechter" im ganzen 19. Jahrhundert in der Kultur Europas sehen wollen, dargestellt in der Literatur ebenso wie in der Malerei der Zeit damals. Dieser Vorstellung zufolge leben Männer und Frauen in verschiedenen, ja, lebensgefährlich einander entgegengesetzten Welten, die zueinander nicht kommen können, es sei denn um den Preis des Untergangs eines der beiden. Vor allem in der Philosophie A. SCHO-PENHAUERS[93] erscheint die Frau als Repräsentantin von Gefühl, Trieb und Geburt, die den Mann als den Vertreter von Geist, Selbstbeherrschung und Weltentsagung immer wieder in ihre Sphäre zurückzuziehen sucht. Das Bild, das man von einer „kleinen Meerjungfrau" unter solchen Voraussetzungen malen müßte, entspräche am ehesten wohl der *Océanide*, die der Niederländer JAN TOOROP im Jahre 1900 gemalt hat[94]: In den Wellen des wild rollenden Meeres, auf dem die Segel eines Schiffes sichtbar zu werden scheinen, taucht eine Frau auf, deren Haare mit den Wogen verschmelzen; der Blick dieser „Meerfrau" wirkt düster und grüblerisch, ihre sorgfältig geschminkten großen Augen und winzigen Lippen scheinen in diese Umgebung kaum zu passen, ihr scharf geschnittenes Profil mit dem energisch geformten Kinn zeigt sie wie eine Fremde inmitten der Welt, der sie selber doch eigentlich angehört. Vor allem das Fließen ihrer Haare gemahnt an CH. BAUDELAIRES tragisches Liebeslied in den „Blumen des Bösen"[95]:

O Vlies, des Wellen auf die Schultern fluten!
O Locken, schwer von müdem Wohlgeruch,
Erinnerungen, die da träumend ruhten,
Verzückung fühl' ich durch den Abend gluten,
Breit ich die Locken wie ein wehend Tuch.

Dorthin, wo Baum und Mensch voll Saft und Leben
In Sonnenglut sich dehnt zu langer Rast,
Seid Flechten, Wellen mir und laßt mich schweben,
Meer, schwarz wie Ebenholz, du sollst mir weben
Den Traum von Segel, Flamme, Ruder, Mast.

Träumend will ich des Hafens Lärm durchschreiten,
Tief atmen will ich Duft und Ton und Licht,
Wo Wellen schwer wie Gold und Atlas gleiten,
Die mächtigen Schiffe ihre Arme breiten
Zur ewigen Glut, die brausend niederbricht.

Tief tauche ich mein Haupt von Liebe trunken,
Ins dunkle Meer, drin jenes andre ruht,
Mein Sinn, umschmeichelt und ins Spiel versunken,
Erkennt dich wieder, Trägheit, Lebensfunken,
Ewiges Wiegen lässig müder Flut.

Auf vielen Bildern EDVARD MUNCHS bereits erscheint das Haar der Frau als das Medium der Umstrickung und Verstrickung des Mannes[96]; bei TOOROP indessen ist das „fließende" Haar seiner *Océanide,* wie in diesem Gedicht BAUDELAIRES, ineins gesetzt mit den Wellen des Meeres: die Frau als die ewig verlockende „Sirene", die den Mann, der sich auf sie einläßt, zu sich hinabzieht in die Sphäre von Gebären und Sterben, von Kommen und Gehen, von Ebbe und Flut ...

Doch gerade vor diesem Hintergrund wird nur um so deutlicher, wie ganz anders ANDERSEN die Gestalt seiner „Meerjungfrau" gemeint und geschildert hat. Daß Männer und Frauen einander lieben und miteinander glücklich werden können, ist für ihn keine Frage – das Beispiel des „Prinzen" und der „Tempeljungfrau" am Ende seines Märchens zeigt es eindringlich noch einmal. Wie aber steht es mit all denjenigen, die nicht als Menschen, sondern als „Meerleute" in der „Tiefe" des „Meeres" zur Welt kommen und zu „Menschen" allererst mühsam aufsteigen müssen? *Diese* Frage verkörpert seine „kleine Meerjungfrau". Sie steht nicht als Symbol für das verführerisch „abgründige" Wesen einer Frau, sie verdichtet vielmehr die Sehnsucht all derer, die aus ihrer „Tiefe" nur „emporsteigen" können durch die Liebe eines anderen, der ihnen seine Seele schenkt und seine Treue verspricht.

Vor allem den Abschluß des Märchens von der KLEINEN MEERJUNGFRAU hat man als ausgesprochen „kitschig" bezeichnet[97], und gewiß läßt sich der moralisierende Ton gegen Ende der Geschichte nicht überhören. Doch kann man von „Kitsch" wohl nur sprechen, wenn man das Problem nicht mitvollzieht, das ANDERSEN in seiner Geschichte dargestellt hat. Menschen leben „wirklich", „beseelt", als „Menschen" erst durch die Liebe; sie ist ihr Glück, ihre Erfüllung, der Sinn und die Bestätigung ihres Daseins – wer wollte dieser einfachen Einsicht widerspre-

Jan Toorop, Océanide, 1900. Öl und Bleistift auf Leinwand, 54 x 58 cm; Privatbesitz.

chen? Welch ein Trost aber läßt sich geben all denen, die so glücklich nicht sind, das Glück der Liebe zu finden? Bleibt ihnen wirklich nur das Surrogat der „Großmutter", das Leben so luftig und so lustig zu „genießen", als es irgend geht? Und ansonsten wäre ihr Leben wirklich nur leer und verloren, abgelehnt und abgelebt?

ANDERSEN konnte in Fragen der Liebe mitunter recht zynisch sein. In dem Märchen DER UNARTIGE JUNGE[98] zum Beispiel schildert er einmal einen „richtig guten alten Dichter", der bei strömendem Regen ein nacktes, frierendes Kind aufnimmt, das aussieht „wie ein kleiner Engel", sich aber als der Knabe Amor entpuppt, der mit seinem Pfeil dem Dichter mitten ins Herz schießt. Allen „lieben Kindern" erzählte seitdem der Dichter, wie „gewaltig" sie sich „vor dem schlimmen Amor" in acht nehmen sollten, „aber der schlug ihnen allen ein Schnippchen, denn er ist so schlau ... Er ist hinter allen Leuten her. Denk nur, er hat sogar einen Pfeil auf die alte Großmutter abgeschossen, aber das ist lange her, das ist vorübergegangen! Doch so etwas vergißt sie nie."

Da ist es der Dichter, der – immer wieder – dem frierenden Amor das Leben rettet, nur um als erster von ihm verletzt zu werden, so daß er alle Kinder der Welt vor seinen Anschlägen zu warnen sucht, doch immer vergeblich! „Will" denn die „Großmutter" überhaupt „vergessen", daß sie einmal eine Liebende war? Ist dies nicht der beste und bleibende Teil ihres Lebens? Sollte da der Dichter nur warnen vor den kindischen Bübereien des Amors? Sollte er nicht, gerade er, auch ein Wort des Trostes den unglücklich Liebenden zu sagen vermögen?

Kein Zweifel, gerade ein solches Wort des Trostes wollte ANDERSEN schenken mit der Gestalt seiner „kleinen Meerjungfrau". Niemals mehr wird jemand, der diese Geschichte gelesen, eine Frau solchen Schicksals für lächerlich finden, niemals mehr wird er sie als „lästig",

„unvernünftig" oder gar „unmoralisch" zurückweisen; selbst wenn er ihre Gefühle nicht zu erwidern vermag, wird er sie ein Stück weit zumindest besser verstehen und schon eben dadurch zu achten beginnen. Und kann es nicht sein, daß der ganzen Welt in jenem „Morgengrauen" die Augen für eine noch andere, so noch nie gesehene Wirklichkeit aufgehen?

Wohl: Die „kleine Meerjungfrau" ist *dieser* Welt endgültig „gestorben", sie ist für die Sphäre der Fröhlichen eine „Verlorene"; doch ist sie deshalb auch schon eine unselig Seelenlose, ihr Geist nichts als Gischt auf den rollenden Wogen, ihr Dasein vertan, ihre Liebe verfehlt?

Nein, aber nein, möchte ANDERSEN sagen, und es ist, als wollte er allen „kleinen Meerjungfrauen" dieser Welt als Dichter, wie in dem Märchen DER ALTE GRABSTEIN[99], ein würdiges Denkmal ihrer Wahrheit und Schönheit errichten. Kann es nicht sein, daß gerade die Menschen, die in der Liebe zu einem Mann, einer Frau, ihr Glück nicht zu finden vermochten, durch ihren Schmerz eine Güte und ein Verstehen erlernen, wie es den einfach nur Glücklichen wohl niemals vergönnt sein wird? Kann es nicht sein, daß sie in ihrer ungestillten Sehnsucht sensibel werden für alle ebenso Suchenden? Daß ihre so oft ungeweinten Tränen ihre Augen klären wie Regenwolken die Sonne und sie heller sehen in die Herzen der Menschen – verschwisterte Seelen allen so Leidenden? Kann es nicht sein, daß ihr verstummter Mund sie eines Tages befähigt, Worte zu sagen so fein und so leicht wie kühlender Meerwind? Kann es nicht sein, daß sie, die ihr Leben lang niemandem lästig sein wollten, eines Tages so frei, so offen, so grenzenlos schwebend dahinziehen werden wie Wolken am Himmel? –, daß sie zu „Luftgeistern" werden, die es ermöglichen, daß andere auf dieser Welt überhaupt noch zu atmen vermögen? Kann es nicht sein, daß gerade diese, die jeder Schritt auf Erden so unsäglich schmerzte, es eines

Tages lernen, wie „spurlos" über die Erde zu gehen: ganz absichtslos, zwecklos, doch gerade darin gehorsam, gütig und hilfreich dienend? Nie werden solche Genien einer „unerhörten" Liebe aufhören, an dem Unglück und Unheil der Welt zu leiden; eher werden sie leben wie in der mittelalterlichen Lehre die „armen Seelen" im „Fegefeuer": Sie kennen die Liebe, sie wissen um das Glück des Himmels, doch gibt es für sie nur einen Weg zur Erlösung, das ist: insbesondere *Kinder* zu sehen, die gütig und gut sind. *Sie* sind ein wirklicher Trost in dieser Welt der Lieblosigkeit; sie helfen mit, an das Glück trotz allem zu glauben. Wenn nur niemand eines von diesen Kleinen verdirbt ... (Mk 9,42)![100]

Es gehört zu jedem ehrlichen Trost, daß er Leid nicht verklärt. Es ist unmöglich, aus ANDERSENS KLEINER MEERJUNGFRAU eine Ideologie neuen Zwangs abzuleiten, einen Tugendspiegel für Tempeljungfern und Nonnen, eine Heiligsprechung von Lebensflüchtigen und Mauerblümchen. ANDERSENS „kleine Meerjungfrau" hat die Liebe gewagt und darinnen sich selbst – in allen Tiefen, in allen Höhen. Sie ist eine Gescheiterte, doch gerade darin kein Nichts! Keinem Schmerz der Seele ist sie aus dem Wege gegangen, um ihre Seele zu finden. Und schon daß es sie gibt, macht sie auf ewig zur Gefährtin aller ähnlich gefahrvoll Liebenden.

Freilich, schon um eine falsche Verzweckung seiner Geschichte, die wirklich dann „Kitsch" wäre, abzuwehren, und mehr noch, um möglichst vielen das Schicksal einer „kleinen Meerjungfrau" zu *ersparen,* müssen wir ANDERSEN fragen, warum er eine seiner schönsten Dichtungen einer *Verstummten* gewidmet hat. Welche Gründe, womöglich aus persönlichem Erleben, bestimmten ihn dazu? Gerade wer den dänischen Dichter, dieses so wunderbare, so verwundbare *Kind,* durch die Geschichte seiner „kleinen Meerjungfrau" bis hierhin liebgewonnen hat, wird irgendwie ahnen, daß sich in seinem Märchen ein eigenes tiefes Leid ausspricht, deutlicher und klarer vermutlich als in all seinen autobiographischen Arbeiten sonst und unverfälschter wohl auch als in den sonst so sorgfältig gearbeiteten Werken seiner Biographen. Doch von welcher Art ist dieses Leiden? Und wenn wir es wüßten, welch ein Weg ergäbe sich dann, um, mehr noch als Trost, wirklich Heilung zu bringen? Oder doch Linderung – eine *Lösung,* wenn denn *Er*lösung nicht sein kann?

II. Meines Lebens Märchen oder:
Eines Märchens Leben

Mehr oder minder alle Märchen, die Andersen schrieb, enthalten autobiographische Züge. Doch Die kleine Meerjungfrau bietet, wie kaum eine andere seiner Geschichten, den Schlüssel zu der wohl wichtigsten Seite im Erleben des dänischen Dichters: zu der Trauer und dem Schmerz seiner fast manischen Sehnsucht nach Liebe und seiner fast panischen Einsamkeit. Nirgendwo sonst, außer in seinen Tagebüchern, spricht Andersen selbst sich so unmittelbar aus wie hier, nirgendwo sonst legt er, wenn auch symbolisch verhüllt, seine intimsten Gefühle so vertrauensvoll bloß, ganz als wollte er selber in der Gestalt seiner „kleinen Meerjungfrau" auf die Suche gehen nach Menschen, die das zu verstehen vermöchten, was der „Prinz" in seiner Erzählung nicht verstand. Fragen wir also: Was sagt uns Andersen mit seinem Leben über die „kleine Meerjungfrau"? Und umgekehrt: Was sagt uns die „kleine Meerjungfrau" über das Leben und das Erleben Andersens?

1. Ich war ein wunderliches, träumerisches Kind

„Immer sind es die Frauen, die in den Märchen so viel durchmachen müssen, bis sie geliebt werden; was ist es nur mit den Männern?" Diese Frage (und Klage) wird oft und nicht zu Unrecht gestellt, wenn man auch nur die Märchen der Brüder Grimm einmal aufmerksam durchliest, – ergreifen sie nicht doch ziemlich eindeutig Partei

Bildnis Andersens, gemalt von C. H. Jensen, 1836.

für die Männer, indem sie diese mit Vorliebe als umworbene Prinzen und tapfere Helden auftreten lassen, während in ihnen die Frauen wie passiv darauf warten müssen, durch den Mann ihrer Sehnsucht erlöst zu werden? Und nun gar ANDERSENS „kleine Meerjungfrau", die so lange und so vergeblich ihre „Beseelung" und ihre „Menschwerdung" durch die Liebe eines anderen, eines Mannes, ersehnte! Wird da nicht doch ein gewisser patriarchaler Grundzug der Idee vom „Geschlechterkampf" auf die Spitze getrieben?

Daß es sich so *nicht* verhält, zeigt bereits die offenkundige Sympathie, die ANDERSEN für seine „Meerjungfrau" hegt; – *sie*, nicht der „Prinz", ist unstreitig die Heldin, die Identifikationsfigur der ganzen Erzählung. Man kann aber sogar noch einen Schritt weiter gehen und sagen: Alles, was die „kleine Meerjungfrau" mit ihrem tragischen Verlangen nach Liebe verkörpert, spricht indirekt von einer bestimmten Begebenheit, einem Grundgefühl in ANDERSENS Leben selber. Aus seiner Biographie können wir recht genau rekonstruieren, welche Motive und Erinnerungen sich in seiner Geschichte verdichten, und von daher können wir auch die Bedeutung des Märchens selbst noch ein Stück konkreter erfassen.

Daß überhaupt ein Dichter von dem Scheitern einer großen Liebe in seinem Leben erzählt, indem er sich selber in den Zügen einer liebenden Frau malt, zeigt an sich wohl schon deutlich genug, daß es hier nicht um den Konflikt der gesellschaftlichen Rollen von Mann und Frau zu tun ist, sondern um einen Konflikt zweier Menschen, die so unterschiedlich fühlen wie eben in ANDERSENS Märchen der „Prinz" und die „Meerjungfrau". Ja, gemessen an den „klassischen" Vorbildern der Mythologie, muß es besonders Wunder nehmen, wie *aktiv* der dänische Dichter seine „kleine Sirene" schildert.

FRANZ GRILLPARZER zum Beispiel in seinem Drama „Des Meeres und der Wellen Spiel"[1], als er 1821 die uralte Geschichte von der unglücklichen Tempeljungfrau Hero[2] auf die Bühne brachte, ließ die Rolle der „Seejungfrau" in gewissem Sinne den jugendlichen Leander übernehmen: Dessen Mutter, so hören wir dort, ist jüngst erst verstorben, doch seitdem scheint der Jüngling selber dem irdischen Leben wie wehmütig entrückt. Sehnsuchtsvoll schaut er des Nachts, im Boote treibend, zu den Sternen empor, versunken und in sich gekehrt, allen Lustbarkeiten der Sinne abhold –, bis daß er beim Tempelfest in der Stadt Sestos der schönen Hero ansichtig wird, nicht ahnend, daß gerade dieses Mädchen eben erst am Altare der Göttin der Liebe den Schwur tat, auf immer, in ewiger Jungfernschaft, einzig mit ihr sich zu vermählen, zugunsten einer überirdischen Liebe, jenseits der Kluft der Geschlechter, in der Reinheit freien Selbstbesitzes. Indessen, so frei wie Hero bei ihrem Schwure sich wähnt, zeigt sie sich seelisch keinesfalls. Ihrer Familie blieb sie stets fremd, der Wille der Eltern, sie zu verloben, erschien ihr als greuliche Zumutung; Zuflucht allein bot in ihren Augen der Vaterbruder, der Tempelpriester in Junos Heiligtum. So wie Leander auf der Suche ist nach der *Ersatzgestalt* seiner Mutter, so sehen wir Hero gebunden an die Gegengestalt ihres Vaters; beide sind nicht darauf vorbereitet, von welch einer schicksalhaften Kraft sie unter diesen Umständen voneinander wechselseitig angezogen werden: So wie die Wellen das Meer bewegen, so bewegt ihr Herz die Liebe, hebt es und stürzt es, wie eine Naturgewalt, willenlos, alles gewährend, alles verheerend, alles verzehrend, was je „Anstand" und „Menschlichkeit" in den sonst so wohl umschlossenen Stadtmauern hieß.

Dem Gesetz von Sestos nach ist Leander ein Schuldiger, ein Verfluchter, daß er es wagt, dem Lichte entgegenzuschwimmen, das Hero noch am Abend des Tages ihres Gelübdes und ihrer Liebe ins Fenster stellt, ja, daß er sogar an den Wachen vorbei den Turm erklettert, in dem die der Göttin Geweihte ihr Dasein fortan in stiller Beschaulichkeit fristen sollte, verbunden mit den Wogen drunten und verschwistert mit den Wolken droben; was aber geschieht, wenn die Ordnung des Herzens, wenn die Macht der Liebe, den Einzelnen höher stellt als selbst die Gesetze des Heiligtums, als selbst die Verordnung des Allgemeinen? Leander, um wirklich zu leben, kann nicht anders, als alles, sein Leben, daran zu setzen, um über das Meer, mitten im Sturm, schwimmend, von Abydos aus ein einziges Mal noch, wie er versichert, und wissend doch, wünschend doch, dieses eine Mal sei für alle Mal, Hero zu sehen und in die Arme zu schließen. „Was ist es, das den Menschen so umnachtet, / Und ihn entfremdet sich, dem eigenen Selbst / Und fremdem dienstbar macht?"[3] So fragte sich GRILLPARZER in seinem Drama und ließ, wie zur Antwort, seine Hero über den toten Leander sagen: „Sag: er war alles! Was noch übrig blieb, / Es sind nur Schatten; es zerfällt; ein Nichts. / Sein Atem war die Luft, sein Aug die Sonne, / Sein Leib die Kraft der sprossenden Natur, / Sein Leben war das Leben, deines, meins, / Des Weltalls Leben. Als wirs ließen sterben, / Da starben wir mit ihm".[4] In dieser Welt scheint verloren, wer irgend der Liebe glauben, statt sie nur kultisch verehren wollte. So GRILLPARZER.

ANDERSEN schätzte den österreichischen Dramatiker sehr und besuchte ihn auf der Durchreise durch die Stadt Wien[5]; doch so verwandt der Stoff der griechischen Sage von „Hero und Leander" der tragischen Liebe seiner „kleinen Meerjungfrau", vor allem durch das Motiv der wechselseitigen „Übertragung" der Elternbindung, auch ist, so hebt der Unterschied zwischen beiden Geschichten sich nur um so deutlicher schon in der Biographie beider Dichter hervor: GRILLPARZER blieb viele Jahre seines Lebens innerlich verbunden mit KATHI FRÖHLICH, ohne daß je einer von beiden das erlösende Wort über alle Scheu und Angst hinaus zu finden sich getraut hätte[6] – man ahnt sehr deutlich auch im persönlichen Leben GRILLPARZERS das Schuldgefühl des „Fremden" aus „Abydos", der mit seiner unschuldigen Liebe die Schuld auf sich lädt, das so geordnete Leben seiner Geliebten ins Wanken zu bringen. Wovon aber erzählt uns ANDERSEN? Auch er spricht – und wie intensiv! – von Fremdheit und Schuld, von Einsamkeit und Verstummen, aber dann auch: von dem „Glück" einer *anderen* Liebe, die den Geliebten der Liebenden auf immer entzieht! Das ist durchaus *nicht* die Geschichte von Hero und Leander, das ist *nicht* SHAKESPEARES Drama von „Romeo und Julia", das ist in der Form einer autobiographischen Schlüsselerzählung die Geschichte einer Frau, die alles Glück der Welt verkörpern würde, wäre sie nur

Wohnhaus Andersens vom 2. Lebensjahr an, Munkemøllestræde 3–5, Odense.

nicht an einen anderen gebunden ... Fragen wir also: Wer war ANDERSEN, als er einer solchen Frau so bang und so hoffend begegnete wie seine „kleine Meerjungfrau" ihrem „Prinzen", und wer war sie, daß sie, kaum ahnend, was in ihm vor sich ging, als eine anders Versprochene sich ihm für immer verweigerte? Wie verhalten ANDERSEN und seine „kleine Meerjungfrau" selbst sich zueinander? Überraschenderweise beginnen die Ähnlichkeiten und Übereinstimmungen zwischen Märchen und Biographie schon in der Kindheit und Jugend.

Am schmerzlichsten an der Gestalt der „kleine Meerjungfrau" wirkt wohl der Eindruck, daß hier ein Mädchen aus Sehnsucht nach Liebe alles Leid und alle Gefahr auf sich nimmt und dann doch die Liebe nicht findet, die es von seinem abgelegten Mädchentum zur Frau emporheben könnte; indessen ist genau dies der Zug, der zugleich auch die Persönlichkeit des dänischen Dichters selber am treffendsten kennzeichnet. Er war, wie er selbst von seiner Zeit in Odense sagt, „ein wunderliches, träumerisches Kind"[7], ebenso fremd und verloren im Kreise sogar seiner Schulfreunde und Bekannten, wie die „kleine Meerjungfrau" in der Schar ihrer „Schwestern". „Mit anderen Kindern", notiert er in MEINES MÄRCHENS LEBEN, „kam ich so gut wie gar nicht zusammen, auch auf dem Schulhof spielte ich nicht mit ihnen, sondern blieb in der Schulstube sitzen. Zu Hause hatte ich vollauf Spielzeug, das mein Vater mir machte, Bilder, die ich verwandeln konnte, wenn man einen daran befestigten Draht anzog, eine Walkmühle, vor der, wenn sie in Gang gesetzt wurde, der Müller tanzte, ich hatte auch ein Sehrohr und putzige Wackelpuppen. Im übrigen war es meine größte Freude, Puppenkleider zu nähen oder im Hof neben dem einzigen Stachelbeerstrauch zu sitzen. Mit Hilfe eines Besenstiels spannte ich die Schürze meiner Mutter zwischen Strauch und Hauswand, sie war mein Zelt bei Regen und bei Sonnenschein. Ich saß darunter und sah in das Laub des Stachelbeerbusches und verfolgte täglich das Wachstum der Blätter bis zu ihrer Entfaltung."[8]

Es fällt schwer, sich ein Kind vorzustellen, das so wohlbehütet und zugleich so sehr mit sich allein war wie der kleine HANS CHRISTIAN ANDERSEN in dem kleinen Haus von Odense – alle Gefühle seiner „kleinen Meerjungfrau" bei ihrem seltsam einsamen Spiel in der Parzelle ihres winzigen untermeerischen Gartens scheinen hier ihre Wurzel zu haben, vor allem ihr sehnsüchtiges Suchen nach einer Liebe, die sie aus der Welt ihrer „Tiefsee" erlösen könnte. Zweifellos fühlte ANDERSEN als Kind sich bei seinen Eltern in hohem Maße beschützt und geborgen; doch wuchs er in einem Arme-Leute-Haushalt auf. Vor allem der Mutter blieb nicht die Zeit, mit ihrem Kinde zu spielen, und immer wieder bestand für den empfindsamen Jungen Anlaß, sich seiner Herkunft zu schämen. Dafür versicherte die Mutter ihm, ganz wie die „Großmutter" der „kleinen Meerjungfrau", „wie gut es mir gehe, werde ich doch wie ein Grafenkind gehalten."[9] Und daran war etwas Wahres. Als Einzelkind wurde er „in hohem Grade verhätschelt".[10] Zugleich jedoch war er erfüllt von Ängsten aller Art, die ihn buchstäblich unter Mutters „Schürze" Zuflucht nehmen ließen.

Zum Beispiel wagte sich ANDERSEN als Kind, sobald es draußen dunkelte, nicht mehr aus dem Haus der Eltern. „In der Regel", erinnert er sich, „wurde es mir ... erlaubt, bei Sonnenuntergang zu Bett zu gehen, freilich nicht auf meine Schlafbank, denn es war zu früh, sie auszuklappen; sie nahm in unserer kleinen Stube zu viel Platz ein. Ich wurde also zunächst in das große Bett meiner Eltern gelegt. Die geblümten Kattunvorhänge hingen dicht herab, in der Stube brannte das Licht, ich konnte alles hören, was in der Stube gesprochen wurde, und war doch so allein mit meinen Gedanken und Träumereien, als sei die wirkliche Welt gar nicht vorhanden. ‚Er liegt so schön still, das liebe Kind‘, sagte dann meine Mutter, ‚so liegt er nicht im Wege und ihm kann nichts zustoßen‘."[11]

Nicht zu stören, „lieb" zu sein und in dem behütenden Umkreis der Eltern mit Wohlwollen geduldet zu werden – *mehr* an kindlichem Glück war für den kleinen HANS CHRISTIAN nicht vorstellbar. Über die eigenen Gefühle zu sprechen war ihm so wenig vergönnt wie seiner „kleinen Meerjungfrau"; dafür begaben seine Gedanken sich auf einsame Reisen, alle Ängste und Wünsche mit sich ins Unendliche tragend, und kehrten doch immer wieder sehnsuchtsvoll zurück in die vertraute Wärme dieser kleinen Welt der Mutter, die in ihm wohl nicht einen Jungen erzog, als vielmehr ein Mädchen, das auf immer ihr „liebes Kind" hätte bleiben sollen. Jede Art von aggressiver Auseinandersetzung war dieser Frau fremd und verhaßt. Der Lehrerin, die den Kindern in der Klippschule von Odense die Anfangsgründe des Lesens und Schreibens beibringen sollte, hatte sie ausdrücklich untersagt, ihren Jungen körperlich zu züchtigen, und als es trotzdem einmal geschah, „erhob ich mich augenblicklich," schreibt ANDERSEN, „nahm mein Buch und ging ohne weiteres nach Hause zu meiner Mutter, von der ich dann in eine andere Schule gebracht zu werden verlangte, was dann auch geschah."[12] Die Angst vor der Gewalt frecher Fremder und die Suche nach der mütterlichen Obhut bestimmte ANDERSENS ganzes Verhalten, ja, sein ganzes Leben. Sehr früh, als Kind schon, wurde es ihm nach mütterlichem Vorbild zur Lehre, Konflikten scheu und vergrämt auszuweichen.[13] Nicht in eigener Sache zu reden oder sich mit anderen *auseinander*zusetzen beziehungsweise gar sich gegen andere *durch*zusetzen, bildete die „Strategie" des Kindes, das in dieser Welt aufwuchs, sondern es wollte

geliebt werden dafür, daß es „so lieb" war und doch niemandem auf Erden irgendetwas Böses sagte oder tat. Bis an seines Lebens Ende wird es ANDERSEN unbegreiflich bleiben, wie man ihm, diesem träumenden Kind, das am liebsten mit geschlossenen Augen (in wörtlichem Sinne!) durch die Welt lief[14], mit so viel Spott, Gemeinheit und Häme zu begegnen vermochte.

Man versteht den eigentümlichen Kontrast von Sehnsucht und Angst, von Vertrauen und Furcht in ANDERSENS Erleben wohl erst, wenn man biographisch noch ein Stück ausführlicher die Gestalt seiner Mutter beachtet, die in der KLEINEN MEERJUNGFRAU nur „atmosphärisch" auftaucht – dort ist sie „früh verstorben"; in ANDERSENS Leben indessen spielte sie eine überragende Rolle; dort war sie, symbolisch betrachtet, mit dem *Meer* identisch, das den Palast der „kleinen Meerjungfrau" umgab. Für den kleinen HANS CHRISTIAN bildete sie das Element seines Lebens und seines Glücks, allerdings wohl auch die geheime Ursache seiner Bedrückung.

Sie selber, ANNE MARIE ANDERSDATTER mit Mädchennamen, hatte 1799 im Alter von 24 Jahren eine uneheliche Tochter geboren, deren Vater der Töpfer und Grenadier Rosenvinge war, „der bereits mehrere uneheliche Kinder in die Welt gesetzt hatte".[15] Zeit seines Lebens schämte ANDERSEN sich dieser Halbschwester, die er in seinen autobiographischen Schriften mit keiner Silbe erwähnte, die er aber in seinem TAGEBUCH wie „fiebrig" mit „Sinnlichkeit und Verzweiflung" in Verbindung brachte.[16] Auch die Mutter selbst war ein uneheliches Kind gewesen, die Tochter einer Frau, die noch zwei andere Kinder mit verschiedenen Männern zur Welt brachte; eine ihrer Schwestern lernte ANDERSEN später in Kopenhagen als Bordellwirtin kennen.[17] Als er selber (am 2. April 1805) in Odense zur Welt kam, waren seine Eltern gerade zwei Monate verheiratet.[18]

Alle Umstände der Herkunft seiner Mutter gehörten, sozial betrachtet, mithin der „Tiefsee", der „Unterwelt" an. Und doch widmete ANDERSEN gerade seiner Mutter eine Reihe seiner eindrucksvollsten Schriften. Er liebte sie sehr; denn wenn sie auch kaum lesen und schreiben konnte, war sie doch eine warmherzige Frau, die den ärmlichen Haushalt so gut in Ordnung hielt, wie sie konnte. Oft erzählte sie ihrem über alles geliebten Jungen, sie „sei als Kind von ihren Eltern hinausgejagt worden, um zu betteln; und als sie es nicht vermochte, hätte sie einen ganzen Tag unter einer Brücke des kleinen Odenseflusses gesessen und geweint."[19] „In meiner kindlichen Phantasie", schreibt ANDERSEN in seiner Selbstdarstellung, „malte ich mir diesen Zustand aus und weinte darüber."[20] Sie war es, die er in dem Märchen von dem KLEINEN MÄDCHEN MIT DEN SCHWEFELHÖLZERN[21] einer ganzen Welt vorstellte und für die er in der Geschichte SIE TAUGTE NICHTS[22] ein erschütterndes Plädoyer einlegte, indem er sich dort auch zu dem Alkoholismus seiner Mutter bekannte: Das Leid war ihr über den Kopf gewachsen[23]: Nach dem Tode von HANS CHRISTIANS Vater hatte sie, etwa 50jährig, den 31jährigen Schuhmacher Niels J. Gundersen geheiratet; doch auch der war vier Jahre später verstorben und hatte sie bettelarm zurückgelassen[24]; 1825 mußte sie in das Armenhaus von Odense eingeliefert werden, wo sie acht Jahre später, ANDERSEN unternahm gerade seine erste Italienreise, physisch und psychisch zerrüttet, als eine haltlose Trinkerin, verstarb.[25]

In dem Märchen SIE TAUGTE NICHTS schildert ANDERSEN das Schicksal seiner Mutter als das einer einfachen Dienstmagd, die sich in den Sohn eines Kammerrates verliebt, der ihr, ein noch junger Student, ehrlich und herzlich zugetan ist; dessen Mutter aber „war für ihn ... der Herrgott", und diese, eine vornehme Frau, erklärt der Putzmagd, es erlaube der geistige Abstand und der soziale Unterschied zwischen ihr und ihrem Geliebten eine Heirat wohl nicht; wider Willen wird sie genötigt, einen „einfachen" Handwerker zu heiraten. Doch so viel sie als Waschfrau auch arbeitet, die Schulden fressen sie auf. Und als dann, soeben erst hat sie einen „lieben Jungen" zur Welt gebracht, noch ihr Mann stirbt, weiß sie nicht mehr ein noch aus. Eines Tages beim Waschen in dem kalten Fluß bricht sie sterbend zusammen. „Sie hat sich zu Tode getrunken", erklärt der Bruder jenes Studenten, den sie nie mehr wiedergesehen hat; dieser Mann ist inzwischen zum Stadtschulzen aufgestiegen, ein angesehener Herr von „gesundem Menschenverstand", der dem verwaisten Jungen eröffnet, es sei nur gut für ihn, daß seine Mutter jetzt tot sei, denn, so erklärt er, „sie taugte nichts". Bei ihrer Beerdigung steht dieser Junge am Grab und fragt weinend eine befreundete Dienstmagd: „Meine liebe Mutter, ... Ist es wahr, daß sie nichts taugte?" – „Doch, sie taugte etwas!" sagte die alte Magd und sah zum Himmel auf. „Ich weiß es aus vielen Jahren ... Ich sage dir: Sie taugte etwas! Und unser Herrgott im himmlischen Reich sagt es auch, so laß die Welt nur sagen: ‚Sie taugte nichts!'"[26]

Da steht endgültig, wie in der KLEINEN MEERJUNGFRAU, beides einander gegenüber: das Urteil einer Welt, die den Wert eines Menschen durchaus nicht erkennt, und die Hoffnung einer himmlischen Sphäre, in der allein die Hoffnung auf Liebe und Glück sich zu realisieren vermag. Wenn irgend man die „Tiefsee"-Gefühle einer „kleinen Meerjungfrau" verstehen will, so beginnen sie mit dieser Frage des kleinen HANS CHRISTIAN in Odense, ob man sich nicht *schämen* müsse, im Schatten seiner Mutter nur eine „Sirene", ein „Halbmensch" zu sein. Denn die Leute „dort drunten" können noch so gutherzig und gutmütig sein; – zu der Welt der „wirklichen" Menschen zählen sie nie; die „wirklichen Menschen" fahren in ihren „Schiffen" über sie hinweg, ohne sie auch nur wahrzunehmen, und wenn sie

Odense-Bach, an dem die Mutter wusch und
Hans Christian Andersen als Kind spielte.

etwas von ihnen zu sehen bekommen, scheint es ihnen nichts weiter zu sein als eine Kräuselung auf dem Wasser. Wie soll es möglich sein, gegen so viel Verachtung Liebe zu glauben? Und was könnte man tun, sie zu erringen?

Schämen mußte sich ANDERSEN in Odense unter anderem auch für seinen geistesschwachen Großvater väterlicherseits, vor dem er „große Angst“ verspürte[27]; „lediglich ein einziges Mal hatte er mich angesprochen“, erinnert er sich, „wobei er die für mich ungewohnte Anrede ‚Sie‘ verwendete; er schnitzte aus Holz gar seltsame Figuren, Menschen mit Tierköpfen, Tiere mit Flügeln und wunderbare Vögel. Er legte sie in einen Korb und begab sich damit aufs Land, wo die Bauersfrauen ihm zu essen gaben, ja ihm Schinken und Mehl mit heimgaben, weil er ihnen und ihren Kindern sein kurioses Spielzeug schenkte. Eines Tages, als er nach Odense zurückkehrte, hörte ich, wie die

Straßenjungen laut nach ihm riefen; voller Schrecken versteckte ich mich hinter einer Treppe, während sie vorbeiliefen. Ich wußte, daß ich von seinem Fleisch und Blut war.“[28]

Bis ins späte Alter wird ANDERSEN die Angst verfolgen, auch er könnte „verrückt“ werden wie sein Großvater. Dabei war dieser Mann angeblich einmal ein wohlhabender Bauer gewesen, aber vom Unglück verfolgt: „Das Vieh starb und der Hof brannte ab, und zuletzt verlor der Mann den Verstand.“ So erzählte die Großmutter.[29] In jedem Fall war *sie* es gewesen, die mit ihm nach Odense zog und hier „ihren aufgeweckten Knaben“, HANS ANDERSEN, bei einem Schuhmacher in die Lehre gab.[30] So gern hätte dieser Mann, HANS CHRISTIANS Vater, die Lateinschule besucht, doch es mangelte an Geld, „und diese Enttäuschung“, vermerkt im MÄRCHEN MEINES LEBENS später sein Sohn, „vergaß er nie. Ich erinnere mich, als Kind einmal Tränen in seinen Augen gesehen zu haben, als ein Schüler aus der Lateinschule bei ihm Stiefel bestellte und dabei seine Bücher vorzeigte und berichtete, was er alles lerne. ‚Diesen Weg hätte ich auch gehen sollen!‘ sagte mein Vater, küßte mich heftig und war den ganzen Tag still.“[31]

Hans Andersen, der in der Gestalt des „Meerkönigs“ in der KLEINEN MEERJUNGFRAU Eingang gefunden hat, war selber ein Eigenbrötler, der kaum mit anderen Menschen zusammenkam. „An den Winterabenden las er zu Hause ... uns vor oder bastelte mir Spielzeug. Im Sommer ging er fast jeden Sonntag in den Wald und nahm mich mit. Er sprach nicht viel, er saß in Gedanken versunken, während ich herumsprang ... Nur einmal im Jahr, im Mai, wenn der Buchenwald sich eben in seiner Lenzespracht zeigte, begleitete meine Mutter uns. Das war ihr einziger Vergnügungsspaziergang im Jahr, und dann trug sie ein braunes geblümtes Kattunkleid, das sie nur an diesem Tage, oder wenn sie zum Abendmahl ging, anzog. Es war mithin die ganzen Jahre hindurch ihr einziges Festkleid. Wenn wir aus dem Walde heimkehrten, brachte sie eine Menge frischer Birkenzweige mit ... Bilder und Grünes schmückten unsere kleine Stube, die meine Mutter sauber und schmuck hielt; ihr ganzer Stolz war, daß die Laken und die kleinen, kurzen Fenstergardinen schneeweiß waren.“[32)]

Von beiden, der Mutter wie dem Vater, sagt ANDERSEN, daß sie sich in aller Armut „unendlich liebhatten“, „er ... ein begabter Mensch und eine poetische Natur, sie ... ohne Kenntnisse von Welt und Leben, aber mit einem Herzen voller Liebe.“[33)] Nur religiös kam es zu erheblichen Differenzen zwischen ANDERSENS rationalistisch eingestelltem Vater und der zu Aberglauben in jeder Form neigenden Mutter. Der Vater las gern die Bibel, über deren Inhalt er in „seiner stillen Art“ nachdachte; „wenn er aber mit meiner Mutter darüber sprach“, schreibt ANDERSEN, „verstand sie ihn nicht, er wurde deshalb immer verschlossener. Eines Tages schlug er die Bibel mit den Worten zu: ‚Christus ist ein Mensch wie wir gewesen, aber ein außergewöhnlicher Mensch.‘ Meine Mutter entsetzte sich über diese Worte und brach in Tränen aus; ich in meinem Schreck betete zu Gott, daß er meinem Vater diese entsetzliche Lästerung verzeihen möge.“[34)] – „‚Es gibt keinen anderen Teufel als den, den wir in unserem eigenen Herzen haben‘, hörte ich meinen Vater sagen, und mich beschlich eine Angst um ihn und seine Seele.“[35)] Aber auch an die Hölle glaubte der Vater nicht; ANDERSEN selber verteidigte den „Unglauben“ dieses so menschlich und vernünftig denkenden Mannes später in seinem rührenden Märchen EINE GESCHICHTE[36)], in dem er die finstere Höllenpredigt eines Pastors nicht nur mit der Schönheit und Güte der ganzen Natur ringsum in Widerspruch sieht, sondern den Gottesmann selbst durch seine verstorbene Gattin heimgesucht werden läßt: Zu ihrer Beruhigung im Jen-

seits müßte er ihr „nur ein einziges Haar von dem Kopfe jenes Sünders“ beibringen, „den Gott zu ewiger Pein in die Hölle verstoßen wird“; doch einen solchen Menschen, muß der Pastor bald erkennen, gibt es gar nicht!

Dafür aber begab sich HANS ANDERSEN sozusagen freiwillig in die Hölle auf Erden: Begeistert von Napoleons Feldzug in Deutschland und gedrungen von Geldnot, ließ er sich im Frühjahr 1812 als Musketier in die Armee aufnehmen; sein Regiment kam nur bis Holstein, der Friedensschluß verhinderte das Schlimmste, und doch: als er im Januar 1814 nach Hause zurückkehrte, war seine Gesundheit zerrüttet, er redete im Delir von Napoleon und seinen Befehlen, und er starb am 26. April 1816 – sein Sohn HANS CHRISTIAN ANDERSEN war damals gerade elf Jahre alt geworden.[37)]

Einen gewissen Halt vermochte dem Kinde unter diesen Umständen einzig die *Großmutter* väterlicherseits zu bieten, CATHRINE NOMMENSDATTER mit Mädchennamen, deren Züge in der „Großmutter“ der „kleinen Meerjungfrau“ deutlich hervortreten. Genau wie diese war sie „äußerst liebenswürdig“, aber ein wenig „eitel“, was in ihrem Falle bedeutete, daß sie aus Armut und Not sich in eine Welt voller Träume flüchtete. „Sie war“, erzählt ANDERSEN, „eine stille ... alte Frau mit milden blauen Augen und einem zierlichen Körper; das Leben hatte sie schwer geprüft ... Sie wohnte mit ihrem gemütskranken Mann in einem kleinen Haus, das sie sich für den letzten Rest ihres Vermögens gekauft hatten. Ich sah sie jedoch niemals weinen, es machte aber einen tiefen Eindruck auf mich, wenn sie still seufzte und von der Mutter ihrer Mutter sprach und erzählte, daß diese eine adelige Dame in einer großen deutschen Stadt, in Kassel gewesen sei und dort einen Komödienspieler, wie sie sich ausdrückte, geheiratet habe, dann von den Eltern und der Heimat fortgelaufen sei, und dafür mußten die Nachkommen jetzt büßen."[38] Diese adlige Abstammung der „Großmutter" ist schon ein Teil des ANDERSENschen „Familienromans"[39] und eine reine Erfindung der Großmutter; ja, schon der Glaube an all die Schicksalsschläge, die sie und ihren Mann als einst begüterte Bauern ins Elend getrieben hätten, dürfte wohl mehr ihrer Vorstellung als der Wirklichkeit entstammen[40], und natürlich vermochten ihre Träume von ehemaliger Größe und Wohlhabendheit den Abstieg ins Elend nicht aufzuhalten. Als die Großmutter 1822 im Alter von 77 Jahren starb, war sie nach der neuerlichen Heirat ihrer Schwiegertochter mittlerweile zu einer Fremden im eigenen Hause geworden.[41] HANS CHRISTIAN ANDERSEN selber „weinte oft über ihr stilles Leid, denn sie war plötzlich vor Kummer alt geworden."[42]

Alle drei also: Die Mutter, die ihn vergötterte, der Vater, der selber hätte studieren wollen, und die Großmutter, die ihre Wirklichkeit mit einer adeligen Abstammung verklärte, legten in HANS CHRISTIAN ANDERSEN den Grundstein zu dem Wunsch, ja, zu dem Verlangen, dieser Welt der Armut und der Demütigung um jeden Preis zu entkommen und etwas ganz anderes, etwas Besonderes, ja, Einmaliges zu werden und zu leisten. Die Welt, in welcher der dänische Dichter als Junge zwischen Armut und Geborgenheit, zwischen objektiver Entbehrung und mütterlicher Ehrung aufwuchs, beschreibt er selber treffend mit den Worten: „Ich hatte keine Ahnung von ... Not; zwar lebten meine Eltern nur von der Hand in den Mund, wie es heißt, allein für mich war das Überfluß und Reichtum. Was die Kleider betrifft, hatte es fast den Anschein als sei ich geputzt. Eine alte Frau veränderte die abgelegten Kleidungsstücke meines Vaters für mich. Drei, vier große Reste von Seidenzeug, die meine Mutter besaß, wurden mir mit Stecknadeln quer über die Brust geheftet und stellten Westen vor, ein großes Tuch wurde mir mit einer mächtigen Schleife um den Hals gebunden, mein Kopf mit Seifenwasser gewaschen und das Haar gescheitelt – so ausgeputzt kam ich zum erstenmal mit meinen Eltern ins Theater."[43] Da lebt der kleine HANS CHRISTIAN in der Tat, wie seine „kleine Meerjungfrau", in einer Welt „tief unten" im „Meer", doch wird ihm alles zur Verfügung gestellt, inklusive des „Austernschmucks" auf dem „Fischschwanz": – Er wird, trotz aller Armut, stets „ordentlich gekleidet" sein und an nichts Mangel leiden; aber gerade deshalb wird, wie bei der „kleinen Meerjungfrau", seine Sehnsucht sich emporträumen in jene ganz andere „höhere" Welt „richtiger" „Menschen", und sobald er 14 Jahre alt ist, wird er, ganz allein auf sich gestellt, der armseligen Zukunft einer Schneiderlehre, die seine Mutter für ihn vorgesehen hatte[44], zu entkommen suchen und das fünensche Odense gegen das Theater in Kopenhagen vertauschen. Eben das *Theater,* dessen gelegentlichen Besuch seine Eltern sich vom Munde absparten, wird für ihn in der Hauptstadt Dänemarks zu dem Ausgangsort seiner eigentlichen Bestimmung werden.

Freilich wird ANDERSEN auch und gerade in Kopenhagen nicht aufhören, das verschüchterte, verträumte und doch so merkwürdig aufgeweckte und altkluge Kind zu bleiben, das er bereits in Odense war. „Vom Tode meines Vaters ab", erinnert er sich an die letzten Jahre seiner Kindheit dort, „war ich so gut wie ganz mir selbst überlassen, meine Mutter wusch für fremde Leute außer dem Hause, ich saß allein daheim mit meinem kleinen Theater, das mir mein Vater gemacht hatte, ich nähte Puppenkleider und las Komödienbücher."[45] Zu beidem, den Puppenkleidern und Komödien, wird er jetzt in Dänemarks Hauptstadt immer wieder seine Zuflucht nehmen. Man wird ihn auslachen für seine ersten Textbücher, ihn, das so gutgläubige, das so phantastische, das so einsame Kind, das des Nachts weinend zu Gott um einen Trost fleht, den ihm wohl nur das Bild seiner Mutter zu bieten vermag.[46]

Theater in Odense – Andersens „zweites Geburtshaus" damals und heute.

„Ich war damals", schreibt ANDERSEN im Rückblick auf jene Zeit, „noch so völlig Kind und dennoch sechzehn Jahre alt, daß ich, ganz wie daheim in Odense, noch mit Puppen und dem Puppentheater spielte, das ich mir selber gemacht hatte. Täglich saß ich und nähte Puppenzeug; um dafür Lappen zu bekommen, ging ich in die Läden in der Østergade und Købmagergade und bat, ob man mir Proben von Stoffen und Seidenbändern schenken wollte. Meine Phantasie bewegte sich so um Puppen, daß ich des öfteren auf der Straße stehenblieb und die Damen in Seide und Samt betrachtete und mir all die Königsmäntel vorstellte, die Schleppen und Rittertrachten, die ich aus ihren Kleidern würde machen können. In der Phantasie sah ich all ihren Putz und Tand unter meiner Schere, es war oft eine stundenlange Gedankenübertragung."[47]

Die ganze Welt als eine lebende Puppenstube – das wird die Sichtweise sein und bleiben, in der ANDERSEN das kleine Haus in Odense aus der Zeit, da er behütet im Bett lag und vor sich hinträumte, zu dem Panoptikum seiner

Märchen ausdehnt. Selbst als er 1828, schon dreiundzwanzigjährig, dank der langjährigen Förderung vor allem des Kommandeurs P. F. WULFF und des einflußreichen Kaufmannes JONAS COLLIN, das Abitur macht, sieht er zu Recht in sich „noch sehr ein Kind in meinem ganzen Wesen, aber auch in meiner Redeweise."[48] Erst in seinem 34. Lebensjahr, vermerkt er, „begann der Frühling meines Lebens"; bis dahin „war ich eigentlich ein Kind gewesen, meine Jugend (!) begann im Grunde genommen erst von dieser Zeit an, früher war es nur ein Schwimmen gegen die Wellen, ein Kämpfen gegen schwere große Wogen gewesen."[49]

Als die KLEINE MEERJUNGFRAU erschien, war ANDERSEN 32 Jahre alt[50]; er hatte Italien besucht; er hatte den Anschluß an die Welt der „Menschen" gefunden; doch vor allem: er hatte jene Bekanntschaft gemacht, die ihm das kurze Glück und die lebenslange Schwermut seiner „kleinen Sirene" schenken oder auferlegen sollte. Wer aber war diese seine „Prinzessin"?

2. Man hat erst viel Leid durchzumachen, aber dann wird man berühmt

In seinem Buch „Andersen und seine Märchen" (1907) hat HANS BRIX zu der Erzählung DIE KLEINE MEERJUNGFRAU bemerkt: „Die unerwiderte Liebe der kleinen Meerjungfrau zum Prinzen bezieht sich auf den Autor selbst und auf Louise Collin. Gleichzeitig hat Andersen hier all das einbezogen, was diese Verbindung für ihn bedeutet hätte: Der Meeresgrund und das Festland verkörpern das Milieu, aus dem Andersen kam, und jene Kreise, in die er aufgenommen werden sollte. Louises Liebe zu erringen, die ihn im Hause Collin in den Rang eines Sohnes erhoben und ihn zum Bruder seines Freundes Edvard gemacht hätte, das ist das erstrebte, aber nicht erreichte Ziel."[51]

Dieser Deutung sind die meisten ANDERSEN-Biographen gefolgt, im Wissen freilich, daß sie aus zwei Gründen nur sehr begrenzt zutreffen kann: 1) hat ANDERSEN sich unzweifelhaft sehr danach gesehnt, in die „höhere" Welt „aufsteigen" zu können, doch was er in der KLEINEN MEERJUNGFRAU erzählt, ist vor allem die Geschichte einer aussichtslosen Liebe, die mit der Heirat der geliebten Person ihren tragischen Höhepunkt findet – mit der Hoffnung auf sozialen Aufstieg hat das Märchen nur symbolisch zu tun; und 2) hat ANDERSEN die jüngste Tochter seines väterlichen Gönners JONAS COLLIN gewiß gemocht und geschätzt, und es gibt in der KLEINEN MEERJUNGFRAU manche Momente, die unstreitig in das komplizierte Verhältnis zu den COLLINS passen, doch erklärt sich aus dieser Beziehung nicht das ursprüngliche Motiv des Märchens: die verzweifelte Liebe zu einem Menschen, in dessen Herz und Hand für einen kurzen Entscheidungsaugenblick alle Beseelung und Beseligung des Lebens gelegen wäre. Es kann vor allem nicht gänzlich falsch sein, ANDERSENS eigenem Urteil in dieser Frage zu folgen: In seiner Autobiographie MEINES LEBENS MÄRCHEN erwähnt er seine Beziehung zu LOUISE COLLIN mit keinem Wort, dafür aber gedenkt er wehmütig jenes Sommers des Jahres 1830, da ihm „überwältigend eine neue Welt aufging", „unendlich groß und weit"[52]. Wie also verhält sich beides zueinander: der Traum vom sozialen Aufstieg und die Sehnsucht nach Liebe?

Wahr ist's gewiß, wie wir sehen, daß ANDERSEN mit dem Leben seiner „kleinen Meerjungfrau" in der „Tiefsee" auch seine eigene Herkunft als Kind aus dem Arme-Leute-Haushalt in Odense beschreiben wollte. Wie sehr er sich – entsprechend dem Vorbild der Phantasiegeschichten seiner Großmutter – aus dieser Welt hinwegträumte, zeigt eine Begebenheit aus der Zeit, als er die Knabenschule von Odense besuchte, „in der jedoch auch ein Mädchen, ein ganz kleines Mädchen sich befand, es war aber doch schon etwas älter als ich". ANDERSEN erzählt: „Wir schlossen bald Freundschaft. Die Kleine sprach von der Wichtigkeit und Nützlichkeit, in einen guten Dienst zu kommen, und sagte, sie besuche die Schule, damit sie gut rechnen lerne, denn wenn sie das könne, so sagte ihre Mutter, würde sie Näherin auf einem großen Herrenhof werden können. ‚Das sollst du auf meinem Schloß, wenn ich erst vornehm sein werde', sagte ich, und sie lachte mich aus und meinte, ich sei ein armer Junge. Eines Tages hatte ich etwas gezeichnet, was ich mein Schloß nannte, und versicherte sie bei der Gelegenheit, daß ich ein vertauschtes, sehr vornehmes Kind sei und daß Gottes Engel zu mir kämen und mit mir sprächen. Ich wollte sie damit in Erstaunen versetzen, ... allein sie glaubte es nicht, sah mich ganz verwundert an und sagte zu einem der anderen Knaben, der in der Nähe stand: ‚Er ist verrückt wie sein Großvater!' Es durchschauerte mich, ich hatte das alles gesagt, um so recht für etwas Besonderes zu gelten, nun war alles ins Gegenteil umgeschlagen, und man meinte, ich sei geistesschwach wie mein Großvater."[53]

Diese kleine Episode ist nicht nur ein weiterer Beleg für ANDERSENS „Familienroman", sie ist vor allem ein Beleg für sein frühes Leiden an einer Welt, in der er nur zu überleben vermochte, wenn er sich über ihre allzu engen Grenzen auf den Flügeln der Phantasie hinweghob. S. FREUD bereits hat auf den verdrängten Haß auf den Vater und die Anhänglichkeit an die Mutter hingewiesen, die der neurotischen Vorstellung von dem „vertauschten Kind"[54] zugrunde liegen, läuft diese ganze Idee doch darauf hinaus, daß der eigene Vater im Grunde durch einen anderen, besseren, würdigeren ersetzt wird. Namentlich aber das Grundgefühl ANDERSENS spricht sich in dieser Erinnerung aus, auf phantastische Weise ein *anderer* sein zu müssen, um „für etwas Besonderes" zu gelten denn nur als „etwas Besonderes", das steht für ihn fest, werde er wirklich geliebt werden. Was sollte unter diesen Voraussetzungen ihm anderes übrig bleiben, als *mit den Mitteln der Phantasie* etwas Besonderes aus sich hervorzubringen, um auf diese Weise die nötige Liebe und Achtung erringen zu können?

Schon in Odense verfiel der kleine HANS CHRISTIAN auf zwei Formen der Selbstdarstellung, die er bei seiner „kleinen Meerjungfrau" besonders lobend erwähnt und mit denen er später in Kopenhagen sein Debüt zu bestreiten suchte: Er *singt* und er *tanzt*.

Insbesondere nach dem Tod seines Vaters im Jahre 1816, ANDERSEN war damals elf Jahre alt, saß der Junge oft, wie wir hörten, allein zu Hause vor seinem kleinen Theater und spielte mit seinen Puppen, vor allem aber: er las, was er finden konnte; bald begann er, selber Stücke zu schreiben, in denen er seine eigene kindliche Kunstsprache entwickelte. Auf diese Weise zog er die Aufmerksamkeit der Pfarrerswitwe Frau BUNKEFLOD auf sich, deren Mann selber Gedichte geschrieben hatte und die den jungen ANDERSEN herzlich liebgewann. „Bei der alten Dame", schreibt er, „hörte ich zum erstenmal das Wort ‚Dichter' mit Hochachtung aussprechen, als sei es etwas Heiliges".[55]

Ein *Dichter* zu werden setzte sich in seiner Seele im Hause dieser Pfarrersfamilie zu einer Vorstellung zusammen, die schließlich alle anderen Versuche, an der Bühne erfolgreich zu sein, überdauern sollte. Mit Vorliebe begann der Junge seither, seine Stücke anderen vorzulesen oder auch, wenn es gewünscht wurde, sie ihnen vorzusingen.

Seine Laufbahn als *Sänger* nahm ihren Anfang, als der Sohn einer Nachbarsfrau in einer Tuchfabrik „wöchentlich eine kleine Summe Geldes" verdiente und seine Mutter deshalb bestimmte, auch er solle in die Fabrik gehen. „,Es ist nicht des Verdienstes wegen', sagte sie, ,aber es ist, weil ich dann weiß, wo er sich aufhält.' „Die alte Großmutter", erinnert sich ANDERSEN, „brachte mich hin, und sie schien darüber sehr betrübt zu sein, sie habe nie gedacht, es jemals erleben zu müssen, daß ihr Enkel mit gewöhnlichen Jungen zusammen arbeiten solle. In der Fabrik arbeiteten einige deutsche Gesellen, sie sangen und plauderten lustig, ihre rohen Späße fanden Beifall. An meinem Ohr gingen diese Äußerungen vorüber, sie reichten nicht bis in mein Herz hinein. Ich hatte damals eine schöne und hohe Sopranstimme, die ich bis in mein fünfzehntes Jahr behielt. Ich wußte, daß man mich gern singen hörte; als man mich fragte, ob ich nicht einige Lieder könnte, begann ich sofort zu singen. Ich hatte großen Erfolg. Meine Arbeit wurde anderen Jungen übertragen. Gleich darauf erzählte ich, daß ich auch Komödie spielen könnte; ich wußte ganze Szenen von Holberg und Shakespeare auswendig und trug sie vor. Die Gesellen und die Frauen nickten mir freundlich zu, lachten und klatschten in die Hände. So fand ich den ersten Tag in der Fabrik sehr vergnüglich".[56]

Selbst im Rückblick kommt ANDERSEN nicht auf den Gedanken, daß der Fabrikant ihn wohl kaum als Unterhalter seiner deutschen Arbeiter angestellt haben dürfte, sondern es scheint für ihn im Grunde immer noch das Urteil seiner Großmutter unverändert in Gültigkeit, daß es ihres Enkelkindes durchaus unwürdig sei, an der Seite von gewöhnlichen Menschen gewöhnliche Tätigkeiten zu verrichten; das Singen von Liedern und das Deklamieren von Versen erweist sich denn doch als ein ebenso deutliches wie bedeutsames Zeichen edlerer Abkunft und Zukunft ... Freilich fand ANDERSENS Auftritt in jener Fabrik bald schon ein recht unrühmliches Ende, auf das wir nachher noch einmal zurückkommen müssen; hier genügt die Feststellung, daß der wunderschöne Gesang der „kleinen Meerjungfrau" wohl zum ersten Mal unter den Arbeitern von Odense erklungen ist und sich als Motiv in dem Märchen keinesfalls damit erklärt, daß nach mythologischer Auskunft Sirenen halt zu singen pflegen; denn mögen sie das auch tun, so singt doch ANDERSENS „kleine Meerjungfrau", wie wir gehört haben, „schöner als alle", und schon allein dadurch wird dokumentiert, daß ihre Sehnsucht so unbegründet wohl nicht gewesen sein kann, eines Tages zu den „Menschen" „aufsteigen" zu können und die Liebe wenigstens eines der Ihren zu erringen. ANDERSEN für sich selber hat so gehofft.

Als er im September 1819, mit 14 Jahren, sich aufmacht, um in Kopenhagen sein Glück zu suchen, hält er in Händen einzig einen Brief des heimischen Buchdruckers IVERSEN an die berühmte Tänzerin ANNA MARGRETHE SCHALL; zu dieser begibt er sich denn auch augenblicklich, um ihr eine Probe von seinem Können nicht nur als Sänger, sondern zugleich auch als Tänzer zu geben. In Odense hatten Kopenhagener Schauspieler einmal „Cendrillon" aufgeführt, und die Titelrolle hatte ihn „in dem Grade ergriffen, daß ich sie völlig aus dem Gedächtnis spielen konnte ... Ich bat um Erlaubnis, meine Stiefel ausziehen zu dürfen, weil ich sonst für die Rolle nicht behende genug wäre. Und nun nahm ich meinen großen Hut als Tamburin zur Hand, schlug darauf los, begann zu tanzen und zu singen ... Wie sie mir später anvertraute, machten meine seltsamen Gebärden die Tänzerin glauben, ich sei verrückt, und sie beeilte sich, mich loszuwerden."[57]

Auch in dieser Szene lebt bereits der ganze ANDERSEN: seine unendliche Begeisterung, sein gutgläubiges Vertrauen, seine Erwartung, daß alle, unbedingt alle, ihn ebenso loben und anerkennen müßten wie seine Großmutter, wie sein Vater, wie seine Mutter, wie die alten Frauen in Odense, und vor allem: die Unbedingtheit des Verlangens, mit ein wenig Aufmerksamkeit und Zuwendung als ein geborenes Genie *entdeckt* zu werden, so wie die „kleine Meerjungfrau", als sie sich auf den Marmortreppen von dem „Prinzen" finden läßt ...

Immerhin gelang es dem jungen ANDERSEN, mit seinen Gesangesübungen die Aufmerksamkeit des italienischen Musiklehrers G. SIBONI zu erringen, der zugleich mit anderen „die reine, wahre Natürlichkeit" in diesem ebenso sonderbaren wie wunderbaren Kinde erkannte und erhalten wollte.[58] Ich muß, sagt ANDERSEN selber von dieser Zeit, „ein merkwürdiges Naturkind gewesen sein, eine ganz eigenartige Gestalt, um nicht ,Erscheinung' zu sagen. Ich glaubte unbedingt an die Worte eines jeden Menschen und daß es alle gut mit mir meinten. Nicht einen Gedanken hatte ich, den ich nicht sogleich aussprach. Siboni versprach, meine Stimme ausbilden zu wollen, und meinte, ich würde wohl als Sänger auf der Königlichen Bühne auftreten können. Ich war glückselig, weinte und lachte."[59]

Gleichwohl währt sein Glück nur etwa dreiviertel Jahr lang. ANDERSEN wird bald 15 Jahre alt, er kommt in den Stimmbruch; außerdem hält seine ärmliche Kleidung den

Anforderungen des Winters nicht stand, ständige Erkältungen sind die Folge. „Die Stimme schwand, und es bestand keine Aussicht mehr, daß ich ein Sänger werden würde. Siboni rief mich zu sich, sagte es mir ehrlich und offen und riet mir, weil der Sommer nahte, zurück nach Odense zu reisen und dort ein Handwerk zu erlernen ... ich stand wie zerschmettert da."[60]

Was ihn rettet, ist die gutwillige Unterstützung des Dichters F. GULDBERG[61], der ihm Nachhilfeunterricht in dänischer Rechtschreibung und im Deutschen erteilt, sowie des Komponisten F. KUHLAU[62], der ihm etwas Geld zukommen läßt, mit dem er sich notdürftig durchs Leben schlägt. GULDBERG überredet sogar den Schauspieler F. LINDGREEN, ANDERSEN als „werdenden Schauspieler zu unterrichten". Doch als der sieht, wie es um den Jungen steht, „streichelte er mir die Wange und sagte: ‚Gefühl haben Sie. Aber was Sie werden wollen, wissen die Götter, jedenfalls kein Schauspieler. Sprechen Sie mit Guldberg, daß Sie Latein lernen, das führt immerhin auf den Weg zu einem Studenten'."[63]

In der Tat ist dies der Weg, den ANDERSEN im folgenden einschlagen wird, einschlagen muß. Zuvor freilich setzt er noch einmal, in der Neujahrsnacht 1822, alles daran, ein Schauspieler zu werden. Von seiner Mutter hatte er gelernt, daß es einem Menschen das ganze Jahr so gehen werde, wie er sich am Neujahrstag befinde. „Mein höchster Wunsch war, im neuen Jahr eine Rolle in einem Stück zu erhalten und die Bühne zu betreten." Und so begab er sich des Nachts auf die Bühne, „kniete nieder, aber nicht ein einziger Vers wollte mir einfallen, und etwas mußte laut gesprochen werden, sollte ich im Verlauf des Jahres dazu kommen, auf der Bühne zu reden. Da sprach ich mit lauter Stimme das Vaterunser und entfernte mich in der festen Zuversicht, daß ich im Verlauf des Jahres auftreten würde."[64]

Nyhavn 20 und 18, Wohnungen des jungen bzw. des alten Dichters in Kopenhagen.

Doch die Hoffnung trügt. Seine Lage ist verzweifelt. „Das Geld ... war aufgebraucht. Ich hatte mich in einem Jahr beträchtlich weiterentwickelt, zumindest an Schüchternheit; ich litt, wenn ich mit jemandem von meinen Entbehrungen und meiner Drangsal sprach. Ich wohnte jetzt bei einer Schifferswitwe, bei der ich außer der Wohnung nur morgens eine Tasse Kaffee erhielt. Es waren schwere, finstere Tage ... Meine Stiefel waren entzwei, bei nassem Wetter ging ich stets mit nassen Füßen, ich hatte in der kalten Jahreszeit keine warmen Kleider. Ich war sehr verlassen, empfand aber das volle Gewicht meiner Lage nicht; in jedem Menschen, der mich freundlich ansprach, glaubte ich, einen ehrlichen Freund zu sehen. Gott war bei mir in meiner kleinen Stube, und manchen Abend, wenn ich mein Abendgebet gesprochen hatte, konnte ich mich kindlich an ihn wenden und sagen: ‚Es wird bald gut!' Ich hatte den festen Glauben, daß es besser werden müßte, Gott konnte mich nicht im Stich lassen."[65]

Und das tat er tatsächlich nicht. Denn wenn auch die hochgespannten Erwartungen ANDERSENS auf eine großartige Laufbahn als Sänger, Tänzer und Schauspieler an der Kopenhagener Bühne in einem kompletten Fiasko endeten, so brachte seine Theaterverliebtheit ihn doch in Kontakt mit dem Mann, der als Mitglied der Direktion ihn nicht nur dem König zu einer Ausbildung in der Lateinschule in Slagelse vorschlug, sondern der ihm sein Leben lang zu einem väterlichen Freund werden sollte: JONAS COLLIN[66]. Die Zeit in Slagelse und mehr noch in Helsingør wurde für ANDERSEN allerdings unter der Tyrannei des Rektors S. MEISLING zu einem wahren Purgatorium[67]; COLLIN indes ermahnte ihn immer wieder, durchzuhalten, und schließlich sorgte er sogar dafür, daß ANDERSEN 1828 aus der Schule genommen wurde und 23jährig sein Abitur in Kopenhagen machen durfte; im Jahr darauf legte er sein zweites Examen ab, und zwar mit der besten Note.[68]

Die Familie COLLIN war es in der Tat, die ANDERSEN den Zugang zu einer besseren Welt bedeutete. Namentlich mit EDVARD COLLIN, dem ein Jahr jüngeren Sohn des Etatsrats, blieb er sein Leben lang befreundet, und so litt er um so mehr darunter, daß dieser ihm 1831 mit einer merkwürdig gewundenen Begründung (oder Ausrede) die Bitte abschlug, ihn mit Du anreden zu dürfen.[69] Die COLLINS glaubten, den jungen ANDERSEN „erziehen" zu müssen, und es dauerte sehr lange, bis sie ihn als „Dichter" wirklich anerkannten. Ihr Urteil indessen bedeutete ANDERSEN – fast – alles. Insbesondere als EDVARD sich 1833 in einem Brief über das in der Schweiz entstandene dramatische Gedicht AGNETE UND DER MEERMANN, jene Vorarbeit zu der KLEINEN MEERJUNGFRAU, geradezu vernichtend äußerte, wurde ANDERSEN tagelang von Selbstmordphantasien geplagt.[70] In den Augen der COLLINS etwas zu gelten, bildete auf lange Zeit die notwendige Stütze für das ebenso große wie kleine Selbstbewußtsein des dänischen Dichters.

Eine Weile lang schloß er sich der ältesten COLLIN-TOCHTER INGEBORG an, der späteren Frau DREWSEN[71]; wirklich zugetan aber war er in der Tat der jüngsten COLLIN-TOCHTER: LOUISE. Ist sie also wirklich, wie behauptet, der „Prinz" der „kleinen Meerjungfrau", in deren Gestalt sich ANDERSEN selbst portraitiert?

Daß „der mächtige Collin seine Tochter dem bettelarmen Poeten geben sollte, der nicht viele andere Aktiva hatte als seinen Ehrgeiz und den Glauben an seinen Ruhm", war von vornherein unwahrscheinlich.[72] Im Jahre 1832, als ANDERSEN seine Seelenverwandtschaft zu der sensiblen LOUISE entdeckte, war diese gerade 18 Jahre alt. Zu dem Märchen von der KLEINEN MEERJUNGFRAU paßt ohne Zweifel, daß er sich ihr gegenüber wohl niemals wirklich erklärt hat; in allem Wesentlichen blieb er ihr gegenüber *stumm*. Allerdings genügte es bereits, daß die COLLINS merkten, wie es um ANDERSENS Gefühle stand, und sie teilten ihm mit, daß all seine Briefe, die er Louise schreibe, fortan ausnahmslos von der älteren Ingeborg gelesen würden.[73] Wie in dem seiner Mutter gewidmeten Märchen SIE TAUGTE NICHTS, kam es zwischen ANDERSEN und LOUISE COLLIN in gewissem Sinne daher zu einem Verhältnis, das in etwa auch der Beziehung zwischen der „kleinen Meerjungfrau" und ihrem „Prinzen" entspricht: „Ich sah ihn, aber er sah mich nicht", sagt dort die arme Waschfrau.[74] ANDERSEN wird an LOUISE COLLIN Brief um Brief schreiben, im Wissen, daß sie als Geliebte, als Braut, für ihn niemals in Frage kommen wird, und sie wird für ihn, für das Arme-Leute-Kind, für den „Meermann", denn auch nie etwas anderes empfinden als der „Prinz" für die „kleine Meerjungfrau": Eine gute, liebenswürdige, verständnisvolle Schwester wird sie ihm sein, doch eben nie ein Gegenüber zärtlich leidenschaftlicher Liebe. „Sie haben nun", schreibt ANDERSEN am 27. Okt. 1832 an LOUISE, „die Geschichte meiner Kindheit gelesen, voller Vertrauen habe ich Ihnen alles gezeigt, und doch erscheinen Sie mir fremder als zuvor. Ich dachte an Sie, während ich es schrieb, oh! Bisher haben Sie mir kein freundliches Wort darüber gesagt. Das hat mich sehr traurig gemacht; so manche Nacht, wenn Sie ruhig schlafen, bin ich sehr traurig, sehr unglücklich. – Das nennt man hysterisch, ich weiß! – Warum haben Sie überhaupt nicht mit mir gesprochen, seit ich Ihnen meine ganze Jugend zeigte, mir kein einziges Wort darüber gesagt? Ist in mir etwas, das mich so abstoßend macht, so unwürdig Ihrer – Freundschaft? Sie und Edvard sind die beiden Menschen in Ihrem lieben Heim, in die ich das meiste Vertrauen setze ... O Gott! ich habe solche Angst bekommen, meine Gefühle auszudrücken, immer fürchte ich, daß es mich in Schwierigkeiten bringt, mich unglücklich macht. – Mir kommt es vor, als hätte ich seit einer Ewigkeit nicht mit Ihnen gesprochen. Sie sind immer von so vielen anderen umgeben, daß ich nicht ernsthaft mit Ihnen reden kann. Ich bin schrecklich zaghaft, ich würde gern wie ein Bruder mit Ihnen sprechen, Trost und Mut finden ... seien Sie mir ... eine Schwester, ich vertraue Ihnen, bitte machen Sie mir Mut! Wenn Sie können, lassen Sie mich spüren, daß ich Sie nicht falsch eingeschätzt habe.“[75]

Da wird der Wunsch, von der Person der Zuneigung wenigstens als „Bruder“ anerkannt zu werden, bereits zum äußersten aller Wünsche. Wohl herrscht auch hier die gleiche Stummheit und Schüchternheit wie in der KLEINEN MEERJUNGFRAU, doch woran diese in ihrer Liebe zu dem „Prinzen“ litt: eben nie *mehr* sein zu sollen als eine liebe Schwester, nie die Geliebte, nie die Vermählte, das ist hier längst schon einer resignierten „Bescheidenheit“ gewichen. Man kann es nicht anders sehen: Nie hatte ANDERSENS Beziehung zu LOUISE COLLIN etwas an sich gehabt von jener stürmischen Entschlossenheit und abgründigen Verzweiflung, die in der KLEINEN MEERJUNGFRAU ihr erschüt-

terndes Portrait gefunden hat; einzig die ausgeprägte Angst, abgelehnt zu werden, durchzieht auch das Verhältnis zwischen dem dänischen Dichter und der Tochter des wohlhabenden Kaufmanns. Doch es ist deutlich: das Märchen von der KLEINEN MEERJUNGFRAU ist *nicht* die Geschichte der LOUISE COLLIN.

Statt dessen gibt es andere Märchen, in denen ANDERSEN verschlüsselt auf LOUISE COLLIN zu sprechen kommt. So findet sich eine Kalendernotiz vom 11. Januar 1840: „Louise C. unleidlich. Schrieb das Schiff mit dem Storch.“ Gemeint ist der Abschnitt „Mittwoch“ aus dem Märchen OLE LUKÖIE, in dem ein erschöpfter Storch sich auf Hjalmars Schiff niederläßt[76]: Der Schiffsjunge setzt ihn in das Hühnerhaus zu den Hühnern, Enten und Truthähnen, die sich entsprechend ihrer Art denn auch benehmen. Gern möchte der Storch ihnen von Afrika, von Pyramiden und Wüsten, erzählen, doch sie halten ihn mit seinen dünnen Beinen für dumm und lächerlich. „Wir wollen unter uns bleiben und für uns allein interessant sein“, beschließen sie: Die engstirnigen COLLINS, soll das heißen, werden das künstlerische Genie eines ANDERSEN nie anders betrachten als ein in ihren Kreisen ungehöriges, unpassendes exotisches Etwas, das sie nur dulden können, wenn er sein ganzes Wesen auf ihr Maß verkleinert. Zwei Jahre später schreibt ANDERSEN in gleicher Absicht die berühmte Geschichte von dem HÄSSLICHEN JUNGEN ENTLEIN. In dem Kapitel „Freitag“ aus OLE LUKÖIE nimmt er mit der Schilderung der Puppenhochzeit zudem noch Bezug auf die bevorstehende Vermählung von LOUISE COLLIN mit W. LIND; während er selber sich dort als „Schwalbe“ einführt, verkörpert die „Henne“ mit ihrem Stolz, immerhin schon „in einer Bütte über zwölf Meilen gefahren“ zu sein, offenbar INGEBORG DREWSEN, die älteste Tochter COLLINS, die damals bereits fünfmal Mutter geworden war und dem reiselustigen ANDERSEN immer wieder versicherte, es sei „durchaus kein Vergnügen, zu reisen“.[77]

Unter diesen Umständen ist kein anderes Urteil möglich: So sehr ANDERSEN bei den COLLINS gewiß zeit seines Lebens den wichtigsten Rückhalt, sein zweites Zuhause, fand und so sehr er all die Jahre – vergeblich! – darum rang, gerade von ihnen in seiner Eigenart und in seiner literarischen Leistung anerkannt und verstanden zu werden, so sicher ist es, daß das entscheidende Motiv der KLEINEN MEERJUNGFRAU – das tragische Scheitern einer großen Liebe – mit den Töchtern COLLINS sich viel zu zaghaft und schwächlich verbindet, als daß es dort seinen Ursprung haben könnte. Erstaunen kann das nicht. Denn was ANDERSEN gegenüber LOUISE COLLIN empfand, war im Grunde nichts als der vorsichtige Nachhall einer ganz anderen wirklich leidenschaftlichen Liebe, der ersten und in dieser Weise einzigen, die der Dichter je empfunden hat.

3. ZWEI BRAUNE AUGEN SAH MEIN BLICK, DRIN LAG MIR HEIMAT, WELT, UND GLÜCK

Während ANDERSEN in MEINES LEBENS MÄRCHEN, wie gesagt, seine Beziehung zu LOUISE COLLIN mit keinem Wort erwähnt, gedenkt er, freilich ohne Namensnennung und nur auf einer halben Seite, der damals wohl wichtigsten Begebenheit seines Lebens: der Begegnung mit RIBORG VOIGT während einer Sommerreise im August des Jahres 1830: „Ich kam ... in eine der Kleinstädte (sc. nach Faaborg), in ein wohlhabendes Haus (sc. des Kaufmannes L. P. VOIGT), hier ging mir plötzlich und überwältigend eine neue Welt auf, unendlich groß und weit. Und dennoch fand sie Raum in vier Zeilen, die ich damals (sc. in dem Gedichtband MELODIEN DES HERZENS) schrieb:

Zwei braune Augen sah mein Blick,
drin lag mir Heimat, Welt und Glück,
drin flammte der Geist und des Kindes Frieden,
und nie und nimmer vergess' ich's hienieden.

Wir begegneten uns im Herbst in Kopenhagen. Mich erfüllten neue Pläne für das Leben, ich wollte es aufgeben, Verse zu machen, denn wohin würde das führen? Ich wollte Theologie studieren, um Pfarrer zu werden. Ich hatte nur einen Gedanken, ich dachte nur an sie – allein es war eine Täuschung, sie liebte einen anderen und heiratete ihn auch. Erst viele Jahre später habe ich gefühlt und erkannt, daß auch hier das Beste für mich geschah, das Beste für sie. Sie ahnte vielleicht nicht einmal, wie tief mein Gefühl war, welchen Einfluß es auf mich machte. Sie wurde die treffliche Gattin eines braven Mannes, eine glückliche Mutter. Gottes Segen über sie!“[78]

Niemand, der diese Zeilen liest, kann ahnen noch soll er ahnen, daß hier von einem Sturm die Rede geht, so heftig, wie er in der KLEINEN MEERJUNGFRAU das Schiff des „Prinzen“ kentern läßt. Tatsächlich war ANDERSEN damals erfüllt von Sehnsucht und Verlangen nach Liebe, ganz entsprechend den wehmütigen Stimmungen, mit denen er sein Märchen malt. Noch zwei Tage vor dem Treffen mit RIBORG, am 5. August 1830, notierte er in Svendborg: „Allmächtiger Gott! Ich habe nur dich, du bestimmst mein Geschick, ich muß mich dir überantworten! Bitte gib mir ein Auskommen! Bitte gib mir eine Braut! Mein Blut verlangt nach Liebe, so wie mein Herz danach verlangt.“[79] Am Tag darauf besuchte er seinen Studienfreund CHRISTIAN VOIGT in dem kleinen Provinzstädtchen Faaborg; beide verabredeten sich für den nächsten Morgen; doch statt seines Freundes öffnete ihm dessen älteste Schwester, die damals 24jährige RIBORG, die bereits die FUSSREISE NACH AMAGER (1829)[80] und einige Gedichte ANDERSENS kannte. Die Begegnung mit dieser Frau, die auf ihn gerade so wirkte, wie der Anblick des „Prinzen" auf die „kleine Meerjungfrau", beschrieb ANDERSEN zwei Jahre später in seinem LEBENSBUCH: „Die älteste Tochter (sc. der Voigts) empfing mich sehr freundlich, sie errötete jedes Mal, wenn sie mit mir sprach; sonst wirkte sie fröhlich und lebhaft. Sie hatte ein sehr schönes Gesicht und viel Kindlichkeit darin, doch ihre Augen blickten klug und nachdenklich, sie waren braun und voller Leben. Sie trug ein schlichtes graues Hauskleid, das ihr sehr gut stand; ja, mit ihrer ganzen Schlichtheit und ihrem Gesicht nahm sie mich gleich für sich ein. Ihr Interesse an meinen Gedichten und die Tatsache, daß sie mir fast so etwas wie Respekt entgegenbrachte, schmeichelten meiner Eitelkeit und nahmen mich sogleich für sie ein. Sie machte Scherze über die Schlafmützigkeit ihres Bruders und erwies sich als so geistreich und humorvoll, daß auch ich den Wunsch empfand, mich interessant zu machen – ich weiß nicht, warum, aber fast augenblicklich war es, als wären wir beide schon seit langem miteinander bekannt, und es machte mir den ganzen Tag ein ungeheures Vergnügen, dem jungen Mädchen gefällig zu sein."[81].

In diesen Worten ist sie offen ausgesprochen, die entscheidende Liebesbedingung ANDERSENS: das aufrichtige Interesse, ja, die Hochschätzung seiner Person *als eines Dichters* von seiten einer schönen und klugen Frau! Und dort, in dem kleinen Faaborg, fliegt ihm zu, worum er die COLLINS später immer von neuem und wie oft vergebens ersuchen wird!

Nur allzu gern ließ ANDERSEN von den VOIGTS sich überreden, noch ein paar Tage in Faaborg zu bleiben. Er unternimmt mit ihnen Bootsfahrten und Ausflüge, er nimmt teil an einem Ball, den sie geben, und RIBORG, als sie sieht, daß ihr Poet nicht tanzen kann, begleitet ihn den ganzen

Riborg Voigt. Daguerreotypie, um 1845.

Abend. Am nächsten Tag ist es vor aller Augen offensichtlich: ANDERSEN hat sich verliebt. In seinem LEBENS-BUCH schreibt er: „Als ich das zum ersten Mal hörte, war mir, als liefe ein Feuer durch meinen Leib, und ich tat es als Scherz ab, konnte aber nicht umhin, darüber nachzudenken. Ich war selbst frappiert über mein Verhalten, über die Art und Weise, wie ich mich in den paar Tagen, die ich mit ihr verbrachte, benommen hatte. Ich begann, mich nach ihr zu sehnen; die anderen machten Scherze über mich; ich mochte das nicht und wollte mir diese Gedanken ein für allemal aus dem Kopf schlagen. Ich fand es lächerlich, daß ich, der stets spöttisch über Liebe und Schwärmerei gesprochen hatte, ihr jetzt selbst zum Opfer gefallen sein sollte."[82] Doch welch ein Schild schützt schon vor Amors Pfeilen!

Unglücklicherweise erfährt ANDERSEN noch in Faaborg, was er in der KLEINEN MEERJUNGFRAU als das alles entscheidende tragische Dilemma des Scheiterns der Liebe schildert: RIBORG ist „inoffiziell verlobt", und zwar mit dem Sohn des Ortsapothekers.[83] Dieser Mann mag sich menschlich in ANDERSENS Augen als unwürdig einer solchen Frau erweisen, doch weiß er, daß dieser Bewerber schon aus den Gründen einer lockenden Mitgift nie und nimmer, trotz eines gewissen Widerstandes der Familie VOIGT[84], auf eine so aussichtsreiche Partie verzichten wird. Entmutigt kehrt ANDERSEN, damals 25 Jahre alt, nach Kopenhagen zurück und versucht, seine Liebe zu vergessen. Doch natürlich: unmöglich! Da teilt sein Freund CHRISTIAN VOIGT ihm mit, RIBORG werde bald zu Besuch in die Hauptstadt kommen und sie freue sich, ihn wiederzusehen. Drei Wochen bleibt sie. ANDERSEN liest ihr ein Libretto vor, in dessen Dialogen er ihr seine eigenen Gefühle anzutragen hofft. Er küßt ihre Hand – wie die „kleine Meerjungfrau" die Hand des „Prinzen", und seine leidenschaftliche Liebe wird ihm bei dieser Gebärde der Zärtlichkeit in ihrem ganzen Ausmaß bewußt. Einige Gedichtmanuskripte, darunter auch das Gedicht AN SIE, überläßt er ihr, wie ein magisches Utensil seiner Verbundenheit.[85] Doch als er mit CHRISTIAN über seine Liebe zu RIBORG spricht, gibt dieser zur Antwort, er wisse nur, sie habe ihn gern. Umsonst hofft ANDERSEN „auf eine Aussprache unter vier Augen mit RIBORG"[86]. Am 30. Oktober 1830 endlich schreibt er ihr einen Brief, der, wie in der KLEINEN MEERJUNGFRAU, alles, auf Leben und Tod, in die Entscheidung eines einzigen Augenblicks legt. Dieser Brief lautet:

„Es ist unmöglich, es einzurichten, daß ich mit Ihnen über das spreche, was ich Ihnen sagen muß, über das, was Sie erfahren müssen, bevor Sie abreisen; am allerwenigsten möchte ich es dem Papier anvertrauen, aber es ist das einzige, das letzte Mittel, und ich bin in meinem Herzen davon überzeugt, daß Sie das reine weibliche Gefühl besitzen, daß mein inniges Zutrauen zu Ihnen nicht verspottet wird und daß kein anderer diese Worte sieht. Versprechen Sie mir, dieses Papier nicht wegzulegen, bevor Sie alles gelesen haben, und lassen Sie mich zum mindesten ein schwesterliches Herz finden, wenn ich das meine zum ersten Mal jemand anderem offenbare ... Erst jetzt hat mir Ihr Bruder von Ihrem Verlöbnis erzählt, ich müßte also resignierend zurücktreten – aber Sie haben sicher schon meine Gefühle spüren können, ich bin nicht weltklug genug, um mein Herz zu verbergen, und ich träumte mich in eine Hoffnung hinein, ohne die mein Leben verloren ist. Lieben Sie den anderen wirklich? Ich kenne ihn ganz und gar nicht, kann nichts gegen ihn haben, und sicherlich hat er seine Vorzüge, da Sie ihn erwählt haben, aber lieben Sie einander wirklich? ... Lieben Sie ihn ... nicht so sehr wie Gott und die ewige Seligkeit, sind Sie sich dessen nicht ganz sicher? Dann machen Sie mich nicht unglücklich! ... Sie sind mein einziger Gedanke, mein Alles, und ein Dichterherz klopft stärker als irgendein anderes! ... Lieben Sie (aber) wirklich den anderen, nun, dann vergeben Sie mir! vergeben Sie mir, daß ich dies gewagt habe, denn es wäre dann eine Vermessenheit. Mögen Sie beide glücklich werden! und vergessen Sie nie ein Wesen, das Sie niemals, niemals vergessen wird. Hat dieser Brief Sie aber nicht gekränkt, dann gestatten Sie mir noch ein einziges Mal, Sie zu sehen, und ich werde alsdann mein Schicksal in Ihren Mienen lesen. Daß Sie den Brief vernichten oder mir zurückgeben werden, darin vertraue ich auf Ihr weibliches Herz. Nun wissen Sie alles! – Leben Sie wohl! vielleicht für ewig Lebewohl!

Nachschrift: Glauben Sie um Gottes willen nicht, das Ganze wäre ein Dichtertraum von mir! drei ganze Monate lang haben mein Herz und mein Geist damit gerungen, jetzt kann ich nicht länger in dieser Ungewißheit leben, ich muß die Entscheidung wissen, aber vergeben Sie mir! vergeben Sie mir! vergeben Sie mir! ich habe nicht anders handeln können! Leben Sie wohl!"[87]

Hoffnungsvoller, angsterfüllter, rücksichtsvoller und verzweifelter kann ein Brief nicht lauten, in dem ein Mann einer geliebten Frau seine Gefühle gesteht und doch kaum zu glauben vermag, daß sie erwidert würden, ja, in dem er seine „Zudringlichkeit" beinahe schon wie eine Schuld empfindet, die ihm nur schwer werde vergeben werden können. Um keinen Preis möchte ANDERSEN seiner Geliebten *lästig* fallen, so wenig wie die „kleine Meerjungfrau" ihrem „Prinzen"; ja, so sehr er wünscht, bei der Geliebten Erhörung zu finden, so nimmt er in diesem Brief die Enttäuschung der Absage doch bereits vorweg, ganz als stünde es ihm nicht zu, auf die Liebe einer Frau wirklich hoffen zu dürfen.

Warum?

In der resignativen Haltung ANDERSENS in Liebesfragen liegt ein wohlgehütetes Geheimnis, das sich in seinem Märchen von der KLEINEN MEERJUNGFRAU bei aller symbolischen Chiffrierung, wie wir sehen werden, vergleichsweise am deutlichsten ausspricht.

In seinem LEBENSBUCH schreibt ANDERSEN, RIBORG sei beim Lesen seines Briefes in Tränen ausgebrochen.[88] Noch am selben Tag sah er sie in Begleitung ihres Vaters und ihrer Schwester bei einer Aufführung im Königlichen Theater – „ihr Blick suchte den meinen, sie war totenblaß und dennoch sehr schön, ungemein schön". Am nächsten Abend, dem letzten, den sie in Kopenhagen verbrachte, ging sie mit ihren Angehörigen nochmals ins Theater, und nach der Vorstellung verabschiedete sich ANDERSEN am Ausgang von ihr.[89] Ihren Entschluß hatte sie bereits gefaßt; ihrem Bruder schrieb sie: „Meine Liebe kann ich ihm natürlich nicht schenken, weil sie seit langem jemandem gehört, der sie ganz verdient; aber meine Freundschaft kann er haben. Ich werde ihm gern eine Schwester, eine Freundin sein, falls er mich dessen für würdig hält."[90]

Diese wenigen Zeilen enthalten die ganze Qual, die in ANDERSENS Märchen die „kleine Meerjungfrau" zugrunde richten wird: „eine Schwester", „eine Freundin", „falls er mich ... für würdig hält ..." – das soll die Antwort sein auf ein solches Geständnis brennender, leidenschaftlicher Liebe! Und ist es wirklich nur die „inoffizielle" Verlobung mit jenem Apothekerssohn, die RIBORG hindert, ANDERSENS Liebe zu erwidern? Am folgenden Tag läßt sie ihm durch ihren Bruder einen Abschiedsgruß übermitteln, dem sie wohl seinen eigenen Brief beigefügt haben dürfte: „Leben Sie wohl! Leben Sie wohl! Hoffentlich wird mir Christian bald sagen können, daß Sie wieder so ruhig und glücklich sind wie zuvor. In aufrichtiger Freundschaft, Riborg."[91]

„Aufrichtige Freundschaft" – das heißt: *nicht* Liebe! Und „hoffentlich sind Sie bald wieder so ruhig und glücklich wie zuvor" – ist das nicht wie ein Erschrecken über die „Unruhe" und über das „Unglück", mit denen die Liebe ANDERSENS Herz ganz offensichtlich verheert hat? Es ist dieser Zug, der am deutlichsten an die Situation der „kleinen Meerjungfrau" bei der Begegnung mit dem „Prinzen" erinnert: dieser „Sturm" lang aufgesparter Gefühle, die sich auf jemanden richten, der, stets umgeben von seinesgleichen, nie wirklich ansprechbar ist und den man schließlich, aus Sorge, er möge in dem „Wirbel" des „Meeres" „untergehen", am Ende noch selber ans „Festland" zurückgeleiten muß. RIBORG heiratete sechs Monate später ihren Verlobten; ANDERSEN aber litt sein Leben lang an dieser seiner ersten großen Liebe; er trug sie mit sich, er gestaltete sie in seinen Schriften, und es war durchaus nicht nur eine „glückliche Gattin", die er später in RIBORG sah.

Schon im Januar 1831 erscheint ein neuer Gedichtband, PHANTASIEN UND SKIZZEN[92], der all die Liebesgedichte enthält, die sich auf RIBORG beziehen, darunter das „Muschel"-Gedicht, das wir eingangs (S. 25) zitiert haben. Was ANDERSEN selber zu diesen Gedichten und zu seinen Gefühlen in jener Zeit in einem Brief an den befreundeten Dichter B. S. INGEMANN schreibt, ist so endgültig und niederdrückend, daß es gerade die Empfindungen ausspricht, die die „kleine Meerjungfrau" ihrem „Prinzen" nicht mitzuteilen wagt: „Ja", gesteht er dort, „meine Gedichte sind keine Phantasie, es liegt ihnen etwas Wirkliches zugrunde, oh! es ist etwas so Trauriges, daß es fast gar nicht wie Wirklichkeit aussieht. Ich hänge mit Seele und Gedanken an einem einzigen Geschöpf, einem geistreichen, kindlichen Geschöpf, wie ich noch nie eins gesehen habe; ... aber, oh! es klingt häßlich, das fühle ich wohl, sie ist verlobt und heiratet nächsten Monat. Meine

Freunde und Bekannten scherzen mit mir über meine Gedichte, sie lassen sich nicht träumen, daß es eine tiefe, traurige Wahrheit ist, oh, ich leide unter ihrem Spott, den ich doch selber erwidern und parieren muß! ... Ich bin ihr zum ersten Mal vorigen Sommer begegnet, ihre Familie war die angesehenste in der Stadt und ihr Bruder ein Studienfreund von mir, ich war nur drei Tage dort im Hause, und als ich fühlte, was ich noch nie gefühlt habe, und hörte, daß sie verlobt sei, bin ich sofort abgereist. Aber hier in Kopenhagen sind wir wieder zusammengetroffen (drei Wochen) ... ach, ich weiß selber nicht, Gott ist doch gar zu hart gegen mich! Wäre ich doch tot, hier auf Erden werde ich nie glücklich!"[93]

All die Todessehnsucht der „kleinen Meerjungfrau", ihr Verzicht auf jede diesseitige Hoffnung und selbst ihr völliges Verstummen drückt sich in diesen Worten so klar wie nur möglich aus. Am 2. März desselben Jahres bemerkt ANDERSEN in einem Brief an INGEMANN zu seinem Verhältnis zu RIBORG: „Wir schreiben einander nie, es wäre nicht recht, und trotzdem weiß ich, daß sie oft an mich denkt, daß sie mich wirklich liebt, aber ich kann nicht verstehen, wie sie dann einen anderen *heiraten* kann – ich könnte das nicht!" Dafür tröstet er sich, allmählich doch daran glauben zu können, „ein Dichter zu sein". „Hoffentlich ist das nicht zu eitel von mir, aber es ist das Schönste, das ich mir erträumen kann."[94]

Tatsächlich gestaltet er die „Geschichte meines Herzens" in dem Singspiel TRENNUNG UND WIEDERSEHEN aus[95], nur mit der Veränderung, daß es sich hier um gegenseitige Liebe handelte."[96] Wie um sich vor einem Übermaß an Gefühlen von Melancholie und Weltschmerz zu retten, unternimmt er im Mai 1831 eine Deutschlandreise, doch auch dorthin nimmt er seine Liebe zu RIBORG innerlich mit. Seine SCHATTENBILDER VON EINER REISE IN DEN HARZ[97] enthalten bereits die ersten Elemente zu manchen seiner späteren Märchen, vor allem zu der Geschichte von der KLEINEN MEERJUNGFRAU: „Die Beschreibung der ‚Elfen auf der Lüneburger Heide‘ gehört ganz in die Märchendichtung“, bemerkt ANDERSEN im Rückblick selber[98]; und natürlich enthalten die SCHATTENBILDER auch konkrete Anspielungen auf RIBORG, insbesondere auf die inzwischen vollzogene Hochzeit. So gestaltet er die folgende Szene: Im Braunschweiger Dom findet gerade eine Trauung statt; Freude und Trauer malen sich im Antlitz der Braut; sie hält, selbst noch auf dem Wege zum Traualtar, Ausschau nach dem Mann, den sie wirklich liebt ... Spielte dies, schreibt ANDERSEN, in einem Trivialroman, so stünde dieser Mann „wahrscheinlich blaß wie der Tod hinter einem Pfeiler“ und beobachtete die Zeremonie; „aber das hier war die Wirklichkeit. Er war nicht da, aber wo ...?“[99]

ANDERSEN konnte RIBORG nicht vergessen; genug, daß er nach und nach den „Trost“ aufgab, im Grunde habe sie ihn doch geliebt, so wie er sie. An CHRISTIAN VOIGT schrieb er am 9. Juni 1831: „Jedes Mal, wenn ich an sie denke, spüre ich einen unsagbar tiefen Schmerz, aber ich kann nicht weinen, und ich liebe sie nicht mehr, *das ist gewiß*, aber jetzt leide ich *mehr* unter der Erinnerung an sie, ich fühle eine Leere – O Gott! Christian! Mögest Du niemals fühlen, was ich jetzt fühle.“[100]

Ähnlich schrieb er auch an EDVARD COLLIN. Schon im Mai 1831 hatte er von diesem die merkwürdige Absage auf seine Bitte erhalten, ihn mit Du anreden zu dürfen, und er litt sehr unter dieser Brüskierung; und doch „dankte“ er in seinem Antwortbrief aus Berlin EDVARD, dem „Bruder“, „für jede Zeile“ und versuchte, gedrängt von der Heftigkeit seiner Trauer, dem „ehrlichsten Freund“ von seiner so schmerzlichen Liebe zu RIBORG zu berichten: „Sie werden mit mir fühlen und finden, daß das Leben eigentlich etwas zu hart mit mir umgesprungen ist. Diesen Sommer lernte ich ein reiches, schönes, geistvolles Mädchen kennen, sie empfindet das gleiche für mich wie ich für sie. Sie war verlobt, und die Umstände geboten ihr, einen Mann zu ehelichen, der sie allein ihres Vermögens wegen nahm; sie heiratete, kurz bevor ich abreiste, einige Worte sind das einzige, was ich von ihr habe, mit denen bittet sie mich schwesterlich, alles zu vergessen. Das war es, warum ich fort wollte, fort mußte, oh, ich habe geweint wie ein Kind. Es war gewiß unklug von mir, mittellos wie ich bin, mich zu verlieben; zwar hätte sie genug Vermögen für uns beide gehabt, aber dann hätten die Leute gesagt, es sei Berechnung, und das hätte mich tief verletzt.“[101]

Noch einmal spricht hier ANDERSEN seine Vermutung, seine tröstliche „Gewißheit“ aus, RIBORG habe ihn ebenso innig geliebt wie er sie; hätten die Eltern den „Prinzen“ nicht anderweitig verlobt, die „kleine Meerjungfrau“ hätte glücklich sein können ... Aber noch etwas anderes steht in diesem Brief: ANDERSEN hätte sich zutiefst geschämt, hätte er mitanhören müssen, wie man seine KLEINE MEERJUNGFRAU als Ausdruck seines Bestrebens hätte deuten können, von der „höheren“ Gesellschaft akzeptiert zu werden und durch eine Zweckheirat zu den besseren Kreisen, zu den „wirklichen Menschen“, „aufzusteigen“. Ein solcher Verdacht auch nur wäre ihm mehr als peinlich erschienen, ja, er hätte seine Liebe zu RIBORG womöglich ganz und gar verhindert. Gewiß, er notiert, daß sie „reich“ war, und er erwähnt diesen Vorzug gegenüber dem Kaufmannssohn EDVARD COLLIN sogar an erster Stelle; doch was er, der mittellose und weitgehend verkannte Dichter, damals empfand, hatte nichts mit Berechnung zu tun, alles aber mit aufrichtiger Zuneigung.

Diese Liebe läßt ihn nicht los.

Sie begleitet ihn in den Jahren 1833–1834 auf seiner Reise durch Frankreich und Italien, wo AGNETE UND DER MEERMANN[102] entsteht, und sie begleitet ihn auch, als die Geschichte der KLEINEN MEERJUNGFRAU geboren wird, selbst wenn das Märchen erst 1837 in dem 3. Heft der MÄRCHEN, FÜR KINDER ERZÄHLT erscheinen wird; schon vom Kolorit her gehen beide Geschichten ineinander über, sie wechseln einfach vom Norden in den Süden, und es ist RIBORG VOIGT, die in der Gestalt der „kleinen Meerjungfrau" gewissermaßen die Aura einer italienischen Venus gewinnt.

AGNETE entstand in dem Schweizer Gebirgsort Le Locle; im Vorwort des Versdramas bemerkt ANDERSEN: „Schon als Kind ergriff mich das alte Lied von ‚Agnete und der Wassermann', dessen doppelte Welt: die Erde und das Meer. Älter geworden, erblickte ich darin das große Abbild des Lebens mit dem nie gestillten Verlangen des Herzens, dessen wunderliches Trachten nach einem neuen, einem anderen Dasein. Lange dachte ich daran, das auszusprechen, was in meiner Seele lebt."[103] Ja, er sprach an dieser Stelle von „Agnete" fast so wie die „kleine Meerjungfrau" von dem Bild ihres „Prinzen": „eine schöne Statue, nur von mir und Gott geschaut."[104] Nachdem die Arbeit an AGNETE vollendet war, begab ANDERSEN sich unmittelbar nach Italien, dem Land, von dem er mit wirklichem *Heimweh* schrieb: „Es verschmolz sich mit meinem eigenen Ich"; „mein Herz hing an Italien als einem für mich verlorenen Paradies."[105] Kein Wunder daher, daß die gesamte Tönung, in der er das Land des „Prinzen" in der KLEINEN MEERJUNGFRAU malt, in vielen Details „italienisch" gefärbt ist.

Möglich, daß ANDERSEN zum Beispiel bei der Schilderung des „Gewitters" in der KLEINEN MEERJUNGFRAU noch von dem Unwetter inspiriert war, das ihn am ersten Abend seines Parisbesuches 1833 aus dem Schlaf riß[106]; möglich auch, daß die Schilderung des „Feuerwerkes" zum Geburtstag des „Prinzen" noch von der Erinnerung an die große Illumination anläßlich der Enthüllung der Napoleonsäule auf dem Vendôme-Platz während des Juli-

festes in Paris bestimmt ist, als „Raketen und Feuersonnen in der Luft" flammten[107]; doch wurde bereits dieses Schauspiel in seinen Augen bei weitem überboten durch die „Feuerkaskaden in Rom" beim Osterfest des folgenden Jahres.[108] Und vollends die zahlreichen Einzelheiten der Landschaftsschilderungen in der KLEINEN MEERJUNGFRAU entstammen unverkennbar der Italienreise, beginnend bereits mit der „Alpenkette, der untere Teil im bläulichen Nebel, die obersten Gebirgsformen scharf und finster. Die Gletscher glänzten im Sonnenschein, es war Sonntagmorgen, eine Andacht erfüllte meine Brust hier in der großen Kirche der Natur."[109] Wie fasziniert ist ganz entsprechend die „kleine Meerjungfrau" von den Bergen, auf denen der Schnee liegt! Und wenn sie in dem Garten bei dem „Tempel" „Apfelsinen-" und „Zitronenbäume" erblickt, erinnert das nicht an ANDERSENS „erste Tagesreise von Genua längs des Meeres nach Süden"? „Genua selbst", schreibt er, „zieht sich an den Bergen hin und blickt aus blaugrünen Olivenwäldern hervor. In den Gärten hingen Apfelsinen und Pomeranzen, grasgrüne Zitronen deuteten auf den Frühling"[110] ... Es ist dieselbe Jahreszeit, in der auch die „kleine Meerjungfrau" das Land der Menschen erblickt. Und dann erst die vielen Sonnenuntergänge! „Welch feenhafte Schönheit an einem Abend in Sestri di Levante. Das Gasthaus lag dicht am Meer, das in mächtigen Wogen gegen die Küste rollte. Der Himmel strahlte in feuerroten Wolken, die Berge wechselten ihre Farben. Die Bäume waren wie große Fruchtkörbe mit schweren Trauben überfüllt, die die Weinreben hinaufhoben."[111]

Sogar die Gestalt der „Meerjungfrau" selbst als der Verkörperung der Liebe scheint zusätzlich durch die Venus von Medici in Florenz angeregt zu sein: „Ich fühlte mich", erinnert sich ANDERSEN an den Anblick des marmornen Standbildes, „wunderbar andächtig gestimmt und überwältigt, ich vermochte mich kaum loszureißen:

Aus des Meeres Schaum, so weiß, so leicht,
schön wie nur Göttergedanken,
erhebt sie sich, ewig jung.
Wenn alles welkt und stirbt,
nimmer wird die Liebe sterben.
Ewig wird die Göttin sie verkörpern."[112]

Die schaumgeborene Venus, wie das Bild BOTTICELLIS sie auf dem Titelbild dieses Buches zeigt[113], steht der „kleinen Meerjungfrau" in gewissem Sinne mithin (schon ihrer italienischen Herkunft wegen) offenbar weit näher als die Sirene KLINGERS oder die Océanide TOOROPS.

Ja, sogar der „Wohnsitz" der „kleinen Meerjungfrau" läßt sich mit einiger Vorsicht in Italien lokalisieren. Gern erinnert sich ANDERSEN an den März 1834, als er sich „mit einer Reisegesellschaft in einem offenen Boot von Salerno nach Amalfi und Capri" begibt, „wo man einige Jahre zuvor die Blaue Grotte entdeckt oder, richtiger gesagt, aufgefunden hatte ... Das Hexenloch, wie es zuvor genannt wurde, war nun eine Grotte der Feen geworden. Ich bin einer der ersten, der sie beschrieben hat. Jahre sind seitdem vergangen, ich habe Italien und Capri wieder besucht, aber Sturm und Wellenschlag haben mich immer wieder gehindert, diese Herrlichkeit noch einmal zu sehen. Doch einmal gesehen, bleibt unvergessen."[114] Die „Grotte der Feen" – sie könnte das „Schloß" des „Meerkönigs" und seiner „Tochter" sein ... Und nimmt man gar noch die „Fackeln der Fischerboote" in der Bucht von Neapel hinzu, dann glaubt man sich sicher, dort in einem der Boote auch den „Prinzen" zu finden und die Fischer bei Nacht von ihm reden zu hören ...

Alles in allem ist das Traumland Italien für ANDERSEN ganz deutlich nicht das Land des sozialen „Aufstiegs", sondern die Sphäre einer Sehnsucht, wie er sie vor der Begegnung

mit RIBORG VOIGT nie gefühlt hatte und wie er sie danach nie mehr verlieren sollte; es ist daher nur folgerichtig, daß die Schilderung des „Festlandes" in der KLEINEN MEERJUNGFRAU mit den Erinnerungen ANDERSENS aus seinen italienischen Reisebeschreibungen verschmilzt.

In gewissem Sinne bedeutete die Liebe zu RIBORG VOIGT für ANDERSEN trotz aller Trauer den Höhepunkt seines Glücks. Wohl hat er später auch andere Frauen gemocht, ja geliebt: HENRIETTE WULFF zum Beispiel, die Tochter des Kommandeurs P. F. WULFF, die ihm zeitlebens wirklich eine „schwesterliche Freundin" war, SOPHIE ØRSTED, die Tochter des Entdeckers des Elektromagnetismus, oder JENNY LIND, die „schwedische Nachtigall", die er verehrte und deren „Bruder" zu sein er sich rühmte; doch war und blieb es RIBORG VOIGT, deren Bild er nie mehr verlieren sollte noch wollte. Zweimal noch ist er ihr begegnet, „zuletzt dreizehn Jahre danach bei einem Volksfest auf Fünen, das sie zusammen mit ihrem Mann und ihren Kindern besuchte. Kurz darauf schrieb er das Märchen „Die Liebesleute (DER KREISEL UND DER BALL)"[115] mit dem bitteren Schluß: „Der Kreisel redete nie mehr von seiner alten Liebe; die geht vorbei, wenn die Liebste fünf Jahre lang in einer Wasserrinne gelegen und Wasser gezogen hat, ja, man erkennt sie überhaupt nicht wieder, wenn man ihr im Mülleimer begegnet."[116]

Da ist keine Rede mehr von der „trefflichen Gattin" und der „glücklichen Mutter", nur noch von der Zerstörung einer großen Liebe durch die schicksalhafte Trennung der Umstände und durch die schnöde Wirkung der Zeit. Und doch behielt ANDERSEN Riborg stets bei sich, er trug sie *in* seinem Herzen und in wörtlichem Sinne *an* seinem Herzen. Bei seinem Tode am 4. August 1875 fand man an einer Schnur um den Hals in einem kleinen Lederbeutel den kurzen Brief, den sie ihm bei ihrem Abschied

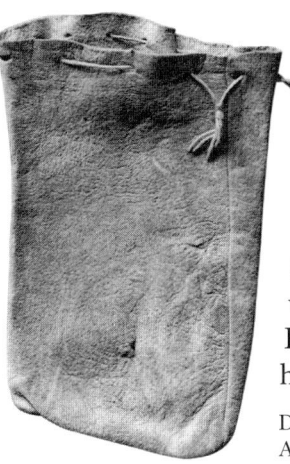

aus Kopenhagen durch ihren Bruder überreicht hatte.[117] Die „schöne", „geistvolle" RIBORG blieb sein „Luftgeist", seine Muse, seine singende, verstummte Sirene, die nur durch ihn, den Dichter, ihre Stimme, ihr Denkmal zu finden vermochte, so wie er durch sie seine Beseelung und Beseligung erhofft hatte – und erfuhr!

Der Lederbeutel, in dem Andersen den Abschiedsbrief Riborg Voigts bei sich trug.

4. NUR DIE POESIE HAT WORTE DAFÜR, WAS DEN MENSCHEN UNENDLICH TIEF ERREGT

Indessen, so viele Details in dem Märchen von der KLEINEN MEERJUNGFRAU sich durch einen Vergleich mit den autobiographischen Zeugnissen ANDERSENS auch klären lassen, das eigentliche Rätsel seines Lebens und seiner Liebe erschließt sich erst, wenn wir, paradoxerweise scheinbar, seine Biographie einmal umgekehrt lesen von seinem Märchen her.

In der ANDERSEN-Forschung hat sich das Urteil eingebürgert, daß des Dichters Liebe zu RIBORG VOIGT womöglich gerade deshalb so tief war, „weil sie (sc. Riborg) an einen anderen gebunden war. Hier hatte er eine Gelegenheit zu einem fruchtbaren Liebeskummer ohne nennenswertes Risiko. Vielleicht ist es ihm gar nicht unlieb gewesen, den unglücklichen Liebhaber zu spielen ... Ohne etwa dem Erwachen seiner Liebeskraft alle Echtheit aberkennen zu wollen, scheint sie doch einen literarischen Beigeschmack gehabt zu haben. Unmittelbar auf den Passus

über die Liebesgeschichte folgt im ‚Märchen meines Lebens' eine Schilderung von seiner ersten Begegnung mit Heines Poesie. Aber, wie Dänemarks feinster Andersen-Kenner, H. Topsøe-Jensen, treffend bemerkt, war es nicht seine unglückliche Liebe, durch die sein Gemüt für den ironisch-zersplitterten deutschen Lyriker empfänglich gemacht wurde. Es war eher umgekehrt."[118] Daran ist etwas Wahres. Doch warum ist das so? Es sind gerade die Zusammenhänge, auf die wir psychoanalytisch bereits bei der „kleinen Meerjungfrau" aufmerksam geworden sind, die uns jetzt bei der Beantwortung dieser Frage weiterhelfen, wenn wir sie mit den Gegebenheiten aus ANDERSENS Biographie verknüpfen.

Da ist als erstes das Gefühl aller „Meerleute", in der Welt der „Menschen" nicht gut genug zu sein, um ihre Liebe erringen zu können. Woher stammt diese merkwürdige Sehnsucht nach Liebe und gleichzeitig diese Angst vor der Liebe, die wir im Verhalten der „kleinen Meerjungfrau" ebenso beobachten können wie in ANDERSENS Leben selber?

An der Oberfläche handelt es sich um ein elementares Gefühl der Minderwertigkeit, das jedoch keinesfalls als eine einfache Folge sozialer Minderrangigkeit verstanden werden kann. Was jemand für sich ist und was er in den Augen anderer sein möchte, ergibt sich nicht einfach aus den Lebensumständen, sondern wesentlich aus der Art, wie diese ihm psychisch vermittelt werden. Freilich, das Gefühl der Minderwertigkeit selbst klammert sich zu seiner Eigenbegründung, wie um von dem Innenraum der Selbsterfahrung abzulenken, mit Vorliebe an äußere Tatsachen, die es als schicksalhafte Fügung sich im Rückblick zurecht legt, doch sein wirklicher Ursprung liegt tief im Inneren der Selbsterfahrung eines Menschen mit bestimmten Eigentümlichkeiten seiner Person begründet.

ANDERSEN selber, noch während seiner Italienreise, gibt sich zum Beispiel überzeugt, daß RIBORG ihn nur seines vermeintlich unvorteilhaften Äußeren wegen nicht geheiratet habe. Derselbe Mann, der sich in seinem Brief an EDVARD COLLIN soeben noch einredete, RIBORG habe ihm gegenüber die gleichen Gefühle gehegt wie er ihr gegenüber, schreibt nun ein Gedicht, in dem er, beginnend mit seiner körperlichen „Erscheinung", sein Minderwertigkeitsgefühl zudem auf seinen sozialen Status, ja, schließlich auch auf sein dichterisches Vermögen ausdehnt:

Ich gab mein Herz, mein Jugendblut,
Da sprach sie: „Oh, er ist so gut!"
Jedoch – ich war nicht schön genug.

Für den besten Freund war es wohl schwer,
Er sammelt Gift, er reicht es her:
„Es stärkt, du mußt es trinken!"

Ich sprach, was ich fühlte, natürlich und wahr,
Doch es fand der kritischen Damen Schar:
„Das hat er von Heine genommen!"[119]

So schreibt ANDERSEN – den Worten nach. Aber er wäre nicht ANDERSEN, wenn er im Tone der Klage untergründig nicht zugleich das Gegenteil dieser bitteren Erfahrungen reklamieren würde: Die Gesellschaftsdamen (um den Literaturpapst J. L. HEIBERG)[120] urteilen ungerecht über ihn als Dichter, wenn sie ihn als einen HEINE-Imitator abtun[121], EDVARD COLLIN hat ihn bitter beleidigt, als er ihm das Du verweigerte und wenig später alle ablehnenden Kommentare zu AGNETE UND DER MEERMANN sammelte und ihm zustimmend zuschickte[122], und auch RIBORG VOIGT hätte ihm Unrecht getan, wenn sie ihn aufgrund seiner äußeren Statur abgelehnt hätte. Der von allen für minderwertig Gehaltene kämpft in diesem Gedicht gegen das Urteil aller an, weil er weiß: Der Schwan unter den Enten und Hühnern ist alles andere als minderwertig! Wir aber müssen uns fragen: Wie kann eine so ausgesprochene Neigung, sich als minderwertig zu fühlen und darzustellen, zusammenkommen mit dem gleichzeitigen Anspruch auf eine Überwertigkeit, die den anderen nur erst noch verborgen ist?

Natürlich liegt es nahe, beide Stimmungen wie Ursache und Wirkung aufeinander zu beziehen: Der Anspruch auf Überwertigkeit erscheint dann als Reaktionsbildung, als Kompensation des ursprünglichen Minderwertigkeitsgefühls, und dieses wiederum meldet augenblicklich sich zu Wort, sobald ein gewisser Mißerfolg, eine Frustration, den überhöhten Anspruch des Ichs enttäuscht hat. Doch auch eine solche „dynamische" Interpretation bedarf einer ursächlichen Begründung, und im Falle ANDERSEN liegen die Dinge niemals so einfach; verstehen werden wir sie jedenfalls nur, wenn wir noch einmal auf sein Verhältnis *zu seiner Mutter*, näherhin auf sein Schamgefühl für seine Mutter, zurückkommen.

Im allgemeinen herrscht die Vorstellung, daß „einfache Leute" in „einfachen" Verhältnissen leben, die sich leicht durchschauen ließen. HANS CHRISTIAN ANDERSENS Mutter war gewiß das, was man eine „einfache Frau" nennt; doch gerade deshalb ist sie gut geeignet, jenes ebenso verbreitete wie falsche Vorurteil zu widerlegen. Denn was der kleine HANS CHRISTIAN schon bei seiner Mutter lernte, ist mindestens so kompliziert und so komplex, wie er selber es in dem schon mehrfach erwähnten Märchen SIE TAUGTE NICHTS beschrieben hat[123]: Da hat ein Junge seine Mutter lieb und fühlt sich auch von ihr geliebt, ja, „verhätschelt" und vergöttert, doch was bedeutet es, von einer Person geachtet zu werden, die selber eine Verachtete ist? Für ein Kind, das mit seiner Mutter seelisch verschmolzen ist, gibt es schwerlich eine Kränkung seines Selbstwertgefühls, die so empfindlich und nachhaltig wirken könnte, wie das Empfinden, sich für gerade den Menschen *schämen* zu sollen, dessen Wertschätzung und Zuwendung den wichtigsten Grund seiner eigenen Selbstachtung bildet. Gerade das aber war die Situation des jungen ANDERSEN. Von seiten seiner Mutter fühlte er sich geliebt und geachtet; wenn aber die Person, auf die sich die Selbstachtung eines Kindes gründet, von (den) anderen Menschen mißachtet wird, gehört es dann nicht selber der Sphäre des Verachtenswerten zu? Doch das Kind liebt ja seine Mutter, es findet sie durchaus nicht verächtlich, es findet im Gegenteil, daß der Mutter (und ihm selber) mit der verächtlichen Einstellung der anderen bitteres *Unrecht* getan wird!

Nur unter dieser Voraussetzung läßt sich die „Argumentation" ANDERSENS in SIE TAUGTE NICHTS verstehen: Je ausführlicher er die Herabsetzung der armen Wäscherin schildert, desto deutlicher wird der Leser dahin geführt, sich an die Seite dieser Frau zu stellen und sie vor all dem Unbill in Schutz zu nehmen, das im Grunde nur Böswillige oder Unwissende ihr zufügen können. Nur so auch versteht man, warum in ANDERSENS Autobiographie über mehr als ein Drittel der Seiten die Rede von all den Verunglimpfungen und Schmähungen aus der Feder sogenannter „Rezensenten" und „Kritiker" die Rede geht: Je länger man all die hämischen Zitate und Presseausschnitte liest, desto rührender und menschlich höher stehend erscheint dem Leser HANS CHRISTIAN ANDERSEN selber, der so vielen Mißverständnissen und spöttischen Anfeindungen über so lange Zeit hin wehrlos ausgesetzt war. Das Ergebnis dieser klagenden Schilderung fremder Anklage ist eine eigenartig gebrochene Form der Selbstachtung, ja, des Stolzes.

Schon die Zeitgenossen ANDERSENS fanden genügend Grund und Gelegenheit, sich über den ausgeprägten Narzißmus des Dichters lustig zu machen: In der Tat gab es kein Thema, das ANDERSEN so wichtig war wie ANDERSEN. Doch handelte es sich dabei erkennbar nicht um eine wohlige Selbstverliebtheit und gefällige Selbstgenügsamkeit, sondern ganz im Gegenteil: um ein äußerst verletztes und verletzliches Flehen, von den anderen geduldet, gemocht, geliebt, ja, geachtet zu werden, – so wie es die Mutter schon verdient hätte, so wie es die Großmutter sich erträumt hatte, so wie es dem Vater zugestanden hätte – und wie es ihr Junge sein Leben lang stellvertretend für sie und für sich selber ersehnte und suchte! Alle *Sehnsucht* der „kleinen Meerjungfrau" ergibt sich in der Biographie ANDERSENS aus diesem Hintergrund: der verkannten Würde und der unverdienten Mißachtung. *Dagegen* protestiert er, aber nicht aktiv, kämpferisch, dazu bestand gar keine Möglichkeit, sondern klagend, wie ein Vöglein, das aus dem Nest gefallen ist, mit seinem hilflosen „Tschilp, Tschilp" auf sich aufmerksam zu machen sucht. Später dann, wenn nur erst der nötige „Aufstieg" geschafft ist, wird sich die wahre Schönheit des Kindes der „Tiefsee" schon zeigen!

Doch daneben auch lauert immer wieder die alte Angst: Wie, wenn der „Aufstieg" gar nicht gelingt? Wie, wenn auch nur die Hoffnung darauf schon eine Vermessenheit darstellt, die mit einem um so steileren Abfall geahndet werden wird? Wie, wenn statt der erhofften Zuneigung und Zuwendung nur um so hohnvollere Abneigung und Abwendung wartet?

In der Seele eines Kindes, dessen früheste Liebe man schändet, entwickelt sich eine *Furcht* gerade gegenüber der Möglichkeit, es könnte die Sehnsucht nach Liebe sich wirklich *erfüllen*: Hübe das alte Gelächter dann nicht von neuem an? Die verachtete Liebe wird zur gefürchteten

Liebe: – das ist das Paradoxe im Verhalten der „kleinen Meerjungfrau" nicht anders als in der Haltung des Dichters selber, der sich in ihrer Gestalt ausspricht. Am Ende muß es genügen, wenigstens mit sich selber im Einklang zu bleiben und in den bittersten Stunden sich sagen zu können, daß das, was die anderen sagen, unrecht ist und Unrecht tut: Als die „kleine Meerjungfrau" sich unerkannt und unverstanden in die Tiefe stürzt, wartet auf sie nun erst recht der Aufstieg zum Himmel! Irgendwann werden es alle erkennen ...

Doch die Liebe *aller* – kann sie die Liebe auch nur eines einzigen Menschen ersetzen?

ANDERSEN wird die Liebe eines einzelnen Menschen, die er ursprünglich am meisten ersehnte, in alle Zeit später sich nur noch wie von ferne erträumen; die Frage aber stellt sich noch einmal: bildete die Begegnung mit RIBORG VOIGT wirklich das Trauma, das alle weiteren Hoffnungen lähmte?

Um es vorwegzusagen: Eher *bestätigte* dieses Erlebnis eine Reihe uralter Ängste, die ANDERSEN bereits mitbrachte! Gehen wir sie der Reihe nach durch:

Da war die *Angst vor der eigenen Männlichkeit und vor fremden Aggressionen.* ANDERSEN war nicht nur in hohem Grade mit seiner Mutter verschmolzen, er hatte auch eine Mutter, die ihn am liebsten als Mädchen gesehen hätte; bis ins hohe Alter hinein blieb sein Verhalten „mädchenhaft". Ungeniert konnte er selbst davon sprechen, daß z.B. EDVARD COLLIN eine „Kühnheit, eine Festigkeit" besessen habe, die ihm stets abgegangen sei. „Ich", schreibt er, „hatte nie einen Jugendfreund gehabt; weich, wie ich war, schmiegte sich meine Seele ihm an. Dem fast Mädchenhaften meines Wesens trat er entgegen, und wenn auch jünger an Jahren als ich, war er der Ältere an Verstand, der Leitende, der Entscheidende, wie es den Umständen entsprach."[124] Deutlich spricht ANDERSEN in diesen Worten

nicht nur von seiner Kontaktscheu Jungen gegenüber, es wird auch in etwa deutlich, worin diese ihren Grund hatte: in einer ständigen Bereitschaft, Aggressionen durch Anpassung, notfalls durch Unterordnung auszuweichen.

Wir hörten schon, wie *Tätlichkeiten* aller Art für *Frau* ANDERSEN etwas so Unerträgliches darstellten, daß sie ihren Jungen sogleich von der Schule nahm, als er von der Lehrerin einmal geschlagen wurde. Wie stolz war sie umgekehrt, als sie einmal miterleben durfte, daß ihre Erziehung zur strikten Aggressionsvermeidung, zum Nicht-Widerstand in jeder Hinsicht, ihre Früchte trug! Das war, als sie im Herbst mit ihrem Sohn zum Ährenlesen aufs Feld ging und HANS CHRISTIAN sich dabei – erneut in einem mädchenhaften Vergleich – vorkam „wie Ruth auf dem reichen Acker des Boas". „Eines Tages", erzählt er, „waren wir auf den Feldern eines Gutes, wo ein bekannter böser Inspektor die Aufsicht führte. Wir sahen ihn herankommen, eine große Hundepeitsche in der Hand, meine Mutter und die Frauen, die mit ihr waren, liefen davon. Ich steckte mit nackten Füßen in Holzschuhen, verlor sie, die Stoppeln stachen mich, so vermochte ich nicht schnell genug von dannen zu eilen, ich blieb allein zurück. Schon hob er die Peitsche, ich schaute ihm ins Gesicht und sagte unwillkürlich: ‚Wie kannst du mich schlagen, wenn Gott es sieht.' Und der strenge Mann wurde plötzlich mild, streichelte mir die Wange, fragte, wie ich hieße, und gab mir Geld. Als ich meiner Mutter das Geld zeigte, sagte sie zu ihren Freundinnen: mein Hans Christian ist ein merkwürdiges Kind, alle Menschen sind gut zu ihm, und selbst der böse Mann hat ihm Geld gegeben'."[125]

Ganz offensichtlich redet hier der kleine ANDERSEN mit dem bösen Aufseher so, wie ehemals seine Mutter mit ihm selbst redete, daß er nichts „Böses" tue: „Gott sieht es!" Unter Gottes Augen verträgt es sich nicht, daß ein Junge sich mit anderen prügelt. Dabei zeigt sich die Mutter selber in dieser Szene nicht minder furchtsam als ihr Sohn: Sie flieht mit ihren Freundinnen und läßt sogar ihren Jungen ungeschützt zurück; der aber verhält sich geradezu vorbildlich entsprechend ihren Weisungen: Gott wird denjenigen schützen, der lieb und brav ist; vor ihm jedenfalls haben alle unrecht, die zu ihm böse und frech sind ... Die Wirkung eines solchen Betragens auf eine *Jungengruppe* läßt sich leicht vorhersagen!

Natürlich wurde der junge HANS CHRISTIAN schon aufgrund seines „mädchenhaften" Wesens tüchtig gehänselt. Ein Junge, der sich zumindest moralisch als richtig, wo nicht als „besser" denn alle anderen fühlt, nur weil er, als Kind seiner Mutter, ganz normale Kameraden an seiner Seite als zu grob, ja, als ängstigend roh erlebt, wird mit aller Wahrscheinlichkeit von seiten der anderen eben den Spott und die Verachtung auf sich lenken, die er am meisten fürchtet. Der „funktionale Leidensdruck", psychoanalytisch gesprochen[126], kann unter solchen Umständen nur wachsen. Die Folge: jene ständige Fluchtdistanz, die ANDERSEN zwischen sich und die anderen legte, sowie die ständige Neigung, durch Wohlverhalten gegenüber anderen und notfalls durch Zuflucht zur Mutter (oder zu Gott!) sich in „Sicherheit" zu bringen.

Zugleich aber muß es von einem bestimmten Augenblick an auch so etwas gegeben haben wie die *Flucht vor der Mutter.* Was geht in einem Kinde vor sich, das, wie ANDERSEN, seine Mutter immer wieder hilflos weinen sieht und schließlich gar als eine haltlose Trinkerin erlebt? Es leidet mit ihr, es möchte ihr gut sein, es möchte ihr helfen, doch gerade das vermag es nicht. ANDERSENS Mutter neigte offensichtlich zu Depressionen. Oftmals suchte sie Schutz in Magie und Aberglauben, und es war allem Anschein nach nicht ihre Art, Krisenaugenblicke durch rationale Entscheidungen und entschlossenes Handeln zu lösen. Für

ihren Sohn muß diese Einstellung nicht selten zu Szenen seelischer Überforderung geführt haben. Einerseits fühlte das Kind bei seiner Mutter sich wohl und geborgen, dann aber mußte es erleben, daß dieselbe Frau, die ihm allen Halt bot, selber nach einem Beistand verlangte, den es ihr nicht zu geben vermochte. Es war unter diesen Umständen gewiß nicht nur das Verlangen nach Größe und Ruhm, das ANDERSEN mit 14 Jahren gegen die Angst seiner Mutter weg nach Kopenhagen gehen ließ, es war wohl auch die Angst vor der Mutter selbst, die ihn in die Fremde trieb.

Wie belastend das Elternhaus und die Zeit in Odense auf den jungen ANDERSEN wirkte, zeigt eine kleine Episode, die sich zutrug, als er, Mitte der Vierziger, sich auf einer Reise in seine Heimatstadt befand: Da geschah es, erinnert er sich, daß „ich einen armen, halbblöden Burschen vor meinem Fenster sah; er hatte ein edel geformtes Gesicht, die Augen waren glanzvoll, aber über dem ganzen Menschen lag etwas Gestörtes, und die Jungen foppten und hetzten ihn. Ich dachte dabei an mich selber, an meine Kindheit, meinen geistesschwachen Großvater; wenn ich in Odense geblieben wäre, dort in die Lehre gekommen wäre, wenn die Kräfte der Phantasie, die mich damals erfüllten, nicht durch die Zeit und Verhältnisse gezügelt worden wären, oder wenn ich nicht gelernt hätte, mit meiner ganzen Umgebung zu verschmelzen, wie würde ich dann wohl angesehen worden sein? Ich weiß nicht, aber beim Anblick dieses unglücklichen, gehetzten Blödlings vor meinem Fenster klopfte mein Herz heftig, mein Gedanke und mein Dank stiegen zu Gott empor für seine Gnade und Liebe gegen mich."[127]

Nach diesen Worten leidet es keinen Zweifel, daß ANDERSEN sein Leben lang Angst hatte, irrsinnig werden zu können, und daß er das Ende seiner Kindheit als eine Art Wahl zwischen der Flucht vor dem Elternhaus oder der „Flucht" in den Wahnsinn erlebt hat. Nach der Wiederheirat seiner Mutter, die den Verwandten des Stiefvaters als „eine gar zu geringe Partie" erschien[128], lebte der alleingelassene Junge, wie Andersen von sich sagt, „ganz für mein Puppentheater." Mit Wohlgefallen sah Frau Andersen, wie ihr Sohn die Kleidchen für die Puppen nähte, und sie „betrachtete dies als eine gute Übung, um Schneider zu werden, denn dazu, meinte sie, sei ich geboren. Ich dagegen wollte zur Komödie, was meine Mutter aufs bestimmteste ablehnte, weil sie unter Komödianten nur Seiltänzer und umherreisende Schauspieler verstand, die in ihren Augen ein und dasselbe waren. ‚Ja, da wirst du tüchtig verprügelt', sagte sie, ‚dann wirst du Hunger leiden, damit du leicht von Gewicht bist, du bekommst Öl zu essen, damit du recht geschmeidige Glieder hast'. Nein, Schneider sollte ich werden! ‚Sieh nur, wie vornehm es bei dem Schneider Stegmann ist!' Das war der feinste Schneider in unserer Stadt. ‚Er wohnt in der Korsgaade, hat große Scheiben in den Fenstern und viele Gesellen auf dem Tisch. Ja, wenn du einer von denen werden könntest.' – Meine einzige Beruhigung und Freude bei dieser meiner Bestimmung für den Schneiderberuf war, daß ich dann recht viele Lappen und Tücher für die Garderobe meines kleinen Theaters bekommen könnte."[129]

Es ist dies die einzige Stelle seiner Autobiographie, an der Andersen in seiner verhaltenen Weise kritisch zu seiner Mutter Stellung nimmt. Aus ihrer Sicht erschien es nur als praktisch und vernünftig, wenn ihr Sohn seine Begeisterung für Puppenkleider zum Beruf machte; sie erkannte weder die Gefährdung noch die Genialität, die in der verzögerten Kindlichkeit ihres Kindes lag; sie gönnte es ihm und sie freute sich über ihn, wenn er nur ein gutes, unverdorbenes Kind blieb, und Schneider zu werden war doch

etwas durchaus Erstrebenswertes, – ein ordentliches Handwerk, das sogar einen gewissen sozialen Aufstieg verhieß. Besonders bezeichnend ist, daß sie auf das phantastisch Anmutende in dem Berufswunsch ihres Kindes ihrerseits mit warnenden Phantastereien antwortete, wobei es ihr das Schlimmste zu sein schien, wenn ihr Junge falsch oder mangelhaft ernährt würde, – die gesamte Vorstellungskraft von Frau Andersen kreiste offenbar um Essen und Ordnung, und wenn der Dichter später immer wieder Klage darüber führen wird, daß man seine schöpferische Kraft, sein Talent und seine Berufung in ganz Dänemark niemals richtig gewürdigt habe, so überträgt er damit zumindest teilweise die Erfahrungen mit seiner Mutter recht projektiv – und zu Unrecht! – auf sein ganzes Mutterland. Wahr bleibt allein, daß seine Mutter bei aller Liebe zu ihrem Jungen und bei aller Sehnsucht des Vaters und der Großmutter nach sozialem Aufstieg alles getan hat, was sie konnte, um ihren Sohn an der einzigen Art zu *hindern*, in der er erfolgreich werden konnte und schließlich wurde: an dem Weg, ein Schriftsteller, ja, ein Dichter zu werden.

Selbst als Hans Christian genügend Geld für seine Reise nach Kopenhagen zusammengespart zu haben glaubte, hielt seine Mutter an ihrem Plan einer Schneiderlehre fest, und so, schreibt Andersen, „bat und quälte ich sie, mich mein Glück versuchen und nach Kopenhagen ziehen zu lassen, das mir damals die größte Stadt der Welt zu sein schien."[130] „‚Was soll dort aus dir werden?' fragte meine Mutter. – ‚Ich will berühmt werden!' antwortete ich und erzählte ihr, was ich über große Männer gelesen hatte, die in Armut geboren waren ... Ich weinte, ich bat, endlich gab meine Mutter nach, ließ aber doch eine alte, sogenannte ‚weise Frau' aus dem Spital herbeiholen, die mein Schicksal aus Karten und Kaffeesatz wahrsagen sollte."[131] Die

Alte weissagte Frau ANDERSEN, ihr Sohn werde „ein berühmter Mann" werden und „ihm zu Ehren" werde einst „die Stadt Odense illuminiert werden."[132] „Meine Mutter weinte, als sie das hörte und hatte nun nichts mehr dagegen, daß ich abreiste."[133] Als freilich die Nachbarn ihr vorhielten, es sei „ganz entsetzlich", ein 14 Jahre altes Kind allein in die Hauptstadt reisen zu lassen[134], gab sie sich zuversichtlich, weiter als bis nach Nyborg werde er gewiß nicht kommen. „Wenn er dort die wilde See sieht, bekommt er sicherlich Angst und kehrt wieder um, und dann wird er in die Schneiderlehre gegeben", sagte sie.[135] Und die Großmutter erklärte: „Wenn er bloß hier in der Stadt in eine Schreibstube kommen könnte! ... das ist vornehm, und Hans Christian hat den Kopf dafür."[136] Schneider oder Schreiber – derlei Vorstellungen von seiner Zukunft entwarfen die beiden einzigen Menschen, mit denen der junge ANDERSEN sich auf der Welt damals wirklich verbunden fühlte. Und gerade diese beiden Frauen mußte er eben deshalb *fliehen,* gerade so wie die „kleine Meerjungfrau" das Schloß ihrer „Großmutter" und des „Meerkönigs" verlassen muß, um zur Welt wirklicher „Menschen" „aufzusteigen" ...

Das heißt, auch dieses Motiv ist in sich gebrochen durch eine gegenteilige Gefühlsregung. Denn genauer gesagt, mußte ANDERSEN nicht so sehr *vor seiner Mutter* fliehen, als vielmehr vor seiner *Sehnsucht nach seiner Mutter*, vor seiner Neigung zur „Regression". Ohne Zweifel bildete es die wichtigste Entscheidung in seinem Leben, sich unter großen Ängsten von seiner Mutter loszureißen, um sich auf die eigenen Beine zu stellen, und gerade die Bedingungslosigkeit, ja, die Verwegenheit, mit der er sich auf die Reise machte, zeigt das kompromißlose Entweder – Oder, vor das er sich damals mit 14 Jahren gestellt sah. Er wird im übrigen auch dieses Verhaltensmuster sein Leben lang beibehalten.

Immer wieder hat man sich gewundert, wie ein Mensch, voll von so vielen zum Teil absurden Ängsten, ständig geplagt von hypochondrischen Befürchtungen der seltsamsten Art[137] wie HANS CHRISTIAN ANDERSEN, andererseits wieder scheinbar völlig bedenkenlos selbst vor den abenteuerlichsten Reisen, quer durch das Kriegsgebiet des Balkans etwa[138], nicht die Sekunde zurückschrecken konnte. Die Erklärung für diese vermeintliche Widersprüchlichkeit liegt in der Schlüsselszene von ANDERSENS erster großer „Reise" selbst: In der „Nähe" wird ihn stets die ängstliche Sorge seiner Mutter mit all ihren Bedenken und der fast schon tröstlichen Beruhigung umgeben, daß er vor lauter eigener Angst doch nicht weit kommen werde; dann aber, jenseits des Angsthorizonts seiner Mutter, liegt die ganze Welt frei und offen vor ihm, und so wird er die ganze Welt wie ein Wandersüchtiger durchschweifen[139] mit eben der Energie, die alle Süchtigen umtreibt: mit dem Verlangen, irgendwo die mütterliche Geborgenheit wiederzufinden ...

Wie tief sich ANDERSEN in Augenblicken der Not nach seiner Mutter *zurücksehnte*, zeigt ein Gedicht, das er 1826 schrieb, in der Zeit, da der drakonische, ja, sadistische Rektor SIMON MEISLING in Helsingør ihn fast davon überzeugt hatte, ein gänzlich unbegabter Schüler und ein ganz und gar unfähiger Dichter zu sein[140]; ANDERSEN, damals immerhin 21 Jahre alt, fühlte sich völlig verzweifelt, doch die Art, wie er auf die Situation antwortete, zeigt die typische Vielschichtigkeit seines Verhaltens: Er schreibt ein wehmütiges Gedicht, in dem ein sterbendes Kind nach seiner Mutter ruft – so, ohne Zweifel, fühlte er sich selber; doch wiederum ist es kennzeichnend, daß er das Kind gerade in den Gefühlen des Abschieds und der Traurigkeit von seiner Mutter ganz und gar mit seiner Mutter *verschmolzen* sein läßt; die Mutter kann ihrem Kinde nicht wirklich helfen, sie kann es aber mit ihrer Liebe in den

Tod begleiten; und so ist der Inhalt dieses Gedichtes ein reiner Abschied. Auf der anderen Seite jedoch *widerlegt* die Form dieses Gedichtes alle Vorurteile MEISLINGS, es ist die erste Arbeit, die ANDERSEN in seiner Heimat und im Ausland bekannt machen sollte! Der deutsche Dichter LUDOLPH SCHLEY, der ANDERSEN in Helsingør kennengelernt hatte, übertrug es, allerdings ohne Namensangabe, ins Deutsche, und 1827 erschien es in der dänischen Originalfassung zusammen mit der deutschen Übersetzung in der „Kopenhagenpost"; drei Monate später, im Dezember desselben Jahres, wurde es in HEIBERGS Zeitschrift nachgedruckt[141]; SCHLEYS Übersetzung lautet:

Mutter, ich bin müde, laß in deinen
treuen Armen schlummern ein dein Kind,
doch versprich mir erst, nicht mehr zu weinen;
heiß und brennend deine Tränen sind.
Hier ist's kalt, und draußen Stürme wehen,
doch im Traum ist alles licht und klar;
Engelskinder hab ich dort gesehen,
immer wenn mein Aug' geschlossen war.

Sieh! da steht schon eins an meiner Seite,
hör, wie süß es klinget; Mutter, sieh
doch die Flügel, weiß und glänzend beide!
Mutter, gab ihm unser Vater die?
Gold und Blumen mir vor Augen schweben,
Gottes Engel streut sie um mich aus.
Sag, bekomm ich Flügel auch im Leben,
oder erst in seinem Sternenhaus?

Warum drückst du meine Hand zusammen,
warum so an meine deine Wang?
Sie ist naß und brennt doch wie die Flammen,
bei dir bleib ich ja mein Leben lang.

Laß nur deine Tränen nicht mehr fließen,
muß auch weinen, wenn du traurig bist.
O wie müd! Es will mein Aug' sich schließen,
sieh doch, sieh – wie mich der Engel küßt.[142]

Um nichts sorgt in diesem Gedicht das sterbende Kind sich so sehr wie um die Traurigkeit seiner Mutter, die seine eigene Seele am meisten beschwert und die es doch trösten muß, wenn es in Frieden dahingehen will; dabei erinnert es die Mutter an ihre eigene Weltsicht: Hier auf Erden ist es kalt und rauh, nur der Traum schaut und der Glaube erkennt jene andere göttliche Welt, die in die Stunden des Dunkels schon jetzt ihr Licht wirft; ja, es kehrt das Verhältnis der Fürsorge sich gänzlich um, wenn das Kind, selbst im Sterben noch, seine Mutter auf paradoxe Weise damit tröstet, es werde doch sein Leben lang an ihrer Seite bleiben, jetzt, wo so dicht sein Ende naht! Man darf sich über diesen Widerspruch nicht wundern: *Alles* würde dieses Kind versprechen, hörte nur die Mutter auf zu weinen; ihre Tränen sind am Ende gar der Grund für die Todesmüdigkeit und Todessehnsucht dieses Kindes selbst, das sterbend in die Arme seiner Mutter zurückflieht und doch zugleich hofft, es möchten die Verheißungen des Himmels vielleicht doch noch, und zwar gerade indem es seinen tödlichen Schmerz ausspricht, an ihm sich auf Erden bereits ein wenig erfüllen ...

In ANDERSENS Leben *hat* dieser Traum sich erfüllt; Mutters „Englein" wird „Flügel auch im Leben" bekommen; doch wie eng, wie zärtlich verschmolzen, wie wechselseitig umeinander weinend und aneinander weinend war offenbar das Verhältnis ANDERSENS zu seiner Mutter, daß ihm zwischen Himmel und Erde „Dichterflügel" wachsen konnten! Der Preis dafür war hoch. Er bestand in gewissem Sinne darin, sein Leben lang bei seiner weinenden Mutter bleiben zu müssen und sich niemals das leichte

Andersens Grab auf dem Assistens Kirkegård. Edvard Collin hat das
Grabmal für Andersen, sich selbst und seine Frau Henriette ausgesucht.
Später wurden die Gedenksteine der Collins entfernt – Andersen war nicht
das „Kind" seines Freundes. Der Text, ein Vierzeiler Andersens, lautet:

Den sjæl Gud i sit billede har skabt
Er uforkrænkelig kan ei gaae tabt
Vort jordliv her er evighedens frø
Vort legem døer men sjælen kan ei døe.

Die Seele, Gott, nach deinem Bild gemacht,
ist unvergänglich, fällt nicht in die Nacht.
Das Leben hier wird Ewigkeit einst erben.
Wohl stirbt der Leib, die Seele kann nicht sterben.

Leben glücklicher Liebe an der Seite einer anderen Frau
gestatten zu können. Die „Sirene" der „Tiefsee" gab gewissermaßen nur ein Gastspiel auf Erden, zu Hause niemals,
unterwegs stets, von Hotel zu Hotel ziehend, genötigt, die
ganze Welt unter die Füße zu nehmen, um erst im Tod bei
sich selbst anzulangen, dann aber im Moment des Dahin-
scheidens mit der Geborgenheit seiner Mutter, mit dem
Himmel auf Erden, auf immer zu verschmelzen.

Einzig die Mutterbeziehung ist es, die uns jetzt auch die
eigentümliche Beziehung zu RIBORG VOIGT verständlich zu
machen vermag. Denn wie unter den genannten Umständen hätte ANDERSEN je zu einem „normalen" Verhältnis zu
einer Frau hinfinden können? Das rätselhafte Verhalten
seiner „kleinen Meerjungfrau" gegenüber dem „Prinzen",
das im Märchen selber nicht weiter begründbar ist, tritt
jetzt aus dem biographischen Zusammenhang fast schon
wie etwas Selbstverständliches hervor, nur daß das Märchen uns zusätzlich noch auf eine Dramatik des Erlebens
hinweist, die ANDERSEN in seiner Lebensdarstellung tunlichst verschwiegen hat.

Als ganz und gar unzutreffend muß die These bezeichnet werden, ANDERSEN sei vielleicht homosexuell gewesen.[43] Wenn in psychoanalytischem Sinne von einer
„*latenten* Homosexualität" die Rede ist, so mag diese
Behauptung in manchen Schattierungen mit Bezug auf
den dänischen Dichter einen gewissen Sinn machen, doch
darf die Bezeichnung dann für so unspezifisch gelten, daß
sie die Kehrseite *jeder* Art von sexueller Triebgehemmtheit
umschreibt. Im Falle ANDERSENS mag man mit einem
gewissen Recht etwa die gerade geschilderte hohe Identifikation mit der Mutter sowie sein „mädchenhaftes"
Gehabe namhaft machen, und natürlich spielt die „sire-
nenhafte" Scheu, gegenüber einem anderen „Menschen"
Gefühle der Liebe zu äußern, eine nicht unerhebliche
Rolle. Jedoch besagt die Gehemmtheit bestimmter Trieb-

strebungen wohl etwas über ihre Fixierung und Blockierung, nicht aber schon über die Ausrichtung der Triebdynamik. Tatsächlich kann man HJALMAR HELWEG nur zustimmen, wenn er in einer Studie über ANDERSEN meint: „Er war heterosexuell veranlagt, doch das tief in seiner Natur wurzelnde Minderwertigkeitsgefühl machte ihn unfähig zu heterosexuellen Beziehungen – ob ehelich oder außerehelich."[144] Fest steht, daß ANDERSEN *niemals* eine sexuelle Beziehung zu einem anderen Menschen aufnahm oder unterhielt, weder heterosexuell noch homosexuell; die Scheu, die ihn daran hinderte, wurzelte aber nicht in seiner „Natur", sie wurde vielmehr mit erheblichen Ängsten seiner Natur aufgeprägt, so daß ihm die Sexualität tatsächlich ganz so erschien, wie es in seinem so außerordentlich autobiographisch bestimmten Märchen die „kleine Meerjungfrau" bei der Meerhexe erfahren mußte.

Bereits die wenigen Erlebnisse, die ANDERSEN von seiner Entwicklung als Junge schildert, verraten die gleiche ungewöhnlich sensible, *ängstliche Grundhaltung gegenüber der Sexualität,* wie wir sie soeben gegenüber der Aggression und der Auseinandersetzung mit anderen Jungen kennengelernt haben. Was indes seine Entwicklung als Junge anging, so haben wir noch nicht erzählt, wie jenes Gesangsdebüt des jungen ANDERSEN in der Fabrik von Odense endete – äußerst peinlich nämlich, doch sehr bezeichnend in unserem Zusammenhang; ANDERSEN selbst schreibt: „Als ich im besten Singen begriffen war und man von der Klarheit und merkwürdigen Höhe meiner Stimme sprach, sagte plötzlich einer der Gesellen: ‚Er ist gewiß kein Knabe, sondern ein Mädchen!' Er faßte mich an, ich schrie und jammerte, die anderen Gesellen fanden den rohen Spaß vergnüglich, sie hielten mich fest an Armen und Beinen, ich kreischte laut auf, und spröde wie ein Mädchen, stürzte ich aus der Fabrik nach Hause

zu meiner Mutter, die mir sofort versprach, daß ich nie mehr dort hinzugehen brauchte."[145] Wieder finden wir hier die Taktik der ängstlichen Vermeidung, der Flucht zur Mutter, mit welcher der junge ANDERSEN den Konflikten seiner Jugend auszuweichen suchte; die Mutter aber, statt mit ihrem Jungen die bestehenden Ängste durchzuarbeiten, bestätigt spontan die phobische Prüderie, zu der sie ihren Jungen selbst erzogen hatte und in der sich, trotz der Geburt zweier Kinder, wohl auch ihre eigene Haltung ausprägte. Es war augenscheinlich diese Einstellung, die mehr oder minder unkorrigiert ANDERSENS Erleben bis ins hohe Alter hinein begleitete.

Ein paar Episoden, die er selber aus seinem Leben erzählt, können das belegen.

Noch in der Anfangszeit in Kopenhagen hatte ANDERSEN Zuflucht bei einer Frau gefunden, die „gleich mir als blinder Passagier mit dem Postwagen nach der Hauptstadt gekommen war" und die ihm in der Stadt Obdach und Essen gab[146]; mit ihrer Hilfe machte er einen Tischler ausfindig, der ihm tatsächlich Ausbildung und Unterkunft anbot. „Schon am nächsten Morgen", erinnert er sich, „um sechs Uhr betrat ich die Werkstatt. Ich traf bereits mehrere Gesellen und Lehrlinge an, der Meister war noch nicht aufgestanden; ihre Reden waren leichtfertig, ich dagegen war jungfräulich schüchtern; als sie dies bemerkten, wurde ich geneckt. Im Laufe des Tages ging mir der Spaß zu weit, so daß ich erschrocken an die Szene in der Fabrik denken mußte. Ich brach in Tränen aus und faßte den Entschluß, Handwerk und Werkstatt aufzugeben. Ich ging zum Meister und sagte ihm, daß ich die Reden und Späße nicht ertragen könne, daß ich keine Lust zum Handwerk habe und ihm nun Lebewohl und Dank sagen wolle. Erstaunt hörte er mich an, er tröstete und ermunterte mich, doch es half nichts, ich war zu bewegt, zu erschüttert, und eilte fort."[147]

Man kann es nicht anders sagen: ANDERSENS Gehemmtheiten waren so groß, daß sie ihm nicht nur die „normale" Welt seiner Kameraden als unleidlich erscheinen ließen, sondern ihm auch als einem heranwachsenden jungen Mann jeden gewöhnlichen Eintritt ins Leben versperrten. Fast im Tone der Selbstironie bemerkt ANDERSEN, wie „blind" er den „Lastern" der dänischen Hauptstadt gegenüber stand. „Ich befand mich mitten in den Geheimnissen von Kopenhagen, aber ich konnte sie nicht enthüllen."[148] Er hauste damals in einem lichtlosen Hinterzimmer in der Ulkegaade und mußte erleben, wie abends eine junge Frau, die mit ihm in Miete wohnte, von ihrem „Vater", einem tief vermummten Mann, besucht wurde, der jeweils sein Zimmer passieren mußte; viele Jahre später begegnete er einem „ordensgeschmückten, vornehmen Herrn", der sich als jener „alte, menschenscheue Vater" herausstellte, „den ich durch die Küche hereingelassen hatte, als er noch in dem armseligen Mantel kam ... Ich sah damals nur den würdigen Vater in ihm und hatte nichts als mein Komödienspiel im Kopf."[149] ANDERSEN war damals 16 Jahre alt.

Und in genau der Art ging es jetzt weiter. Als ANDERSEN mit Rektor MEISLING nach Helsingør zog und in dem Hause seines Quälgeistes in Logis lebte, sah er sich überraschend mit dem sonderlichen Eheleben der exzentrischen Frau MEISLING konfrontiert. Sie liebte es, ihren selbstgefälligen Mann, der sich abends seinen Punsch genehmigte und beizeiten ins Bett legte, mit derben Späßen zu hintergehen. Eines Abends, als es ans Fenster klopfte, meldete ANDERSEN Herrn MEISLING ganz unbefangen, ein Offizier stehe draußen, sei aber bei seinem Anblick davongelaufen. „Wie konnten Sie bloß so naiv sein, ihm das zu erzählen!' sagte ... (Frau MEISLING) tags darauf (zu ANDERSEN); ‚Sie wissen ja nicht, wie eifersüchtig er ist'."[150] Im LEBENSBUCH von 1832 schreibt ANDERSEN:

„Es war eine sehr merkwürdige Welt, die sich allmählich vor mir auftat. Ich war ja noch so sehr Kind, daß ich, sicherlich öfter als nötig, errötete „und die Dame sagte auch: ‚Sie sind kein richtiger Mann!' – Eines Abends kam sie zu mir herein, erzählte mir, sie fange an, abzumagern, ihr Kleid hänge ganz lose um sie herum, sie forderte mich auf, mal zu fühlen, ich dienerte viele Male vor der Gattin meines Rektors; sie schenkte mir ausgezeichneten Punsch ein, war besonders gut und freundlich – aber ich weiß selber nicht, ich hatte das Gefühl, ich stehe auf glühenden Nadeln, ich tat ihr sicherlich Unrecht, glaubte ich wenigstens, aber mir kamen üble Gedanken über sie, ich beeilte mich, fortzukommen, sobald ich konnte, und zitterte am ganzen Leibe. Ich hatte mich von dem Stadtklatsch über ihren Charakter beeinflussen lassen, ich tat ihr sicherlich Unrecht, aber von da an war ich mißtrauisch."[151]

Selbst im nachhinein gibt ANDERSEN sich schwankend, wenn es darum geht, das an sich Zweideutige moralisch eindeutig zu benennen, – er könnte jemandem Unrecht tun; doch wird seine Scheu vor der Unheimlichkeit des Weiblichen mit dieser Begebenheit eher noch gewachsen sein. Wie zwiespältig er empfand, zeigt insbesondere die Geschichte seines *zweiten*, von vornherein zaghaften Liebesversuchs.

Wenige Zeit nach dem Erscheinen der KLEINEN MEERJUNGFRAU nämlich, im Jahre 1837 – während einer Schiffsreise nach Schweden hatte ANDERSEN soeben die schwedische Romanschriftstellerin FREDRIKA BREMER kennengelernt, mit der ihn fortan eine lebenslange Freundschaft verband[152], – galten seine Gefühle auf das engste der Tochter eines seiner größten Gönner und eines der großen Naturwissenschaftler seiner Zeit: HANS CHRISTIAN ØRSTED[153], des Entdeckers des Elektromagnetismus.

Als Mädchen schon hatte ANDERSEN SOPHIE ØRSTED kennengelernt; nun aber, bei seinem Aufenthalt in Uppsala, notiert er in seinem TAGEBUCH: „Ging zum Schloßberg hinauf, einem großen, nach allen Seiten offenen Plateau. Rief den Namen der Frau, die ich liebe, der kalte nördliche Wind trug ihn davon." Kurz danach schrieb er in einem Brief: „Ich laufe mit einer glühenden Sehnsucht herum, heiraten zu können; aber: ich muß ein Vermögen haben, das mir jährlich dreitausend an Zinsen einbringt, sonst kann ich nicht mit Frau und Kindern leben."[154] „Ja, wäre ich vermögend", schreibt er an seine ihm noch von Odense her zugetane gute Freundin HENRIETTE HANCK, „hätte ich Aussicht, einmal ein- oder zweitausend im Jahr zu bekommen, dann würde ich mich verlieben! Hier gibt es ein Mädchen, das hübsch, geistreich, gut und liebreizend ist, sie stammt aus einer der ersten Familien des gebildeten Kopenhagen; aber ich habe kein Vermögen und – ich verlieb mich nicht! Außerdem ist sie genau halb so alt wie ich ..."[155]

Man muß dieses Gefühl „weil ich arm bin", das er wenig später seinem TAGEBUCH in Reaktion auf SOPHIES Verlobung anvertraut[156], subjektiv wohl sehr ernst nehmen: ANDERSEN hatte das Gefühl des Arme-Leute-Kindes im Umkreis seiner Mutter offenbar so sehr verinnerlicht, daß er sich der Liebe eines Angehörigen vom Kreise der „Menschen" so wenig getrauen konnte wie seine „kleine Meerjungfrau" der Zuneigung des „Prinzen"; das Verbot einer Verbindung zwischen der „Waschfrau" und dem Bruder des Stadtschulzen, das er in dem Märchen SIE TAUGTE NICHTS in seiner ganzen menschlichen Tragik wie zum Verständnis des Schicksals seiner Mutter ausbreitete, markierte inzwischen wohl wirklich die Schranke, bis wohin sein sozialer „Aufstieg" in das Land der „Menschen" sich vorwagen durfte. Und doch verdeckt diese soziale Sperre eine weit tieferreichende *psychische* Angst,

die sich in allen Schriften ANDERSENS am deutlichsten mit der Schreckensgestalt der *Meerhexe* in der KLEINEN MEERJUNGFRAU begründet.

Es ist für ihn kennzeichnend, daß er SOPHIES Hand „zum ersten Mal" nimmt und „sie zweimal" „guten Mutes" drückt, eben als er *von ihrer Verlobung* erfährt. „Nun bin ich zu Hause", schreibt er am Abend wehklagend, „allein, wie ich es immer sein werde ... Jetzt werde ich nicht mehr heiraten. Kein junges Mädchen wächst für mich heran; jeden Tag werde ich mehr zum Hagestolz. Oh! Noch gestern gehörte ich zu den Jungen, heute bin ich alt. Gott segne dich, meine geliebte Sophie! Du wirst nie wissen, wie glücklich ich mit dir gewesen wäre, wenn ich das Geld gehabt hätte!"[157]

Da findet sich erneut die gleiche Situation wie in der KLEINEN MEERJUNGFRAU beschrieben: das komplette Verschweigen der eigenen Gefühle und der Wunsch der „Luftgeister", an die Stelle des eigenen Glücks möge zumindest das Glück des anderen treten – wenigstens ihm möge der „Verzicht" auf die offene (Aus)Sprache zum Segen gereichen! Es sei seine wirtschaftliche Armut, die ihn zum Verzicht drängt, so redet ANDERSEN selber in seinem TAGEBUCH sich ein, und natürlich besteht kein Grund, an der Echtheit seines Gefühls zu zweifeln. Aber die Ursache seiner angstvollen Gehemmtheit gegenüber einer möglichen Partnerin seiner Liebe liegt anderswo, und nur in der KLEINEN MEERJUNGFRAU getraut er sich, den wirklichen Grund seiner „Stummheit" in allen Angelegenheiten des Herzens zu nennen; da schreibt er vielsagend, die „Meerhexe" habe der kleinen Sirene die Zunge abgeschnitten ... So, müssen wir glauben, war es im tiefsten. Es ist *der Schauder vor dem Unheimlichen der Sexualität*, das ANDERSEN zum Schweigen bringt und das er selber so gut als möglich sogar vor sich selber verschweigt. Aber noch einmal: Warum?

Man kann nicht ein einzelnes Ereignis im Leben ANDERSENS benennen, aus dem der Schrecken der „Meerhexe" in seinem Erleben erwachsen wäre. Manche Züge, die er der Schilderung dieser „Teufelin" verleiht, könnten mit gewissen Erinnerungen an seinen Besuch im „Franziskanerspital" in Odense zusammenhängen, in dessen umzäunten Garten den Geisteskranken des Ortes damals Ausgang gewährt wurde: Da seine Großmutter manchmal dort arbeitete, gelangte der junge ANDERSEN verschiedlich in die Nähe der Kranken und getraute sich einmal, durch den Türspalt in eine der Zellen zu blicken, in der er auf einem Strohbündel eine nackte Frau mit herabhängenden Haaren sitzen sah; sie sang mit einer wunderschönen Stimme, plötzlich aber, mit einem schrillen Schrei, sprang sie auf ihn los und streckte ihren Arm nach dem entsetzten Kinde aus, so daß die Wärter es halbtot vor Angst fanden.[158] Diese einzelne Begebenheit kann indessen nicht den Ausschlag für so viel Lebensangst und Liebesangst gebildet haben, wie sie ANDERSEN an den Tag legte. Denken läßt sich bei der Schilderung der „Meerhexe" zum Verständnis all seiner Ängste mit großer Berechtigung gewiß an die Schattenseiten von ANDERSENS *Mutter* – wie mag sie, die er über alles liebte, auf ihn in ihren eigenen Ängsten und dann in betrunkenem Zustand gewirkt haben! Entscheidend aber scheint es die Angst vor der Triebmacht Sexualität selbst gewesen zu sein, die ANDERSEN, gleich seiner „kleinen Meerjungfrau", sein Leben lang daran hinderte, den Besuch in der „Tiefe" jemandem je zu gestehen, auf dessen Liebe er hoffte. Die Urgestalt dieser Triebangst malt in ANDERSENS Märchen sich in der Gestalt der „Meerhexe"; in dieser Chiffre, wenn irgend sonst, liegt der Schlüssel zum Verständnis des tragischen Scheiterns der Liebe im Leben wie im Märchen des dänischen Dichters.

Wie sehr ANDERSEN das Thema der „Meerhexe" (oder des Moorkönigs) symbolisch beschäftigte, zeigt sich allein schon daran, daß er es in seinen Märchen immer wieder aufgegriffen und ausgedeutet hat, nirgendwo psychologisch freilich so genial wie in der KLEINEN MEERJUNGFRAU.

In der Geschichte von DES SCHLAMMKÖNIGS TOCHTER zum Beispiel[159] erzählt er davon, daß „oben am Wildmoor in Vendsyssel", „oben in der Nähe von Skagen", „ein ungeheueres Moor" sich dehnte; alle, die dort versanken, gelangten in „das große Sumpfreich" des Moorkönigs oder Schlammkönigs, so auch eine ägyptische Schwanenprinzessin, die in der Tiefe mit dem Moorkönig ein Mädchen zur Welt bringt. Dieses Mädchen, das von einer Wikingerfrau aufgezogen wird, ist ein Mischwesen; am Tag sieht es aus wie ein entzückender Lichtelf, ist aber von wildem Wesen, des Nachts hingegen sieht es aus wie ein garstiger Frosch, ist indessen sanftmütig und begabt „mit leidvollen Augen". Dieses Mädchen, Jung-Helga, wird durch die Begegnung mit einem christlichen Priester, den es aus seiner Gefangenschaft befreit, nach und nach „vermenschlicht"; es heilt seinen kranken Großvater in Ägypten, denn „Liebe erzeugt Leben"; und schließlich fährt es „durch die Taufe des Lichts" in reiner „Schönheitsgestalt" zu dem himmlischen Vater empor, während sein Leib zu Staub zerfällt. – In diesem Märchen ist die Gestalt des „Moorkönigs" offenbar eine Symbolfigur für das Zwitterwesen Mensch und für die Notwendigkeit seiner schrittweisen Humanisierung und Erhebung zum Licht.

Weit moralisierender führt ANDERSEN die Gestalt der „Moorfrau" in dem Märchen von dem MÄDCHEN, DAS AUFS BROT TRAT[160] ein; dort beschreibt er ein Kind, Inger mit Namen, das so gefühllos ist, daß es Käfern und Fliegen die Flügel ausreißt, und so eitel, daß es im Schlamm, um seine schönen Schuhe zu schonen, auf das große Weißbrot tritt, das es seinen Eltern bringen sollte. Auch dieses Kind versinkt in das Reich der Moorfrau, doch wird deren Brauerei just am gleichen Tage vom Teufel und seiner Großmutter besichtigt, – ohnehin ist ihr Terrain nur ein Vorgemach zur Hölle; erlöst wird die kleine Inger indes durch die Tränen eines Kindes, das von ihrem Schicksal erfährt und, darüber erschüttert, immer wieder vor sich hinsagt: „Arme Inger!" „und nicht das geringste über ihre Fehler hinzufügte". Als dieses Kind später als alte Frau stirbt, gedenkt sie noch einmal der armen Inger; und als der Herrgott die fromme Frau zu sich holt, erbarmt er sich zugleich auch des Mädchens Inger, das sich zunächst in eine Seeschwalbe verwandelt, welche im Winter die hungernden Sperlinge zur Futterstelle lockt und dann eines Tages „in den hellen Sonnenschein" emportaucht, „geradewegs in die Sonne hinein". – Die „Moorfrau" in *diesem* Märchen ist so etwas wie ein „Tiefpunkt" der sittlichen Entwicklung und zudem eine Strafinstanz für Eitelkeit und Oberflächlichkeit; auch dieser Erzählansatz bleibt jedoch erkennbar unterhalb des psychologischen Niveaus der KLEINEN MEERJUNGFRAU.

Hier nämlich ahnt oder weiß ANDERSEN, daß die „Meerhexe" ein *Durchgangsstadium psychischer Reifung* darstellt, ein unerläßliches Teilmoment der unvermeidlichen Begegnung eines Menschen mit sich selbst auf dem Weg zur Liebe; zugleich freilich ahnt oder weiß ANDERSEN auch, daß seiner „kleinen Meerjungfrau" und mithin ihm selber der entscheidende Schritt wohl niemals gelingen wird, das ungeheure Erleben und qualvolle Erleiden der Sexualität in ein freies Spiel der Zärtlichkeit und der Zuneigung zu integrieren; auf immer wird dieser Triebbereich das „Unaussprechliche", „Abgründige", Unheimliche in seinem Leben bleiben, und es ist gerade die negative *Muttergestalt* der „Meerhexe", die mit dem Schrecken, den sie

der „kleinen Meerjungfrau"einjagt, den „Fluch" verkörpert, der jegliches Glück der Liebe verhindert. Was also verrät uns die „Meerhexe" über ANDERSENS Erleben?

Der Grundstein einer schweren Sexualangst muß in ANDERSENS Leben schon sehr früh gelegt worden sein. Bereits aus den Tagen seiner Schulzeit in Odense erinnert er sich seiner Einsamkeit und seiner Scheu vor allem, was „weiblich" ist: „Ich war ein sehr stilles Kind und ging nie auf die Straße, um mit den anderen Kindern zu spielen. Nur mit kleinen Mädchen war ich gern zusammen. Ich erinnere mich an ein etwa achtjähriges hübsches kleines Mädchen, das mich küßte und sagte, es wolle mich heiraten. Das gefiel mir, und ich erlaubte ihr stets, mich zu küssen, gab ihr von mir aus aber nie einen Kuß. Ich ließ mich von niemandem sonst küssen. Gegenüber erwachsenen Mädchen und solchen, die älter als zwölf waren, empfand ich eine seltsame Abneigung, ja, mich schauderte vor ihnen. Ich gewöhnte mir sogar an, alles, was ich nicht gern anfaßte, als ‚mädchenhaft' zu bezeichnen."[161]

Fragt man sich, was den jungen ANDERSEN Mädchen, „die älter als zwölf waren", mit einer solch „seltsamen Abneigung" wahrnehmen und ihn derart vor ihnen erschaudern ließ, so kann der Grund eigentlich nur in dem Sichtbarwerden des weiblichen Gestaltwandels liegen. Erinnert man sich in diesem Zusammenhang an die Schilderung, die ANDERSEN von der „Meerhexe" gibt, an ihre „große, schwammige Brust", um die sich „häßliche, fette Wassernattern" als „ihre kleinen Küken" schlängelten, so scheint seine Furcht vor der Frau offenbar mit dem Erleben seiner Mutter *in der Säuglingszeit,* möglicherweise mit der Phase der *Entwöhnung,* zusammenzuhängen. Mit dieser Hypothese würde man jedenfalls nicht nur das spezielle „Schaudern" verstehen, ein Mädchen zu berühren oder auch nur anzusehen, das erkennbar älter als 12 Jahre ist, man verstünde von daher auch den ebenso abgründigen wie grundlegenden Widerspruch in ANDERSENS Erleben zwischen der oral getönten Sehnsucht nach der Mutter und der Flucht vor der Mutter. Hilfreich zum Verständnis könnte dabei die Kenntnis der Praxis in jener Zeit sein, ein Kind zu entwöhnen. Wie nebenbei berichtet ANDERSENS Zeitgenosse SÖREN KIERKEGAARD noch von dem Brauch, daß Frauen in jenen Tagen, um ihr Kind zu entwöhnen, ihre Brust mit Ruß bestrichen[162], sie *wollten* den Säugling ängstigen, offenbar um ihm den Triebverzicht zu erleichtern. Es spricht manches dafür, daß bei einem so sensiblen und mütterlich verwöhnten Kind wie HANS CHRISTIAN ANDERSEN ein entsprechender plötzlicher Schrecken auf immer in seiner Wahrnehmung den Ort ursprünglicher Lust in eine Zone immerwährender Furcht verwandelt hat.

Ein weiterer Schrecken, der ANDERSENS Sexualentwicklung nachhaltig beeinflußt haben dürfte, ergibt sich aus dem Bild der „Meerhexe" selber. Es war uns bei der Deutung dieser Horrorvorstellung bereits aufgefallen, daß psychoanalytisch in dieser Szene eine Fülle unverhohlener koitaler Symbole auftreten: Die „kleine Meerjungfrau" kann nur zum „Menschen" werden, wenn sie sich auf die „furchtbare" Erlebniswelt einer erwachsenen Frau einläßt, – auf Erfahrungen, die so „unaussprechlich" sind, daß sie alles, was damit zusammenhängt, ein Leben lang nur verschweigen kann. Wieso aber, muß die Frage lauten, hat der junge ANDERSEN gerade den Verkehr zwischen Mann und Frau nur als so etwas Schreckliches erlebt, daß er im ganzen Leben sich scheute, persönlich je sich auf „so etwas" einzulassen?

Eine Antwort auf diese Frage fällt nicht so schwer, wenn man auch nur schon rein räumlich die Umstände bedenkt, in denen ANDERSEN als Kind groß geworden ist. Frau

ANDERSEN, wie gesagt, hatte bereits vor der Ehe ein Mädchen zur Welt gebracht, und auch ihr Sohn HANS CHRISTIAN kam kurz nach der Heirat zur Welt, – ganz gewiß war sie keine Person, die man sich trotz aller Prüderie als sexuell besonders abstinent vorstellen muß. Dann aber braucht man nur die winzige Wohnung auf der Munkemøllestraede 5 in Odense zu sehen, in welcher ANDERSEN zehn Jahre lang als Kind aufgewachsen ist, und man kann kaum anders denken, als daß er wiederholt zum unfreiwilligen Zeugen des Zusammenseins seiner Eltern wurde.

S. FREUD bereits hat in dem Fall der *Katharina* Erbrechen und Ekel als Folge der Beobachtung des Sexualverkehrs der Eltern aus der Sicht eines Kindes gedeutet und auf „die pathogene Wirkung der Urszene" hingewiesen, ja, er hielt Beobachtungen dieser Art für solchermaßen traumatisierend, daß er eine Weile lang darin den Ursprung aller späteren Sexualneurosen erkennen wollte.[162a] In unserem Falle könnte ein „orales" Entwöhnungstrauma in dem gerade erwähnten Sinne den Schrecken der Urszene sogar noch verstärkt haben, vor allem wenn wir bedenken, wie innig der junge HANS CHRISTIAN an seiner Mutter gehangen hat: – zu schön, daß sie, womöglich aktiv, „so etwas" tut, kann ihr Bild in der Wahrnehmung des Kindes durchaus in die Gestalt einer grausigen „Meerhexe" verwandelt und sein Erleben mit einem nie mehr zu heilenden Schrecken infiziert haben.

Der Widerspruch zwischen den *zwei* Bildern der Mutter – der gütigen „(Groß)Mutter" und der „hexenartigen" „Meerfrau" – muß um so größer gewesen sein, als das Thema Sexualität bei der außerordentlichen Prüderie in ANDERSENS Verhalten gewiß im elterlichen Hause wortwörtlich „unaussprechlich" war. Nie hätte der Junge am Tage mit seiner Mutter über *das* reden dürfen, was er des Nachts zu sehen bekam. Ja, sogar die schon erwähnte

Merkwürdigkeit, daß ANDERSEN es später liebte, mit fast *geschlossenen Augen* über die Straße zu gehen, so daß die anderen glaubten, er habe ein Augenleiden, könnte hier ihre Erklärung finden – in hysterischen Neuroseformen kann ein Blinzel-Tic zu Beginn der Pubertät durchaus auf die Belauschung der „Urszene" in frühen Kinderjahren zurückgehen. In jedem Falle stehen wir hier an einem Punkt, da einzig das Märchen von der KLEINEN MEER-JUNGFRAU uns Einblick in die geheimsten Ängste im Erleben des dänischen Dichters gewährt.

Hinzu kommt, daß ANDERSEN selber, ganz wie in der KLEINEN MEERJUNGFRAU geschildert, den „Sturm" der Leidenschaft längst vor der Zeit kennenlernte, da er es wagen konnte, sich in eine Frau wie RIBORG VOIGT zu verlieben.[163] In der Strenge einer Moral, wie sie heute von allen Religionen und Sekten wohl nur noch in der römisch-katholischen Kirche vertreten wird[164], mußte jede sexuelle Erfahrung im Umgang mit sich selbst als etwas „Sündhaftes" gelten, gegen das es mit allen Mitteln der Selbstdisziplin anzukämpfen galt. Noch in hohem Alter setzt ANDERSEN in seinen TAGEBÜCHERN unter manche Eintragung ein Kreuz, wenn „es" doch „passiert" war[165]; ja, bedenkt man die scheinrationalen Warnungen des viktorianischen Zeitalters vor den ruinösen Folgen der „Unzucht", so spricht vieles dafür, daß wir hier eine Hauptquelle auch für die quälenden hypochondrischen Ängste zu erblicken haben, die ANDERSEN überall hin verfolgten.[166] Jedenfalls verstehen wir von daher die Scheu seiner „kleinen Meerjungfrau", so etwas, wie sie es bei der „Meerhexe" erlebt hat, dem Partner ihrer Liebe jemals anzutun.

Denn weitab von allen homosexuellen Mutmaßungen, drängte ANDERSEN seine „wilde Lust im Blut"[167] immer wieder in die Nähe von Frauen, ja, auch zu gelegentlichen Bordellbesuchen, doch stets nur, wie in der KLEINEN

MEERJUNGFRAU, zu einem Anschauen ohne wirklichen Kontakt.

Sprechend dafür sind seine TAGEBUCH-Eintragungen aus dem Jahre 1834 in Neapel; zitieren wir ein paar Beispiele: *19. Februar:* „Bei Einbruch der Dunkelheit war ich von Zuhältern umringt, die mir bella donna anpreisen wollten. Ich kann fühlen, daß das Klima sich auf mein Blut auswirkt, ich spürte eine heftige Sinnlichkeit, aber ich widerstand." *23. Februar:* „Ich spüre eine furchtbare Sinnlichkeit und kämpfe mit ihr. Ist es wirklich eine Sünde, diese gewaltige Lust zu befriedigen? Dann will ich sie bekämpfen. Soweit bin ich unschuldig, aber mein Blut brennt, und im Traum kocht mein ganzes Selbst. Der Süden fordert sein Recht! Ich bin fast krank davon." *28. Februar:* „Erfahrene Leute würden sicher über meine Unschuld lachen, aber es ist eigentlich keine Unschuld es ist Abscheu vor diesen Dingen, die mir so zuwider sind."[168]

„Diese Dinge" – das sind vor der Hand die in den Großstädten Europas gewöhnliche Kinderprostitution und die Prostitution überhaupt, doch daneben wohl vor allem für den damals 29jährigen der Abscheu vor der moralischen Niederlage, sich einer Frau zu ergeben. Hier, an dieser Stelle, tobt in ANDERSEN denn doch moralisch der „Kampf der Geschlechter", wobei er selbst nur zu gern die Rolle des Verführten, im Kampfe aber Unbesiegten übernimmt. So gibt er sich beispielsweise „völlig konsterniert", als bei einem Portugalaufenthalt sein Freund JORGE O'NEILL ihn unverblümt auffordert, „es" doch endlich zu machen, es sei schädlich, sich so zu unterdrücken, und er solle jetzt oder nie seine Verklemmtheit überwinden, Gelegenheit dazu finde sich in Lissabon allerorten.[169] ANDERSEN tut „es" nicht. Aber noch im Jahre 1866 in Paris, er ist jetzt 61 Jahre alt, notiert er in seinem TAGEBUCH: „Schon auf der ganzen Reise war ich drauf versessen, Frauenzimmer zu besuchen; so müde ich war, beschloß ich, so etwas zu sehen; ging in ein Haus; eine Dame kam, die Menschenfleisch verkauft, vier Frauenzimmer traten für mich auf, die jüngste war angeblich achtzehn; ich bat sie, zu bleiben; sie war so gut wie im bloßen Hemd; sie tat mir so leid. Ich zahlte der Madame 5 Franken, als sie darum bat, tat aber nichts; betrachtete nur das arme Kind, das sich ganz entblößte und verwundert schien, daß ich es nur ansah." [170)]

In dieser Episode wird nicht nur die Reduktion der sexuellen Beziehung auf das stumme, scheue Anschauen deutlich, das bereits in der KLEINEN MEERJUNGFRAU ein so eigenartiges Motiv bildete, wir erleben hier auch noch einmal ANDERSENS Furcht vor der Nähe einer erwachsenen Frau , indem es „die jüngste", die „angeblich 18jährige", also in Wahrheit wohl weit jüngere ist, die er sich zum tête-à-tête auswählt. Und bei aller Umwandlung von Begierde in Mitleid, – wer von den beiden in diesem Augenblick ist eigentlich „ärmer": das Mädchen, dem er fünf Franken für den Anblick seines nackten Körpers schenkt, oder er selber, einer der berühmtesten Dichter Europas, der sich wie ein kleiner Junge zwischen Verlangen und Verbot damit begnügen muß, eine Frau, wie damals in der Irrenanstalt von Odense, nur durch den Türspalt zu sehen, erniedrigt von einer Angst, die das erhebende Gefühl der Liebe niemals zulassen wird? Die „kleine Meerjungfrau", die aus Schrecken vor der „Meerhexe" ihrem Geliebten nichts anzutragen wagt als die stumme Sehnsucht ihrer seelenvollen Augen – gerade sie ist das Selbstportrait ANDERSENS

in diesem seinem wohl schönsten und tiefsinnigsten, psychologisch jedenfalls komplexesten und in gewissem Sinne traurigsten Märchen.

Nur eine Frage bleibt, ja, sie stellt sich jetzt gegen Ende nur um so mehr: Wie *erlöst* man einen Menschen wie ANDERSEN selber von seiner „kleinen Meerjungfrau", dieser Symbolgestalt, wie wir jetzt wissen, seiner eigenen verängsteten Seele? Wie gibt man seiner „kleinen Meerjungfrau" ihren Gesang, ihre Stimme zurück? Wie hilft man ihr, das Trauma der „Meerhexe" zu überwinden? Und damit auch: Wie begleitet man alle Frauen und Männer, die ähnlich fühlen wie ANDERSENS Märchengestalt: hin- und hergerissen zwischen Anlehnung und Ablehnung, zwischen Zuwendung und Abwendung, zwischen Antrieb und Angst, auf dem Weg zu sich selbst? Und nicht zuletzt: Wie ermöglicht man es einer Frau wie ANNE MARIE ANDERSEN, der Mutter eines so genialen Dichterkindes, ihren Jungen mit all ihrer Liebe und mit all ihrem guten Willen entsprechend doch ihrer eigenen Absicht so zu erziehen, daß er am Ende zumindest die Chance behält, beides miteinander zu verbinden: die Liebenswürdigkeit eines wunderbaren Kindes und die Liebesfähigkeit eines erwachsenen Mannes, eines Künstlers der Literatur wie des Lebens, eines Welterfahrenen, der zugleich bei sich selbst und im Herzen wenigstens *eines* Menschen gänzlich zu Hause ist? Immerhin war es ANDERSEN selber, der den Satz schrieb, der jene Einsicht und jene Sehnsucht ausdrückt, zu der er im MÄRCHEN MEINES LEBENS sich nicht minder bekannte wie in seiner KLEINEN MEERJUNGFRAU:

III. Das Glück ist dort zu finden,
wo man froh im Kleinen liebt und wiedergeliebt wird[1]

Eines muß man zugestehen: ANDERSEN wurde unter dem Druck seiner Ängste mehr und mehr zum Eheskeptiker und richtete seine Sehnsucht nach Liebe immer stärker ins Religiöse. Eine Reihe von Märchen, die das Motiv der KLEINEN MEERJUNGFRAU variieren und weiterentwickeln, beweisen es, – das gerade zitierte Märchen von DES SCHLAMMKÖNIGS TOCHTER zum Beispiel[2]: Ehe Jung-Helga in dieser Geschichte zum Licht auffährt, soll sie mit einem arabischen Prinzen vermählt werden; sie aber, schreibt ANDERSEN, „sah nicht in seine feurigen, dunklen Augen, die sich auf sie hefteten, sie sah hinaus, hinauf zu dem blitzenden, funkelnden Stern, der vom Himmel herniederstrahlt"; und als nun vom Himmel gar der verstorbene christliche Priester herabschwebt, auf daß auch er an ihrer Hochzeit teilnehme, bittet sie ihn, „nur einen einzigen Blick ins Himmelreich werfen" zu dürfen, „auf Gottvater", und diese Bitte tatsächlich wird ihr vergönnt; doch als sie hernach vom Himmel zurückkehrt, drei Minuten nur sind vergangen, da ist die Welt um Jahrhunderte gealtert, und es bleibt dem Mädchen allein noch, erneut, doch nunmehr für immer, zum Himmel, ins Licht, sich emporzuheben.

Wenn wir schon bei der Bindung der „kleinen Meerjungfrau" an den „Prinzen" von einer übergroßen Sehnsucht nach Vater und Mutter gesprochen haben, so treten die „ödipalen" Züge in dem Märchen von der jungen Helga womöglich noch stärker zu Tage, verkörpern doch der „Schlammkönig" und der „christliche Priester" die Kontrastseiten einer höchst ambivalenten Vatergestalt, in der die leibliche Abkunft und die geistige Zukunft des Kindes wie zwei unversöhnbare Gegensätze aufeinander treffen und sich nur in der himmlischen Gestalt des „göttlichen Vaters" „aufheben" lassen. Aus Sehnsucht nach ihrem Vater wird die junge Helga ganz und gar unfähig, einen Menschen in den kurzlebigen Zeitmaßen des Irdischen überhaupt noch zu lieben; und wichtig für uns nun: ANDERSEN selber, dessen eigene Biographie wir nur umkehren müssen, um sie von der Widersprüchlichkeit der *Mutter*gestalt her zu deuten, scheint diese „Aufhebung" aller psychischen Konflikte durch „Sublimation"[3], durch „Erhöhung" ins „Licht", durch „Vergeistigung", in diesem Märchen sich persönlich durchaus zu empfehlen. Während er in der KLEINEN MEERJUNGFRAU all sein Augenmerk noch den Gefühlen einer unerfüllten Liebe widmete und die Erhebung der Tochter des Meerkönigs dort zu den „Luftgeistern" wie einen nachträglich aufgesetzten moralischen Trost gestaltete, kann angesichts des Schicksals von des „Moorkönigs Tochter" keinerlei Rede mehr sein von Trauern und Bedauern; *hier* wird unzweifelhaft eine Heroine verklärt, die auf ihre Weise die Gegensätze ihres Ursprungs in sich versöhnt hat: als Tochter einer Schwanenjungfrau und eines Schlammkönigs, als Heidin und Christin, als zugehörig dem Norden des Wikingerlandes wie dem Süden Ägyptens, ist sie von vornherein eine Wanderin zwischen Zeit und Ewigkeit, eine Symbolgestalt des menschlichen Herzens, das nur in der Unendlichkeit seinen Frieden findet.

Oder das Märchen von der DRYADE[4]: Die Seele eines

Kastanienbaumes sehnt sich in dieser Geschichte nach der Hauptstadt Paris, sie möchte, wie die „kleine Meerjungfrau", all den Reichtum der Menschen, nun aber just in der Zeit der Weltausstellung, kennenlernen, und tatsächlich: sie gelangt dorthin, sie wird mitgerissen vom Tanz und vom Trubel, sie wird, wie im Opiumrausch, durchbebt von einer alles verzehrenden kribbelnden Lebenslust, sie wird wie ein Rosenblatt vom Winde emporgetragen und in die Höhlen künstlicher Meerestiefen hinabversetzt, und doch ist ihr Leben wie das einer Eintagsfliege: „Bald küßt die Sonne die Wolken rot!' sagte der Wind, ‚und dann gehörst du zu den Toten, bist vergangen, wie alle Herrlichkeit hier vergeht, ehe noch das Jahr um ist, und ich kann von neuem mit dem leichten, losen Sand hier auf dem Platz spielen, den Staub über den Boden hinfegen, den Staub in die Luft hinauffegen, Staub! Alles nur Staub!'" Und tatsächlich: Die Dryade „verwehte wie die Wolke, niemand weiß wohin", und auf der Erde „lag eine verwelkte, geknickte Kastanienblüte, das Weihwasser der Kirche vermochte sie nicht ins Leben zurückzurufen. Der menschliche Fuß zertrat sie schnell ins Kies."

In dieser Geschichte, der wohl hoffnungslosesten und verzweifeltsten aller Märchen ANDERSENS, malt sich die vollkommene Nichtigkeit eines nur „vegetativen" Daseins, das entsprechend den Weisungen der „Großmutter" in der KLEINEN MEERJUNGFRAU einzig dem Erlebnisdurst der Sinne und dem Taumel enervierender Amüsements gewidmet ist; selbst die Mittel der Religion vermögen einer solchen Lebenseinstellung kein Leben einzuhauchen. Was aber ist dann das „wahre" Leben angesichts der sicheren Vergänglichkeit aller Dinge, angesichts des möglichen Scheiterns sogar der Liebe, angesichts des zweifelhaften Bemühens, durch ein bedeutendes Werk „Unsterblichkeit" zu erringen?

Die komplexeste und schlüssigste Antwort darauf hat ANDERSEN sich in dem Märchen DIE PSYCHE[5] gegeben. Es handelt sich um die Geschichte eines jungen römischen Bildhauers, der, in ständiger Unzufriedenheit mit sich selbst, ein jedes seiner Werke, kaum vollendet, wieder zerstört. Da erblickt er eines Tages eine Frau, so schön, daß er vor Entzücken nicht umhin kann, ihre Gestalt in Marmor zu bilden. „Jetzt weiß ich, was Leben ist", jubelt er, „es ist Liebe. Es ist der Aufstieg zum Herrlichen, die Berückung durch das Schöne! Was die Freunde Leben und Genuß nennen, ist eitel, sind Blasen in der gärenden Hefe." Und so arbeitet er wie besessen unter dem begeisterten Lob seiner Freunde an der Fertigstellung „seiner" Psyche, in der Hoffnung, dereinst auch im Leben die Frau gewinnen zu können, nach der er sein Bildnis geformt hat. Die aber, als er ihr seine Liebe gesteht, weist ihn als einen „Wahnwitzigen" ab: „Fort! Hinab!" Diese ihre Worte werden ihn verfolgen überallhin. Nur mit Mühe gelingt es seinem Freund Angelo, ihn von der Vernichtung seines Kunstwerkes abzuhalten und ihn statt dessen zu einem Leben in Saus und Braus zu überreden: „Es kommt eine Zeit", spricht er, „da wirst du alt, der Körper wird hinfällig, und dann an einem schönen Sonnentag, wenn alles lacht und jubelt, liegst du da wie ein welker Halm, der nicht mehr wachsen kann; ich glaube nicht, was die Priester sagen, daß es ein Leben nach dem Grabe gibt; das ist eine hübsche Erdichtung, ein Märchen für Kinder, sicher ergötzlich, wenn man es sich einbilden kann, ich lebe nicht in Einbildungen, sondern in der Wirklichkeit; komm mit! Werde Mensch!" Der junge Bildhauer folgt diesem Rat, doch nur, um desto entsetzlicher seiner eigenen Unreinheit gewahr zu werden. Enttäuscht und verbittert versenkt er das Marmorbild „seiner" Psyche in einem Brunnen und nimmt, gleich einem Fieberkranken, Zuflucht in einem Kloster. Die Kunst erscheint ihm fortan wie „ein Zauberweib, das ... zur Eitelkeit verleitet". Er wird ein Mönch. In geduldigem Ringen bekämpft er die „Flammen, die ihn bisweilen durchloderten". „Er strafte seinen Leib, aber das Böse kam von innen." Wie ein Kind sucht er sich der „Gnade" hinzugeben. Sein Freund Angelo allerdings erklärt ihm freimütig, gerade so versündige er sich mit all seinem Büßen erst recht an Gott, indem er sein Talent, das Gott ihm gegeben, mutwillig vergrabe. Dem jungen Künstler muten solche Gedanken wie teuflisch an, doch findet er auch in der mönchischen Religion nicht länger mehr Trost; immer vergeudeter erscheint ihm sein Leben; „fort, hinab" – diese Worte seiner ehedem Geliebten stehen wie ein Menetekel an der Wand seiner Klosterzelle. Doch nur um so mehr ringt er sich nach und nach zu der Überzeugung durch, daß die „Psyche ... drinnen", seine Seele, nicht sterben könne. „Ja! ja! unfaßlich ist mein Ich. Unfaßlich du, o Herr! Deine ganze Welt ist unfaßlich und ein Wunder an Macht, Herrlichkeit – Liebe!" So ist die „Ewigkeit" also doch nicht „der große, unendliche, windstille Ozean, der winkt, ruft, uns mit Ahnungen erfüllt" und uns versinken läßt, sobald wir ihn betreten. In der Zuversicht solcher Hoffnung stirbt der junge Künstler. Sein Körper zerfällt; und nur ein heller Stern, der all die Zeit über ihm leuchtete, weiß noch, wessen Gebeine dort bleichen. Jahrhunderte später, längst ist der Ort seiner alten Wohnung in ein Frauenkloster umgewandelt, entdeckt man beim Ausheben eines Nonnengrabes das Marmorstandbild der „Psyche". Vor aller Augen gilt es für ein unvergleichliches Kunstwerk. Niemand freilich kennt mehr den Künstler selbst, der es erschuf. „Was irdisch ist, das verweht, wird vergessen, nur der Stern im Unendlichen weiß es. Was himmlisch ist, erstrahlt selbst im Nachruhm, und wenn der Nachruhm erlischt – dann lebt die Psyche immerdar."

Was also bleibt ANDERSEN, folgen wir dieser Erzählung, in seinem Künstlerleben an Hoffnung, wo er doch mit all

seinem Schaffen die Liebe der Frau, die das Urbild und Vorbild seines künstlerischen Gestaltens war, trotz allem nicht zu erreichen vermochte? Selbst wenn er „Unsterbliches" hervorgebracht hätte, so sagt er sich selber in diesem Märchen, wird es sich doch eben deshalb von seiner sterblichen Person im Gedächtnis der Menschheit nach und nach lösen. Eine Geschichte wie DIE KLEINE MEERJUNGFRAU oder DAS HÄSSLICHE ENTENKÜKEN mag eine Weile die Zeit überdauern; doch wer wird sich in ein, zwei Jahrhunderten noch interessieren für ANDERSEN? Es war seine Seele, die all das schuf, und der einzige Trost, der noch bleibt, besteht darin, daß diese Seele weiterleben wird wie ein Stern am Himmel, den Menschen enthoben, ganz nah bei Gott. So in der Tat lehrt es der Glaube. Und gerade so wollte es ANDERSEN glauben. So war es ihm Trost in einer sonst trostlosen Welt.

Und die Liebe? Das Leben? Soll unterhalb dieser metaphysischen Zuversicht wirklich nur die Schwermut, die Resignation das letzte Wort behalten? Bleibt, wenn es so steht, die Zuflucht und Ausflucht der „Ewigkeit" selbst nicht im Grunde so unausgefüllt und leer wie das Dasein hienieden – ohne die Liebe? Es kommt wohl vor, wie ANDERSEN es in seinem Märchen von PSYCHE erzählt, daß ein Künstler eine Frau liebt, die ihn ohne jede Erklärung schroff und endgültig zurückweist; es kommt auch wohl vor, wie es ANDERSEN in seinem Märchen von der KLEINEN MEERJUNGFRAU andeutet, daß ein Künstler eine Frau liebt, die, wie RIBORG VOIGT, schon anderweitig gebunden sich fühlt; doch im Falle ANDERSEN selber kommt, wie die KLEINE MEERJUNGFRAU es ebenfalls deutlich macht, eine wirkliche Liebe gar nicht erst zustande, und zwar aufgrund einer Angst und zugleich einer Sehnsucht, die gewiß von fern noch an des MEERKÖNIGS TOCHTER erinnern, doch die Frohgemutheit und das Sonnengemüt einer Jung-Helga gänzlich vermissen lassen. Es ist nicht zu leugnen: Kein christlicher Glaube und keine künstlerische Kompensation vermögen den Hohlraum zu schließen, den die Angst einer „kleinen Meerjungfrau" im Leben ANDERSENS selbst hinterlassen mußte. Was also, müssen wir im Interesse und aus Liebe zu ANDERSEN selber uns fragen, ist zu tun gegen diese Angst? Am Ende aller Rationalisierungen ist dies die alles entscheidende abschließende Frage an das Werk wie an die Person des dänischen Dichters.

Relativ leicht fällt die Antwort auf diese Frage noch im Umfeld der *sozialen* Minderwertigkeitsgefühle. Wären es nur diese, die sich dem Glauben an eine glückliche Liebe hindernd in den Weg stellen würden, so erhöbe sich ANDERSENS eigene Einsicht dagegen und schöbe diese Barrieren des Vorurteils einfach beiseite. Es ist ja nicht nur, daß es ANDERSEN vergönnt war, auf den Sprossen des Ruhms gerade seiner Märchen zu freundschaftlichen Kontakten mit Königen und Fürsten, Adeligen und Gelehrten, Dichtern und Musikern in dem angesehensten Ambiente seiner Zeit emporzusteigen, er selbst auch hat sich zum Beispiel in der Erzählung DA IST EIN UNTERSCHIED[6], zu einer Freiheit des Wertgefühls durchgerungen, die ihn eigentlich dazu hätte befähigen sollen, die letzten Ängste seiner angeblich zu niedrigen Herkunft entschieden abzulegen.

Das Märchen nämlich erzählt von einem früh erblühten Apfelzweig, der ob seiner Schönheit von einer Gräfin gebrochen und in das Fenster ihres Schlosses gestellt wird, von wo er voller Stolz auf die scheinbar so armseligen Löwenzahnblumen herabblickt. Der Grund: Es verhält sich in seinen Augen bei den Pflanzen nicht anders als bei den Menschen: „Manche ... sind zum Schmuck da und manche zum Nutzen, es gibt auch solche, die ganz zu entbehren wären." So denkt er. Denn: „Der Apfelzweig hatte sich nie über des Herrgottes unendliche Liebe zu allem, was lebt und sich innerlich regt, Gedanken gemacht, er

hatte nie darüber nachgedacht, wieviel Schönes und Gutes verborgen liegen kann, ohne vergessen zu sein." Es ist der Sonnenstrahl, der es besser weiß: Es gibt überhaupt nichts, das verdiente, als wertlos verschmäht zu werden, auch nicht der Löwenzahn! Kinder werden kommen und aus den zahllosen Löwenzahn-Blumen Kränze winden, und sie werden glauben, wer eine Pusteblume auf einmal abpusten könne, der werde bald schon neue Kleider bekommen. Die kleinen Blumen also sind wahre Propheten, zumindest für Kinder! Und eine alte Frau wird die Wurzeln des Löwenzahns ausgraben, um sich daraus Tee und Heilmittel zu bereiten. „Und der Sonnenstrahl sprach von Gottes unendlicher Liebe für alles Geschaffene und für alles, was Leben hat, und von der gleichmäßigen Verteilung von allem in Zeit und Ewigkeit!" Ja, eines Tages stellt die Gräfin ganz vorsichtig eine Löwenzahnblüte zu dem Apfelzweig in die Vase. „Seht nur, wie wunderbar schön der Herrgott sie gemacht hat!' sagte sie. ‚Ich will sie zusammen mit dem Apfelzweig malen; der ist nun in aller Munde so unendlich schön, aber auch diese armselige Blume hat, wenn auch auf andere Art, ebensoviel vom Herrgott empfangen; sie sind so verschieden und dennoch beide Kinder aus dem Reiche der Schönheit.' Und der Sonnenstrahl küßte die arme Blume, und er küßte den blühenden Apfelzweig, seine Blütenblätter schienen davon zu erröten."

Da ist, mit den Augen des Lichtes betrachtet, kein Unterschied zwischen den Blumen noch Menschen, und all die so stolzen Selbstunterscheidungen sind nichts als Dummheit und Eitelkeit. ANDERSEN wußte das wohl. Ja, in der Geschichte von den SCHNELLÄUFERN geht er sogar zu einer witzig-satirischen Abrechnung mit der ganzen Art der Prämienvergabe unter den Menschen über[7]: Wie willkürlich all diese Maßstäbe doch sind, nach denen die vermeint-

lichen Vorzüge einzelner gegeneinander verrechnet werden! „Gerecht" wäre es allenfalls, den Wert eines jeden
Einzelnen in sich selber zu würdigen; bald schon würde
man dann entdecken, daß der einzig wirkliche Maßstab
nur die Liebe sein kann, die von allen Dingen möchte, daß
sie sind. So lehren es Nachsicht, Güte und Weisheit. Die
sozialen Rangunterschiede hingegen mögen belastend,
quälend und hinderlich sein, doch kann man, ja, muß man
erwarten, daß ein „wirklicher Mensch", gar ein Dichter,
wie ANDERSEN, darüber hinauswächst und sich darüber
erhebt. Und wie seine Märchen zeigen: Er hat sich darüber erhoben.

Und doch ist es eines, um die Nichtigkeit all der Unter-
scheidungen unter den Menschen im allgemeinen zu wissen, und ein ganz anderes, diese Einsicht konkret auf sich
selbst zu beziehen. Daß Gott all seine Geschöpfe gleich
achtet und liebt, mag schon wohl sein, doch geht aus dieser Allgemeingültigkeit nicht bereits das eine unbedingt
Notwendige hervor: das Gefühl für den Wert der eigenen
Person. Ein solches Selbstwertgefühl vermag allein die
Liebe wenigstens eines einzelnen Menschen zu schenken.
Alles dreht sich damit scheinbar im Kreise: Wie läßt sich
die Angst vor der Liebe überwinden, wenn nur die Liebe
die Angst vor der Liebe zu beruhigen imstande ist?

Es scheint die Tragik in ANDERSENS Leben gewesen zu
sein, daß er zwar von sich aus manch eine Frau liebgewann, doch daß sich umgekehrt niemand fand, der ihm
mehr hätte sein können und wollen als Schwester und
Freundin. Sie alle, von HENRIETTE WULFF bis FREDRIKA
BREMER oder FRAU LAESSØE, deren „Weiblichkeit" und
„Reinheit" ANDERSEN verehrte[8], ließen sich jemals auf
seine sensible Persönlichkeit so ein, daß sie seine mütterlichen Ängste hinwegzulieben und seine männlichen
Sehnsüchte zu erfüllen vermocht hätten. Entlang der

Geschichte von der KLEINEN MEERJUNGFRAU läßt sich
indessen deutlich genug ablesen, was erforderlich gewesen wäre, um eine solche Seele von der Gefangenschaft
der „Tiefsee" und vor allem von dem Schrecken der
„Meerhexe" zu erlösen. Dringend hätte es eines Menschen
bedurft, der die schüchterne Herumlugerei und Herum-
lungerei aus der Ferne beendet haben würde, indem er,
getragen von eigener Zuneigung, den Mut aufgebracht
hätte, mitten in die Angst eines Künstlers wie HANS CHRI-
STIAN ANDERSEN von sich aus hineinzugehen. Es hätte nicht
länger bei der allzu jugendlichen Einstellung jenes „Prinzen" bleiben dürfen, die „kleine Meerjungfrau" sei so lieb
und schön, am liebsten von allen, und doch ginge keinerlei menschliche Arbeit noch heilsame Anstrengung für ihn
daraus hervor, die Stummheit des anderen als eine Folge
uralter Ängste durch ein neu erwachendes Vertrauen nach
und nach aufzulösen. Es würde den Kern aller Auseinan-
dersetzungen bedeutet haben, wäre es jemandem gelun-
gen, die außerordentlich reiche Welt der Symbolsprache
ANDERSENS aus ihrer traumhaft schwebenden Form der
Selbstmitteilung herauszulösen und durch eine innerlich
starke Verbundenheit für ihn selber verbindlich zu
machen. Nur eine Liebe, die stark genug gewesen wäre,
seine Gebundenheit *an* die Mutter und seine Verwundet-
heit *durch* die Mutter ihm selbst bewußt zu machen und
durch neue Erfahrungen abzutragen, und die zugleich die
innere Freiheit besessen hätte, am Ende dieses „Aufstiegs"
zum „Licht" in einer ganz und gar „irdischen" Form der
Verliebtheit und der Verzauberung in erwachsener Weise
auf den erwachsenen Dichter ANDERSEN zuzugehen, hätte
den Bruch zwischen dem Kind und dem Manne in ihm zu
schließen vermocht.

Das alles jedoch ist die Sprache des Irrealis. Für ANDER-
SEN fand sich nun einmal keine Frau wie LOU ANDREAS
SALOMÉ für RAINER MARIA RILKE[9], und selbst wenn sie sich

gefunden hätte, wie weit sind wir in ANDERSENS Tagen noch entfernt von den Entdeckungen der Psychoanalyse im 20. Jahrhundert? Die Sphäre des Unbewußten, der „Ozean" der „kleinen Meerjungfrau", ist noch längst nicht befahren, und es ist gerade einem Pionier der Romantik wie HANS CHRISTIAN ANDERSEN selber zu danken, daß er die Erkundung dieser unendlichen Welt vor dem Deich mit vorbereitet und in gewissem Sinn sogar eingeleitet hat, auch wenn er selbst für sein eigenes Leben wenig Glück von seinen „Seereisen" heimbringen konnte. Niemand jedenfalls wird ihm vorwerfen können, daß er, der in seinen Märchen so zahlreiche Heilkräuter gegen die Angst und Verzweiflung der Menschen zu ziehen vermochte, selber im Umgang mit seinen eigenen Krisen so wenig Gebrauch von ihnen zu machen imstande war.

Wohl trifft deshalb SÖREN KIERKEGAARDS früher Einwand gegen die Dichtungen ANDERSENS an dieser Stelle unmittelbar in das Zentrum, und doch verlegt er sein Ziel gewissermaßen weit hinter das Leben seines Kopenhagener Studiengefährten hinaus, ja, der Einwand kehrt in gewissem Sinne am Ende zu ihm selber zurück: Ein Genie, meinte der dänische Religionsphilosoph, werde nicht durch die Gunst der Umstände geboren, ein Genie bewähre sich darin, der Ungunst der Umstände standzuhalten.[10] Wohl wahr! Doch woher stammt der Glaube an die eigene Bedeutung, wenn nicht aus der Liebe eines anderen Menschen, der in dem Unscheinbaren schon eines Kindes durch seine aufmerksame Zuneigung das Bedeutende wahrzunehmen und zu bewahren vermag? Ein solcher Mensch war für ANDERSEN die Mutter, für KIERKEGAARD der Vater. Beide wurden indessen am meisten von der Schwermut gerade der Person belastet, die ihnen jeweils am meisten nahestand. Beide hätten in ihrem Leben dringend der Zuwendung eines anderen Menschen bedurft,

der ihnen Vater und Mutter zumindest für eine Weile ersetzt und ihre Gestalten in ein erwachsenes Leben übersetzt hätte, um die kindlichen Fesseln von Schuldgefühl, Sexualangst und Furcht vor der Frau endlich abzustreifen, doch beide fielen letztlich ihrer wie schicksalhaft auferlegten Kontaktscheu zum Opfer: ANDERSEN, indem er mit seinem Liebesbrief an RIBORG VOIGT seine Ablehnung zumindest riskierte, vielleicht sogar provozierte, KIERKEGAARD, indem er selber die Verbindung zu REGINE OLSEN löste[11]; ANDERSEN, indem er die Leidenschaft seiner Sehnsucht wie etwas Ungehöriges auf immer verschwieg, KIERKEGAARD, indem er im „Tagebuch eines Verführers" alle Stufen der Sinnlichkeit in der Phantasie durchlebte und auslebte, nur um sie in der Wirklichkeit sich desto gründlicher zu untersagen[12]; ANDERSEN, indem er sich über die mangelnde irdische Liebe durch die Überfülle einer himmlischen Liebe hinwegzutrösten versuchte, KIERKEGAARD, indem er, je länger je mehr, die Gestalt seines Vaters mitsamt seiner Strafangst in die Strenge des göttlichen Gerichtes hineinprojizierte[13]. Beide verhielten sich in Übereinstimmung und Gegensatz zueinander wie die linke und die rechte Hand. Der eine ersehnte am Ende nichts mehr als seine Anerkennung als Dichter, der andere verbot es sich, das Leben zu dichten, statt es zu leben.

Doch wie sollte es möglich sein, wirklich zu leben, ohne den dichterischen Traum vom Glück der Liebe zu realisieren?

Religiös hat zweifellos KIERKEGAARD recht: Man muß sich in Gott festmachen, um die Angst vor den Menschen zu überwinden; doch menschlich hat auch ANDERSEN recht: Man muß wenigstens einen Menschen von Herzen lieben, um damit aufzuhören, Gott mehr zu fürchten als den Teufel.

Hätte ANDERSEN aufgehört, ein Dichter zu sein, wenn ihm das Glück zuteil geworden wäre, RIBORG VOIGT oder

Louise Collin oder Sophie Ørsted oder Jenny Lind[14) oder wen auch immer wirklich zu lieben? Anscheinend haben alle Andersens Schutzbedürftigkeit respektiert, niemand hat die Fluchtdistanz, die er für nötig hielt, unterschritten. Und vielleicht taten sie gut so. Auch in der Psychoanalyse gibt es Situationen, in denen das Künstlertum mancher Menschen so hoch kompensiert ist, daß es auf einen Verlust hinausliefe, wollte man sie von der Ausgesetztheit auf den „Bergen des Herzens"[15) in die Behaglichkeit der Almen zurückführen[16). Vielleicht hätte der Andersen, den wir kennen, tatsächlich verloren, gewiß wäre er unwiederbringlich ein anderer geworden, wäre er, wie er gelobte, aus Liebe zu Riborg Voigt zum Theologen statt zum Dichter geworden. Doch gerade deshalb sollten wir, die wir Hans Christian Andersen liebgewonnen haben, versuchen, ihn in jedem Kind, das heranwächst, neu kennenzulernen und dann dieses Kind, so viel an uns liegt, nicht zuletzt gerade mit seinen Geschichten und Märchen *auf Erden* heimisch und glücklich zu machen. Es wäre die Wahrheit der Religion wie der Dichtung, es wäre die Einheit von Sören Kierkegaard und Hans Christian Andersen, daß die Stummen reden, die Lahmen gehen und die Gefangenen ihre Freiheit wagen (Lk 4,18).

Es bleibt mithin der Wunsch, am Schluß wie eine dankbare Bitte Andersen selber, nach Andersens Art in Gedichtform zu sagen:

Voll Sehnsucht hülltest du die Welt
in deiner Kindheit Träume ein.
Du ließest reden unverstellt
den Ball, die Puppe und den Stein.

Nur dich verschwiegst du wie ein Lied,
dem man die trauten Worte nahm.
Ein Mensch wardst du, der alles sieht
und doch die Liebe flieht vor Scham.

Ach, kehrte doch zu dir zurück,
was du uns schenktest: all das Glück,
die Poesie, die Leichtigkeit,

mit denen du dein Werk geschmückt.
Kind, das so manches Kind entzückt,
mach dich, wie du uns wolltest: weit!

E. D.

„Das Märchen hält einen heiteren Gerichtstag
über Schein und Wirklichkeit,
über die äußere Schale und den inneren Kern.
Es läuft eine doppelte Strömung hindurch.
Eine ironische Oberströmung,
die mit Großem und Kleinem scherzt
und mit Hohem und Niedrigem Fangball spielt,
und dann die Unterströmung des tiefen Ernstes,
die alles Gerechtfertigte und Wahre
an seinen rechten Platz stellt.
Das ist der wahre, christliche Humor."

G. Thomsen
in: H.C. Andersen: Meines Lebens Märchen, S. 672.

ANMERKUNGEN

L = H.Ch. Andersen: Lebensbuch (1832 entstanden; hg. v. H. Brix [1926]: Levnedsbog), hg. und aus dem Dänischen übers. v. G. Perlet, München 1993.

ML = H.Ch. Andersen: Märchen meines Lebens, hg. und aus dem Dänischen übers. v. T. Fleischer, Leipzig – Weimar 1990.

SMG = H.Ch. Andersen: Sämtliche Märchen und Geschichten, 2 Bde., aus dem Dänischen übers. v. E.M. Blühm und G. Perlet (Leipzig 1953), Leipzig – Weimar 1982.

SM = H.Ch. Andersen: Sämtliche Märchen in zwei Bänden, aus dem Dänischen übers. v. Th. Dohrenburg, Zürich 1976.

TB = H.Ch. Andersen: Tagebücher und Briefe, in: Das Märchen meines Lebens. Briefe, Tagebücher, aus dem Dänischen übers. v. Th. Dohrenburg, hg. v. E. Nielsen, München 1961, 567–751: Aus Tagebüchern und Briefen.

Br = Der Dichter und die Welt. Briefe von Hans Christian Andersen, übertr. u. hg. v. E. von Hollander, Weimar 1917.

B = E. Bredsdorff: Hans Christian Andersen. Eine Biographie, aus dem Englischen übers. v. G. Baruch (München – Wien 1980), Hamburg (rororo 13077) 1993.

N = E. Nielsen: Hans Christian Andersen mit Selbstzeugnissen und Bilddokumenten, aus dem Dänischen v. Th. Dohrenburg, Hamburg (rororo monographien 5) 1958, ⁴1995.

Einleitung (S. 7–10)

1) Zur Erstellung des Andersen-Denkmals in dem Kopenhagener Park Kongens Have vgl. B 350–352: „Der endgültige Entwurf, nach dem August Saaby das Denkmal schuf, zeigte keine Kindergestalt ... Andersen hält ein Buch in der Hand und wendet sich an ein unsichtbares Publikum" (352); Abb. bei N 369. Die Statue der „Kleinen Meerjungfrau" (S. 3) ist eine Skulptur von Edvard Eriksen, nach dem Modell einer Balletttänzerin des Königlichen Theaters, und wurde 1913 an der „Langelinie" aufgestellt.

2) H.Ch. Andersens Dagbøger 1825–1875, hg. v. Kåre Olsen und Helge Topsøe-Jensen, 10 Bde., Kopenhagen 1971–1976; vgl. L. Eskelund: Register einer Seele. Die Tagebücher des Hans Christian Andersen, Frankfurter Allgemeine Zeitung, 22.1.1977. Cai M. Woel: Andersen als Beispiel für die Dichter, in: Ein Buch über den dänischen Dichter Hans Christian Andersen, sein Leben und sein Werk, hg. zur 150. Wiederkehr seines Geburtstags, unter der Redaktion von H. G. Topsøe-Jensen, übers. v. G. Jungbluth, Kopenhagen 1955,

213–226, bes. 217, meint sogar: „Hans Christian Andersen war ein Dichter des Aktuellen ...; vieler Jahrhunderte Armut und Anspannung machten sich plötzlich durch ihn Luft, und innerhalb der dänischen Dichtung dieses Jahrhunderts erscheint er als Träger des Lebensgefühls. Sein Wesen war sehr uneinheitlich, und seinem Gefühlsleben eignete eine Empfindlichkeit weit über die Norm hinaus. Er vereinigte in sich erhebliche Gegensätze – so war er ja doch ein revolutionärer Royalist!"

3) Zitiert nach B 99:
Schau auf dem Hügel dort ein langer, dünner Mensch!
Sein Antlitz so bleich wie Werthers Züge,
die Nase so mächtig wie eine Kanone
die Augen so klein wie grüne Erbsen.
Er singt ein deutsches Lied, das fragt „woher?"
Sehnsüchtig blickt er in den Sonnenuntergang.
Warum wohl bleibt er dort so lange stehn?
Bei meiner Seel, ich bin ja nicht allwissend.
Doch eins steht fest, wenn mich nicht alles trügt:
Er ist entweder toll, verliebt oder ein Dichter.

Dieses ironische Selbstportrait entstand 1826 während eines Ausflugs von Helsingør nach Kopenhagen. –Von der Bedeutung des *Gefühls* in allen Dichtungen Andersens schrieb bereits Dänemarks bedeutendster Literaturkritiker G. Brandes: Moderne Geister. Literarische Bildnisse aus dem Neunzehnten Jahrhundert, Frankfurt 1882, 65–132: Andersen (1869), 107–108: „Der tiefste Zug in Andersen's Lebensanschauung ist der, das Herz am höchsten zu setzen, und dieser Zug ist echt dänisch. Selbst gefühlvoll, hebt diese Anschauung bei jeder Gelegenheit die Schönheit und Bedeutung des Gefühls hervor, überspringt den Willen ..., bekämpft die Verstandeskritik als das Böse, als ein Werk des Teufels, als einen Hexenspiegel, versetzt der pedantischen Wissenschaft die trefflichsten und witzigsten Seitenhiebe ..., schildert die Sinne als Versucher ..., verfolgt und denuncirt die Hartherzigkeit, verherrlicht und preist die Herzensgüte, stürzt die Roheit und Bornirtheit von ihrem Throne, hebt die Unschuld und die Wohlanständigkeit hinauf ... Der Grundton ihres Ernstes ist das moralisch-religiöse Gefühl, mit dem Hasse der Genialität gegen die Bornirtheit gepaart, und ihre humoristische Satire ist launig, ruhig, in Übereinstimmung mit dem idyllischen Geiste des Dichters." Auch von den Gedichten meint er: Sie „zeichnen sich ... häufig durch einen friedevollen und kindlichen Geist, ein warmes und mildes Gefühl aus" (116).

4) Vgl. H. Heine: Buch der Lieder. Mit der Nachlese zu den Gedichten 1812–1827, hg. v. K. Briegleb (München 1968), München (dtv 2112) 1983. Zu der Begegnung Andersens mit Heine vgl. ML 110; 145. Vgl. aber auch B 135.

5)   R.M. Rilke: Die fünf Briefe der Nonne Marianna Alcoforado, in: Sämtliche Werke, hg. v. E. Zinn, VI, Frankfurt 1966, 999–1002.

6)   SM I 154–159; SMG I 129–134: „Der standhafte Zinnsoldat", entstanden 1838.

7)   S. Kierkegaard: Aus den Papieren eines noch Lebenden. Gegen seinen Willen herausgegeben von S.K. (1838), in: Erstlingsschriften, in: Gesammelte Werke, 30. Abt. (Düsseldorf – Köln 1960), Gütersloh (GTB 623), ²1994, 39–91. Vgl. Andersens Reaktion ML 234–235; vgl. auch B 166–169. Monica Stirling: Der wilde Schwan. Hans Christian Andersen. Leben und Zeit, München 1965, aus dem Englischen übers. v. S. Stahlmann, 163; 169, weist darauf hin, daß Kierkegaard von Andersen in „Die Galoschen des Glücks" (1838), SMG I 95–125; SM I 114–148, in der fünften Geschichte: „Die Verwandlung des Kopisten", als Papagei verspottet wird.

8)   Vgl. H.St. Holbeck: Hans Christian Andersens Religion, Kopenhagen 1947. V.A. Schmitz: H.C. Andersens Märchendichtung, Greifswald 1925, 75, nennt „Andersens Frömmigkeit" ein „durchaus konventionelles Christentum" und meint: „Er trägt seinen Kinderglauben durch sein ganzes Leben." 71: „Andersen wurzelte stets all zu fest und gläubig in seinem kirchlich-protestantischen Christentum, als daß er ein Jünger dieser romantischen Religion (sc. der Naturvergötterung, d.V.) geworden wäre." „Seine nordische Herkunft feite ihn gleichsam auch gegen jegliche katholisierende Neigung." Die *Ästhetik* der Erzählweise Andersens in Die kleine Meerjungfrau hat W.A. Berendsohn: Phantasie und Wirklichkeit in den „Märchen und Geschichten" Hans Christian Andersens. Struktur- und Stilstudien, Wiesbaden 1973, 233–238, untersucht und dabei auf die anschaulichen Vergleiche, die Superlative und die Komperative nebst den verstärkenden Wörtern gleich in den ersten Sätzen hingewiesen; er meint, „die rhetorischen Steigerungsmittel" machten einen „erstaunlich großen Einschlag im Mosaik seiner Sprache aus" (237). Allerdings gebe es unter den „rhetorischen Verstärkungsmitteln" eine Reihe, die in der Umgangssprache niemals vorkommen, z.B. die Appositionen und Wiederaufnahmen einzelner Satzteile, besonders die mit zugefügtem Relativsatz, die kunstvollen Wiederholungen mit mehreren Gliedern und die kunstvollen Stabreime und Reime". So habe Andersen „einen eigenen literarischen Stil geschaffen" (238). Andere Stilmittel Andersens sind: Interjektionen, Ausrufesätze, rhetorische Fragesätze, Versicherungen des Dichters, persönliche Anreden, negative Aussagen, welche die folgenden positiven verstärken, Antithesen, Zahlenangaben, vgl. 230–333. Zu Recht weist W. A. Berendsohn (174–175) auf den „Realismus" in Andersens Dichtung hin: „Die Visionen seiner Phantasie sind manchmal großartig, aber ebenso lebendig und ausdrucksvoll sind oft die Wirklichkeitsbilder, die er aufbaut. Die reichste Ausstattung mit realistischen Zügen macht die phantastischen Gestalten und Geschehnisse anschaulich und poetisch wirklich." In gewissem Sinne sei Andersen „der erste Proletarier innerhalb der Literatur" gewesen. *Religiös* war das Jenseits für Andersen ein „gewaltiges Reich für die Wirksamkeit der Phantasie, ... nie wird er müde, von der *Reise der Seele ins Ewigkeitsland* zu dichten ... Der Tod ist Omnibusschaffner und Direktor für die große Sparkasse des Lebens" (35). –

Auf den *Humor* in Andersens Märchen weist ebenfalls V.A. Schmitz: H.C. Andersens Märchendichtung, Greifswald 1925, 122–133, hin: „Die erhabene Wunderwelt der Märchen verbindet sich mit dem alltäglichen, die gehobene Sprache wird ironisiert, Allerweltsweisheiten karikieren die akademische Naseweisheit, kindliche, unlogische und paradoxe Begründungen motivieren die Handlung." Es ist wichtig zu sehen, daß in der Kleinen Meerjungfrau bis auf die Eitelkeit der Großmutter mit ihren Fischschwanzaustern jegliche Ironie *fehlt*! Hier ist alles Ernst.

I. „Du arme kleine Meerjungfrau ..." (S. 26–92)

1)   M. Lambert: Sumerische Schöpfungsmythen, in: Quellen des alten Orients. Die Schöpfungsmythen, aus dem Französischen von E. Klein, Zürich 1964, 103–117, S. 113–115: Die Entstehung des Lebens: Die Vermählung des Süßwasserozeans (Enki) mit der Erde Nin-tu, der „Herrin der Geburt", die bei ihrer Vereinigung den Titel: „Große Gemahlin" erhält: „Und die Herrin des Gebirges nahm den Samen, / Sie empfing den Samen, das Wasser des Gottes Enki."

2)   Zu *Gaia* und *Okeanos* vgl. H. Gottschalk: Lexikon der Mythologie, München (Heyne Tb. 7096) 1979, 61–62: „Nacht und Finsternis (Nyx und Erebos) zeugen den Tag und den Äther, die Erde gebiert aus sich Uranos – den Himmel –, die Gebirge und Pontos – das Meer. Aus der Verbindung zwischen Uranos und Gaia gingen die Titanen hervor, als erster Okeanos, der die Welt ringförmig umgebende Strom. Erst später wurde seine Name auch auf das Meer übertragen." Vgl. Hesiod: Sämtliche Gedichte, übers. v. W. Marg, Zürich 1970, 33–34: Theogonie, V. 123–134.

3)   A.a.O., 137. Vgl. Griechische Sagen, übers. v. L. Mader, Zürich 1963, 45, Apollodor, II, 43f., zu der Geschichte von „Andromeda".

4)   Vgl. K. Kerényi: Die Mythologie der Griechen, I: Die Götter- und Menschheitsgeschichten, München (dtv 1345) 1976, 56–59, zur Gestalt und Geburt *Aphrodites*. Vgl. Hesiod, s.o. Anm. 2, 37–38: Theogonie, V. 188–205.

5)   Vgl. F. Kurt – H. Wendt: Seekühe oder Sirenen, in: Grzimeks Tierleben in 13 Bänden; XII: Säugetiere 3 (Zürich 1970), München (dtv) 1979, 525–535: „Wahrscheinlich sind die Sirenen Homers auf den Dugong zurückzuführen, der auch heute noch in einer Unterart im Roten Meer vorkommt." „Schon so mancher Seefahrer hat auftauchende Seekühe, die sich mit Kopf und Schultern etwas aus dem Wasser erhoben, von weitem für badende Menschen gehalten. Das hat vielleicht auch den Anlaß zu den griechischen Sagen von Sirenen gegeben ..., obwohl diese plumpen Tiere aus der entfernten Verwandtschaft der Elefanten gewiß nicht die geringste Ähnlichkeit mit betörenden Frauen haben. Aber die Weibchen zeichnen sich durch zwei Brüste am Brustkorb aus, und wenn eine Seekuhmutter ihr saugendes Kind in den Arm nahm und an die Brust drückte, so drängten sich den Entdeckungsfahrern alter Zeiten Vergleiche auf, die zu allerlei Märchen von ‚Meermenschen' oder ‚Seejungfrauen' führten."

6)   Zu *Nereus* und den *Nereiden* vgl. H. GOTTSCHALK, s.o. Anm. 2, 65: „Pontos (das Meer) war zugleich Sohn und Gemahlin der Gaia, die ihm Nereus ... gebar ... Er nahm die Okeanide Doris zur Gemahlin und zeugte die fünfzig Nereiden, jene lieblichen Meermädchen, die in Griechenlands Volksglauben niemals ihre Popularität verloren haben. Die Nereide Thetis, die sich mit dem sterblichen Peleus vermählte, wurde die Mutter des Achilleus." Zu *Triton,* dem Sohn des Poseidon und der Amphitrite, vgl. a.a.O., 233: „Meeresgottheit mit Fischunterleib; auf einer Muschel blasend; von dämonischem Wesen. Sein Auftauchen war für die Menschen mit Gefahr verbunden." Vgl. auch K. KERÉNYI, s.o. Anm. 4, I, 149–150: „Hesiod nannte den Triton ‚weithin gewaltig' und einen großen Gott, der den Boden des Meeres im goldenen Palast seiner lieben Mutter Amphitrite und seines Herrn und Vaters Poseidon bewohnte, eine schreckliche Gottheit. ... Triton war halb Fisch, halb menschengestaltig, am besten mit den Silenen und Satyrn vergleichbar. Der Unterschied bestand darin, daß jene aus der Verkleidung von Männern in Tiere des Festlandes hervorgegangen sind, während die Urbilder des Triton Männer waren, die sich Fisch- oder Delphinenschwänze anbanden ... Die Erzählungen von Triton können so zusammengefaßt werden, daß er der Silenos oder Satyros des Meeres war, ein Frauenräuber, ja, ein Räuber von Jünglingen – und zwar seit alters her in Gesellschaft von seinesgleichen – ein Schreckenerreger und Verführer mit seinem Muschelhorn. Mit den Tritonen erschienen manchmal auch Tritoninnen. Doch waren es meist Nereiden, mit denen die Tritonen wie im Hochzeitszug durch die Meere schwammen, die Vermählung von Poseidon und Amphitrite feiernd oder die Geburt der Aphrodite." Vgl. Hesiod, s.o. Anm. 2, 77, Theogonie V. 931.

7)   Vgl. N. LINKE (Hg.): Kein schöner Land. Das große Buch unserer beliebten Volkslieder, Niedernhausen 1988, 80: Die schöne Lilofee, 1813 in Böhmen: „Es freit ein wilder Wassermann in der Burg wohl über dem See, des Königs Tochter mußt er ham, die schöne junge Lilofee." Vgl. auch „Es waren zwei Königskinder", in: A. DIEKMANN: Das große Liederbuch, Zürich 1975, 188, Volksweise seit 1500, ein Lied, das auf die Geschichte von „Hero und Leander" zurückgeht.

8)   Zu H.CH. ANDERSENS „Agnete und der Meermann" vgl. B 136–137; 141–144; 150. In einem Brief an HENRIETTE WULFF schrieb er aus Innsbruck auf der Rückfahrt von Italien: „Ich sehne mich nach meiner Heimat (sc. Italien!), wo die Orangen wachsen, nach dem endlosen blauen Meer mit seinen schwimmenden Inseln, dem Vesuv mit seiner roten Lava und dem ganzen Leben dort. Oh! wäre ich doch in Neapel gestorben, könnte ich doch immer dort leben! – Rom genügt mir nicht, dort ist die Natur ausgestorben, ein ausgebrannter Krater, und ohne das Meer kann ich nicht leben, ich bin daran gebunden wie Agnete – meine arme, im Stich gelassene Agnete, ‚dieses hoffnungslos unförmige Werk', wie es mein *bester* Freund nannte." OSCAR WILDE: Der Fischer und seine Seele, in: Erzählungen und Märchen. Gedichte in Prosa (aus den vier Märchen um das Granatapfelhaus – A house of Pomegranates), Essen (Phaidon) o.J., 160–199, hat dieses Motiv aufgegriffen. In einem Brief vom 15. Juli 1830 aus Odense an LUDWIG LAESSØE (Br 38–40) erwähnt ANDERSEN sein Gedicht „Die Meerfrau auf Samsöe" und seine „Phantasie an der Nordsee", die das gleiche Thema intonieren.

9)   Vgl. U. QUACK: Gotland. Die größte Insel der Ostsee, Köln 1991, 12–14: Gotlands erste Blütezeit; E. NYLÉN: Gotländische Bodendenkmäler, aus dem Schwedischen von J. Ernström, Visby o.J.; H.CH. ANDERSEN: Reisebilder aus Schweden und England, hg. und aus dem Dänischen übers. v. G. Perlet, Leipzig – Weimar 1985, 86–87, berichtet allerdings nur von dem Besuch der germanischen Fürstengräber von Alt-Uppsala. Vgl. ML 584; auf die „Hühnengräber daheim bei uns" spielt ANDERSEN ML 526 an. Allein in Lindholm Høje in Nordjütland wurden 682 Gräber, „zumeist Urnengräber, aufgefunden". „Aus diesem Grabfeld mit seinen ovalen schiffsförmigen Steinsetzungen spricht die Wikingerzeit." H.J. KOLB – J. SCHWACKENBERG: Dänemark, in: E. Glässer (Hg.): Nordeuropa; Fotografie: M. Galli, Dortmund (Harenberg) 1994, 451–532, bes. 514.

10)   Vgl. R. DEROLEZ: Götter und Mythen der Germanen (1959), aus dem Holländischen von J. von Wattenwyl, Wiesbaden (Suchier u. Englisch) 1974, 202: „Der Glaube an eine Totenwelt jenseits eines wirklichen oder mythischen Wassers ... wird in dieser Zeit (sc. im 5. Jh. v.Chr.) auf besonders augenfällige Weise ausgedrückt. Die frühesten Spuren eines solchen Glaubens fanden wir bereits in der Bronzezeit: das Schiff als religiöses Symbol deutet wahrscheinlich auf einen solchen Glauben hin."

11)   Zur Herkunft der Symbolik des *Wassers* in der Religion vgl. E. DREWERMANN: Glauben in Freiheit oder: Tiefenpsychologie und Dogmatik. I: Dogma, Angst und Symbolismus, Solothurn 1993, 425–443.

12)   J.W. VON GOETHE: Gedichte, hg. u. kommentiert v. E. Truntz, München 1974, 153–154: Der Fischer.

13)   E.A. POE: Das gesamte Werk in zehn Bänden, hg. v. K. Schumann und H.D. Müller, Olten 1976, IX, 189–191: Annabel Lee.

14)   H. HEINE: Buch der Lieder, hg. v. K. Briegleb, München (dtv 2112) 1983, 107: „Ich weiß nicht, was soll es bedeuten ..." V.A. SCHMITZ: H. C. Andersens Märchendichtung, Greifswald 1925, 78–79, meint: „Jede große Dichtung entsteht durch überzeitliche und allgemein-menschliche Kräfte, die in ihrem Schöpfer am Werke sind. Das bedeutet nicht, daß sie zeit-los und volk-los sei... In Andersens Märchen kündet sich trotz ihrer romantischen Herkunft vielleicht zuerst in Dänemark die neue Wirklichkeitskunst an. In Deutschland war die Alleinherrschaft der Romantik im geistigen Leben schon gebrochen, als Andersen seine Märchen zu dichten begann: Andersen war in seinen Anfängen Zeitgenosse des Jungen Deutschland. – Seinen Ursprüngen nach ist Andersen romantisch. Der romantische Grundtrieb der Sehnsucht bezeichnet auch Andersens geistige Haltung. Darum trieb es ihn wie Eichendorffs Taugenichts hinaus in die weite Welt. Man kann ‚Den lille Havfrue' (sc. Die kleine Meerfrau, d.V.) und ‚Grantralt' (sc. Der Tannenbaum, d.V.) als romantische Bekenntnisse auffassen." Die „Betonung des Innerlichen und Herzlichen, der Gefühlskräfte und der Phantasie, also der Kampf für das Recht seiner Poesie und ihre Geltung im Kunstleben seiner Zeit" habe ANDERSEN in „Gegensatz zu seiner Zeit" gebracht.

„Sein großer Widerpart war Johan Ludvig Heiberg und seine Schule, die damals diktatorisch den Kunstgeschmack beherrschten" (53). Jedoch gibt es einen wichtigen Unterschied zwischen ANDERSEN und der (deutschen) Romantik: „Den Romantikern gibt die Poesie, insbesondere die Märchenpoesie, die Vorahnung einer verborgenen Welt, für Andersen heiligt die Poesie die gegebene Welt. Die romantischen Märchen sind Träumereien entwurzelter Geister, Andersens Märchen sind Ausdruck und Bekenntnis einer kindlichen Seele. Er suchte die Märchenerfüllung nicht in der phantastischen Weite und Ferne, in der Entrücktheit vom Hier und Jetzt, er fand sie in der Nähe, im Alltag, in seiner Zeit" (11). Das trifft im allgemeinen wohl zu, stimmt jedoch durchaus nicht für die Darstellung der Liebe in ANDERSENS Märchen, die so oft in einer reinen Jenseitsreise der Seele „aufgeht" – wie in DIE KLEINE MEERJUNGFRAU. Allerdings stimmt es, wenn V.A. SCHMITZ fortfährt: „Die Entsagung, die ihm das eigene Leben auferlegte, äußerte er jedoch meist humoristisch, bitter, komisch oder satirisch. Ein wenig von Heinrich Heine, den er bewußt in seiner Lyrik nachahmt, ist hierbei auch ins Märchen übergegangen" (25).

15) Vgl. bes. O. RANK: Das Inzestmotiv in Dichtung und Sage. Grundzüge einer Psychologie des dichterischen Schaffens, Leipzig – Wien 1912.

16) Vgl. B 156. – Am 27.3.1838 schreibt ANDERSEN aus Kopenhagen an HENRIETTE HANCK, seine „schwesterliche" Freundin in Odense: „Es ist kalt und naß; der Botanische Garten ist kahl, nur in den Treibhäusern komme ich ins Grüne; dort bin ich jeden Tag, sitze unter den breitblättrigen Palmen, gehe zwischen Lorbeerhecken und fühle, daß niemand von uns im Norden recht zu Hause ist. Im Hafen (sc. Nyhavn, d.V.) wimmelt es von Schiffen, hundertweise liegen sie vor meinen Fenstern, man lädt Apfelsinen aus, und dabei liegt Schnee auf der Reling." Br 149.

17) Vgl. B 156; ML 200: „Das Meer lag einladend da, und ich fuhr mit einer Reisegesellschaft in einem offenen Boot von Salerno nach Amalfi und Capri, wo man einige Jahre zuvor die Blaue Grotte entdeckt oder, richtiger gesagt, aufgefunden hatte, die nun das Ziel aller Reisenden geworden ist. Das Hexenloch, wie es zuvor genannt wurde, war nun eine Grotte der Feen." ANDERSEN war 1834 in Italien, die KLEINE MEERJUNGFRAU erschien 1837 im 3. Heft der „Märchen für Kinder erzählt".

18) Vgl. B 137, zitiert aus einem Brief an E. COLLIN; vgl. ML 158–161.

19) Vgl. B 108. Das Gedicht gilt RIBORG VOIGT; s.u. Kap. II.3: „Zwei braune Augen ..."; s. auch Kap. II, Anm. 92.

20) F. DE LA MOTTE FOUQUÉ: Undine (1811) und andere Erzählungen, hg. v. R.-W. Wuthenow, mit einer Rezension von E.A. Poe (Olten 1973), Frankfurt (it 311) 1978, 7–121; E.T.A. HOFFMANN: Undine (Oper, Uraufführung 1816, Berlin); G.A. LORTZING: Undine (Oper, Uraufführung Magdeburg 1845). V.A. SCHMITZ: H.C. Andersens Märchendichtung, Greifswald 1925, 69 – 71, hebt zu Recht den *Unterschied* zu FOUQUÉS „Undine" heraus: „Das Thema bei Fouqué ist wie bei Tieck ein Eindringen der Geisterwelt in die Menschenwelt, wobei der Ton auf dem Geisterhaften, Übersinnlichen liegt, um der Zaubermacht und der übernatürlichen Sphäre willen ..., wobei Fouqué sich von Tieck dadurch unterscheidet, daß er die geistbelebte Natur nicht als dämonisch-grausige, menschenfeindliche Macht ansieht, sondern sie mit den sagenhaften Gespenstererscheinungen des Volkes literarisch bevölkert. Tiecks Naturkräfte vernichten, Fouqués Gespenster und Kobolde verwirren den Menschen... Aber der Naturgeist ist ‚seelenlos, ein bloßer elementarischer Spiegel der Außenwelt, der das Innere nicht widerzustrahlen vermag' ... Im Gegensatz dazu vermenschlicht Andersen in seinem Märchen die Naturgeister. Alles drängt bei ihm nach Wirklichkeit. Die kleine Seejungfrau ist eigentlich von vornherein beseelt, Seele lebt schon in ihren frühesten Kinderträumen. Doch ihr Streben will Höheres, will Ewigkeit, auf eine unsterbliche Seele kommt es ihr an. Die Sehnsucht nach dem Besitz einer unsterblichen Seele verbindet sich mit der Sehnsucht nach der Liebe eines Menschen, nur die Liebe verleiht die unsterbliche Seele. Soweit das Melusinenmotiv. In ‚Den lille Havfrue' (sc. Die kleine Meerjungfrau, d.V.) jedoch wird nicht das Eine um des Anderen Willen erstrebt, beides geht hier ursprünglich ineinander über ... Da es Andersen um die Darstellung eines menschlich-seelischen Vorgangs zu tun ist, tritt das Wunderbare in dem Wesen der kleinen Seejungfrau von vornherein zurück. Fouqués Undine ist ein viel geheimnisvolleres und unfaßbareres Geschöpf, sowohl vor wie auch nach der Beseelung durch Huldbrand. Weder die Launen des unbeseelten Kobolds, noch die entrückte Ferne der verwandelten Undine finden sich bei Andersens Seejungfrau. Sie ist immer das Symbol der unendlichen Sehnsucht mit durchaus menschlichem Charakter in Wesen und Wollen. Sie ist gleichsam ein verirrter und verstoßener Mensch. Darum mußte Andersen sie nicht durch Zauber entrücken, sondern mit Tiefe des Gemüts begaben. Doch bleibt der Märchenzauber gewahrt in der Einkleidung und Ausschmückung, der Luft und dem Duft der Erzählung, dem Schimmer, aus dem Andersen die Gestalten heraushebt."

21) C.M. VON WEBER: Oberon, Libretto: J.R. Planché, London 1826; Leipzig 1826. Vgl. L 141; in ML 351 zitiert ANDERSEN das Blatt „Faedrelander", das aus einer englischen Rezension das Urteil übernimmt, daß „die passendste Form der Besprechung dieses Werk (sc. seiner Märchen) eine Elfenmelodie sein würde, so wie Weber sie für die Meerjungfrauen in seinem ‚Oberon' dichtete."

22) Vgl. das Märchen „Das Schneeglöckchen" (1862), SM II 456–460; SMG II 345–349.

23) H. IBSEN: Die Wildente (1884), in: Dramen, 2. Bd., München (Winkler) 1973, 159–251.

24) Vgl. B 99: „Vieles spricht ... dafür, daß Andersens Sinn für Humor durch die langjährige enge Freundschaft gefördert wurde, die ihn mit der verwachsenen, aber ungemein klugen und witzigen Henriette Wulff verband."

25) S. FREUD: Das Ich und das Es (1923), Gesammelte Werke XIII, London 1940, 235–289, 247: „Die Frage: Wie wird etwas bewußt? lautet ... zweckmäßi-

ger: Wie wird etwas vorbewußt? Und die Antwort wäre: durch Verbindung mit den entsprechenden Wortvorstellungen."

26) Zur Gestalt des *Achill* vgl. K. KERÉNYI: Die Mythologie der Griechen, II: Die Heroengeschichten, München (dtv 1346) 1966, 241–248, zur Geburt des Achill; 270–280: Achilleus und der Ausklang des Trojanischen Krieges.

27) Vgl. R. SCHIRMER: Lancelot und Ginevra. Ein Liebesroman am Artushof, Zürich 1961.

28) Vgl. G. KLEE: Deutsche Heldensagen, Gütersloh (Bertelsmann) o.J., 184–196: Wittigs Tod.

29) Vgl. J. GRIMM: Deutsche Mythologie (1835), 2 Bde., Frankfurt – Wien – Berlin (Ullstein 35107–08) 1981, Kap. XVII: Wichte und Elbe, I, 363–428, bes. 389, wo der Hang aller Elben zu Musik und Tanz hervorgehoben wird: „Diese liebe der elbe zu den tönen und tänzen knüpft ihr geschlecht an höhere wesen." Seite 377 wird an *Frau Holle* erinnert. Zu dem Verhältnis der BRÜDER GRIMM zu ANDERSEN meint W.A. BERENDSOHN: Phantasie und Wirklichkeit, s.o. Einl., Anm. 8, 38: „Während die Märchen der Brüder Grimm, die zum größten Teil aus mündlicher Überlieferung gesammelt sind, eine Anzahl Erzählungen mit Motiven aus dem ältesten präanimistischen Zeitalter enthalten, hat Andersen ... so gut wie nichts dieser Art aufgenommen. Man dürfte (aber, d.V.) vielleicht hinweisen auf die Kunst der Meerhexe in ‚Die kleine Meerfrau'." F. VON DER LEYEN: H.C. Andersen und das deutsche Märchen, in: Dänische Rundschau, Nr. 7, April 1955, 7–11, meint: „Jakob und Wilhelm Grimm wollten ganz anderes (sc. als TIECK, BRENTANO, E.T.A. HOFFMANN, HAUFF u.a.): sie wollten nicht selbst erzählen, sie wollten wiedererzählen." „Die Welt, in der er (sc. Andersen, d.V.) aufwuchs, war die Welt der armen Leute – auch darum haben seine Märchen den Weg zum Volk wie von selbst gefunden." „Ich glaube, kein anderer Märchendichter hat so genau gewußt, was die Kinder lieben und wovon sie nicht genug haben können: Puppen, Bälle, Kreisel, Zinnsoldaten und was es sonst von Spielzeug gibt; und das wird alles lebendig, das unterhält und streitet sich und erlebt besondere Abenteuer." „Wenn Andersen ein altes Volksmärchen aufgreift, so erzählt er es nicht genauso, wie er es gehört hat, sondern so, wie es nach seiner Auffassung erzählt werden muß. Der Märchenkenner erstaunt dann bald über den Sinn des Dichters für das Drastische und kindlich Übertriebene, bald über die Unbekümmertheit, mit der die verschiedensten Motivreihen aus ihrer alten Wurzelung entfernt und in eine neue verpflanzt werden, bald über die anmutige Gabe, das Derbe zu mildern." C. ERLACHER: Grimm und Andersen. Eine Studie über Märchendichtung (Philosophische und pädagogische Arbeiten, 4. Reihe: Pädagogik, Heft 9), Langensalza 1929, 21, hebt hervor: „Zwei Merkmale sind es, die das Kunstmärchen vom Volksmärchen unterscheiden: einmal die Kenntnis der Person des Märchendichters und alles dessen, was damit zusammenhängt, zum anderen die Überlieferung des Märchens nicht allein, sogar nur zum geringsten Teil durch die Sprache und das Volk."

26) „Die Erinnerungen an Märchen seiner Kindheit hat er (sc. ANDERSEN, d.V.) zu Nacherzählungen benutzt und nicht wie die Brüder GRIMM als Mann die Mär-

chen gesammelt. Seine Märchen tragen daher auch den unverwischbaren subjektiven Charakter. Viele persönliche Momente, meist traurige Begebenheiten aus seinem Leben wurden verarbeitet. Ideengestaltungen wie Mutterliebe, Liebessehnsucht, Dummheit, Hochmut, sind meisterhaft dargestellt. Freilich sind seine Märchen infolge allzu häufiger Anwendung der Ironie für Kinder schwer verständlich." Seite 33 stellt C. ERLACHER fest, daß in repräsentativen Vergleichen die Märchen ANDERSENS den Kindern *besser* gefielen als die GRIMMSCHEN Märchen und meint: „Wahrscheinlich ist daran schuld, daß ANDERSEN seine Stoffe aus einem den Kindern näher liegenden Anschauungskreise entnimmt." Zu ANDERSENS *Stil* verweist V.A. SCHMITZ: H.C. Andersens Märchendichtung. Ein Beitrag zur Geschichte der dänischen Spätromantik (mit Ausblicken auf das deutsche romantische Kunstmärchen), Greifswald (Nordische Studien VII) 1925, 91, auf „die Doppelnatur seiner Märchen ... als Erzählung und als Bekenntnis oder Verkündigung ... die merkwürdige Mischung von kindlicher Herzlichkeit bis zur Sentimentalität und geistigem Scharfblick bis zur bösen Ironie".

30) Vgl. E. DREWERMANN – I. NEUHAUS: Das Mädchen ohne Hände, Solothurn 1981; [12]1994.

31) „Das häßliche junge Entlein" (1842); SMG I 237–247; SM I 290–301.

32) Vgl. E. DREWERMANN: Aschenputtel, Solothurn 1993.

33) „Etwas" (1858), SMG I 570–576; SM I 724–733. Dem steht nicht im Wege, was V.A. SCHMITZ: H.C. Andersens Märchendichtung, Greifswald 1925, 28, über die „kleinbürgerliche Welt" schreibt, die ANDERSENS Kunst spiegele. 32: „Auch in der Welt der Geister herrscht die bürgerliche Gesellschaftsordnung Die Großmutter der kleinen Seejungfrau hat den Titel der alten Königin-Witwe (‚gamle Enkedronning')." 33: „Zu der unverbildeten und unbewußt naiven Welt der Kinder, wie sie Andersen feiert, stand die damalige Gesellschaft in Gegensatz, und Andersen, der sich nicht nur persönlich oft von ihr benachteiligt fühlte (er war ja der arme Handwerkersohn), war ein Fremder in ihr. Ebenso geschickt und skizzenhaft, wie er die Charaktereigenschaften des einzelnen Menschen wiedergibt, schildert und bespottet er das gesellschaftliche Leben." Widersprechen muß man V.A. SCHMITZ aber, wenn er schreibt: „Andersens Liebesempfinden bewegt sich in einer durchaus bürgerlich idyllischen Sphäre und bringt als Letztes Innerlichkeit auf, ganz fern von jedem romantisch-metaphysischen Element, von Überschwang und Ekstase, mystischem Rausch und Geheimnis" (25). Wohl ist es wahr, daß ANDERSEN sich sehr nach einer ganz und gar „bürgerlichen" Welt sehnte, aber genau so wahr ist es, daß ihm eben diese Welt aus psychischen Gründen verwehrt war, und so sehnte er sich vor allem infolge der Ablehnung seiner Liebe zu RIBORG VOIGT nach einer himmlischen Liebe in durch und durch romantischem Sinne. Zutreffend ist, wenn V.A. SCHMITZ meint, ANDERSEN habe, im Unterschied etwa zu E.T.A. HOFFMANN, „das Bürgerliche für seine Zeit literaturfähig gemacht durch die Liebe, mit der er es veredelte, und durch den überlegenen Blick, mit dem er es übersah. Damals lagen im kleinbürgerlichen Dasein noch mehr Möglichkeiten zu poetischen Belebungen, ehe eine erwerbslastige Zeit so viele aufsog" (18).

34) S. KIERKEGAARD: Die Krankheit zum Tode (1849), übers. v. L. Richter, Hamburg (rowohlts klassiker 113) 1962.

35) Vgl. A. MORAVIA: L'opera completa di Picasso blu e rosa, Milano 1968.

36) Vgl. C.G. JUNG: Symbole der Wandlung. Analyse des Vorspiels zu einer Schizophrenie (1911; 1952), Werke V, Olten 1973, 119: „Der sichtbare Vater der Welt aber ist die Sonne ... Die bekannte Tatsache, daß in der Sonnenkraft die große Zeugungskraft der Natur verehrt wird ...“

37) E. DREWERMANN – I. NEUHAUS: Die Kristallkugel, Solothurn 1985; ⁶1993.

38) Zur Technik der „subjektalen“ Deutung vgl. E. DREWERMANN: Tiefenpsychologie und Exegese, 2 Bde., Olten 1984–85, I 156–158.

39) Zur Geschichte von „Zeus und Leda“ vgl. K. KERÉNYI: Die Mythologie der Griechen, s.o. Anm. 4, I 85–88.

40) Vgl. D. PIPER: Correggio: Leda und der Schwan (um 1530), in: W. von Bonin (Hg.): 100 Meisterwerke aus den großen Museen der Welt, II, Köln 1985, 106–111.

41) „Das Schwanennest“ (1852), SMG I 430–432; SM I 542–544.

42) „Das häßliche junge Entlein“, s.o. Anm. 31.

43) Vgl. S. FREUD: Die Traumdeutung (1900), Gesammelte Werke II, London 1942, 414: „Mit wilden Tieren symbolisiert die Traumarbeit in der Regel leidenschaftliche Triebe, sowohl die des Träumers, als auch die anderer Personen, vor denen der Träumer sich fürchtet ... Von hier ist es nicht weit zu der an den Totemismus anklingenden Darstellung des gefürchteten Vaters durch böse Tiere, Hunde, wilde Pferde.“ Zu der Tiersymbolik hebt G. BRANDES: Moderne Geister, s.o. Einl., Anm. 3, 99–101, hervor, daß ANDERSEN im wesentlichen zahme Tiere zeichnet, „niemals viehisch, niemals brutal ... Von Fehlern haben sie nur den, dumm, borniert und spießbürgerlich zu sein. Andersen stellt nicht das Thier im Menschen, sondern den Menschen im Thiere dar“. „Andersen zieht den Vogel dem vierfüssigen Thiere vor. Es kommen mehr Vögel, als Säugetiere bei ihm vor, denn der Vogel ist sanfter, der Pflanze näher als die Thiere. Die Nachtigall ist sein Sinnbild, der Schwan ist sein Ideal, der Storch sein erklärter Liebling. Es ist natürlich, daß der Storch, der merkwürdige Vogel, welcher die Kinder bringt, der Storch, der possirliche Langbein, der reisende, beliebte, stets mit Sehnsucht erwartete und mit Freude begrüßte Vogel, sein liebstes Symbol und Titelbild wird.“

44) Vgl. S. FREUD: Das Medusenhaupt (1922), Gesammelte Werke XVII, London 1941, 45–48, 47: „Eine technische Regel: Vervielfältigung der Penissymbole bedeutet Kastration.“

45) Zur Symbolik der Perle vgl. PH. RECH: Inbild des Kosmos. Eine Symbolik der Schöpfung, 2 Bde., Salzburg 1966, II 173–206. Zum Symbol der Lilie vgl. K. ZIEGLER: Lilie, in: Der Kleine Pauly. Lexikon der Antike in 5 Bdn., hg. v. K. Ziegler – W. Sontheimer, III, München (dtv 5963) 1979, 650–651: „Mythologisch ist die Lilie aus der Milch Heras entstanden, als sie schlafend Herakles nährte; Aphrodite war sie wegen ihrer Reinheit verhaßt, sie setzte ihr das an einen Eselsphallus erinnernde gelbe Pistill ein. Im Christentum wurde die Lilie zum Symbol der Reinheit (doch ohne Staubgefäße).“

46) Die Griechen erzählten, daß Aphrodite „aus einer Muschel geboren und in der Muschel an der Insel Kythera gelandet war. In der Stadt Knidos an der kleinasiatischen Küste, wo reine Griechen und nicht Orientalen es zuerst wagten, eine nackte Aphrodite – die berühmte Statue des Bildhauers Praxiteles – aufzustellen, galt die Muschel als heiliges Tier der großen Liebesgöttin.“ K. KERÉNYI, s.o. Anm. 4, I 58.

47) Zur Symbolik des Morgensterns vgl. PH. RECH, s.o. Anm. 45, II 158–170. Vgl. E. BOE: Venus, in: Der Kleine Pauly, s.o. Anm. 45, V, 1173–1180, bes. 1179–1180: „Seit der frühen Kaiserzeit, setzt sich die Bezeichnung Venus durch, wie es auch im Griechischen geschieht, da man im Stern die Göttin selbst sah. Damit legte man dem Stern auch die Eigenschaften und mythischen Beziehungen der Venus bei ... In Rom hat Venus Bedeutung als Mutter des Aeneas ...; Lucifer ist, als Diener der Venus ..., Führer des Aeneas von Ilium bis Laurentum ... Vergebens hat man im Mittelalter versucht, die heidnischen Planetennamen durch kirchliche ... zu ersetzen.“

48) Vgl. M. ERDHEIM – B. HUG: Männerbünde aus ethnopsychoanalytischer Sicht, in: G. Völger – K. v. Welck (Hg.): Männerbande – Männerbünde. Zur Rolle des Mannes im Kulturvergleich, Köln (Rautenstrauch-Joest Museum) 1990, 2 Bde., I 49–58: „Man kann ... die These aufstellen, daß der Krieg als Sinnproduktor um so wichtiger wurde, als die Bedeutung der Arbeit verleugnet werden mußte.“ „Die Dissoziation von Arbeit und Sinngebung verknüpft sich mit dem Geschlechterantagonismus: Die Einhaltung der Rituale wird vor allem Sache der Männer, die Arbeit, die ‚Plackerei‘, Sache der Frauen.“ Daran liegt es vor allem, daß in der römischen Kirche bis heute eine Frau nicht Priesterin sein kann. Vgl. P. DE ROSA: Die christliche Kirche als Männerorganisation, a.a.O., II 335–346.

49) Vgl. B. ESCHENBURG: Der Kampf der Geschlechter. Der neue Mythos in der Kunst 1850–1930, Köln 1995, 76–77: Max Klinger, „Die Sirene“, 1895, Öl auf Holz, 100 x 183 cm. „Das Meer als Ursprung des Lebens entspricht als Symbol durchaus einer Darstellung des Geschlechtsaktes und drückt in seiner Gleichgültigkeit das aus, was Schopenhauer einem solchen der Erhaltung der Gattung und nicht des Individuums dienenden Akt zuspricht. Entsprechend ist auch aus den beiden Figuren alle Individualität entfernt.“

50) Vgl. S. FREUD: Vorlesungen zur Einführung in die Psychoanalyse (1917), Gesammelte Werke XI, London 1940, 162–163: „Die Geburt wird im Traume

regelmäßig durch eine Beziehung zum Wasser ausgedrückt." „Wenn man im Traum eine Person aus dem Wasser rettet, macht man sich zu ihrer Mutter."

51) Zum Problem des *Voyeurismus* vgl. S. FREUD: Triebe und Triebschicksale (1915), Gesammelte Werke X, London 1946, 209–232, bes. 222, wo der Zusammenhang von Voyeurismus und Exhibitionismus erläutert wird; J. RATTNER: Psychologie und Psychopathologie des Liebeslebens, München (Kindler Tb. 2067–8) 1970, 106–109: „Im Gegensatz zu vielen anderen Kulturen verhüllt die unsrige die Körperformen und hat das Nackte mit dem Bannfluch des Lasters und der Sünde belegt ... und das Christentum hat diese Idee durch die Jahrhunderte getragen. Der Leib als ‚Pflanzstätte der Sünde' wurde kasteit, erniedrigt, verhüllt, gepeinigt, entwertet." „Auf solchem Boden gedeihen Schau- und Entblößungslust."

52) „Die wilden Schwäne" (1838), SMG I 134–150; SM I 160–179.

53) Zur tiefenpsychologischen Deutung der sogenannten „Sündenfallgeschichte" in Gen 3,1–7 vgl. E. DREWERMANN: Strukturen des Bösen. Die jahwistische Urgeschichte in exegetischer, psychoanalytischer und philosophischer Sicht, 3 Bde., Paderborn 1977, II 52–69: Der Baum und die orale Problematik.

54) Vgl. E. DREWERMANN: Kleriker. Psychogramm eines Ideals, Olten 1989; [7]1990, 480–525: „Keuschheit" und „Ehelosigkeit" oder: Konflikte der ödipalen Sexualität.

55) A.a.O., 526–654: „Weil sie niemanden lieben, glauben sie schon, sie liebten Gott."

56) Siehe oben Anm. 50.

57) ST. ZWEIG: Brief einer Unbekannten, in: Meisternovellen (Stockholm 1943), Frankfurt 1970, 125–163.

58) Vgl. S. FREUD: Zur Dynamik der Übertragung (1912), in: Gesammelte Werke VIII, London 1945, 364–374, der besonders auf das *Schweigen* in der Beziehung hinweist. Wichtig ist die Einsicht in die zutiefst *depressive* Form dieser Kontaktsuche. Vgl. E. JACOBSON: Depression. Eine vergleichende Untersuchung normaler, neurotischer und psychotisch-depressiver Zustände (1971), aus dem Amerikanischen von H. Deserno, Frankfurt 1977, 363–370, die vor allem die *symbiotischen* Züge der Partnerschaft herausstellt: „Bei solchen Paaren entsteht eine Art von ‚oralem' Wechselspiel, das zu immer größeren gegenseitigen Forderungen führt, die schließlich einen Punkt erreichen, an dem die Enttäuschung unvermeidlich wird."

59) Vgl. K. SIEGFRIED: Die Weisheit Salomons, in: E. Kautzsch (Hg.): Die Apokryphen und Pseudepigraphen des Alten Testamentes, 2 Bde. (Tübingen 1900), Darmstadt 1962, I 476–507, 481–483, Weish. 2,1–20. Vgl. dazu die „Koptische Hymne" des „Harfner-Liedes" bei W. VON BISSING: Altägyptische Lebensweisheit, Zürich 1955, 143–145.

60) W. VON BISSING: A.a.O., 141–142.

61) Vgl. S. SCHOTT: Altägyptische Liebeslieder, Zürich 1950, 144–145.

62) Vgl. a.a.O., 144: „ermüde nicht, zu trinken und zu essen, / trunken zu sein und zu lieben. // Feiere einen schönen Tag. / Folge Deinem Herzen Tag für Tag. / Gib keine Sorge in Dein Herz. / Was sind Jahre, die nicht auf der Erde sind."

63) „Die Galoschen des Glücks" (1838), SMG I 95–125; SM I 114–148.

64) SMG I 124; SM 147. Vgl. W. SCHADEWALDT: Die Anfänge der Philosophie bei den Griechen. Die Vorsokratiker und ihre Voraussetzungen. Tübinger Vorlesungen, I, Frankfurt (stw 218) 1978, 113–122: Solon, wo der Begriff der *Dike*, der Rechtsordnung, fast als eine Art Naturkausalität verstanden wird. Gegenüber *Mimnermos*, der (Fragment 6) angesichts der Übel der Welt am liebsten mit 60 Jahren sterben wollte, antwortete *Solon* (Fragment 22), ihn solle der Tod erst mit 80 Jahren ereilen.

65) Vgl. bes. „Das Mädchen, das auf Brot trat" (1859), SMG II 62–71; SM II 83–95. Wesentlich humorvoller und geläuterter erscheint die „Moorfrau" in „Die Irrlichter sind in der Stadt, sagt die Moorfrau" (1865), SMG II 259–273; SM II 345–360, wo die „Moorfrau" alle Elemente der Dichtkunst auf Flaschen gezogen hat und vor den neugeborenen Irrlichtern warnt, die jeden Tag einen Menschen vom Weg der Wahrheit abbringen müssen, wenn sie nicht zu verfaultem Holz werden wollen.

66) Das Bild vom „Höllenabstieg", das auch im kirchlichen Dogma vom Abstieg Jesu zur „Vorhölle" aufgegriffen wird, gilt als ein definiertes Dogma. Vgl. J. BRINKTRINE: Die Lehre von der Menschwerdung und Erlösung, Paderborn 1959, 245–249. Als „Belegstelle" gilt 1 Petr 3,18; 4,6; vgl. 2 Petr 2,4. Tiefenpsychologisch vgl. zur Deutung dieses Bildes C.G. JUNG: Symbole der Wandlung, s.o. Anm. 36, 424: „Die drei Tage (sc. des Unterweltabstiegs des Helden) sind eine stereotype Form für das Verweilen (sc. der Sonne) im ‚Nachtmeergefängnis' (21. bis 24. Dezember), auch Christus verweilt (sc. zwischen Karfreitag und Ostern) drei Tage in der Unterwelt. Bei diesem Ringkampf (sc. mit den Mächten der Unterwelt) im Westen wird vom Helden jeweils die schwer erreichbare Kostbarkeit erobert."

67) Vgl. R. DEROLEZ, s.o. Anm. 10, 270: zur *Hel;* 279: „Bei den Meer- und Wasserdämonen kann man verschiedene Typen unterscheiden, die aber fast alle bösartig waren. Bei den südlichen Germanen lebte der Nicker oder Necker, ... der den einsamen Reisenden in Sümpfe führte oder ihn überfiel und in die Flucht jagte. Im Meer hausten, nach der nordischen Überlieferung, die neun Töchter des Meergottes Ägir und der Meergöttin Ran. Sie brachten das Meer zum Wogen und suchten Schiffe zu versenken und die Bemannung zu ertränken. Es war eben gegen solche Dämonen, daß die Drachenköpfe auf den Steven die Seefahrer schützen sollten."

68) Vgl. K. Kerényi, s.o. Anm. 4, I 44–45, zur Gestalt der Gorgo *Medusa*.

69) S. Freud, s.o. Anm. 44, XVII 45–48; vgl. S. Ferenczi: Beispiele aus der analytischen Praxis (1923), in: Schriften zur Psychoanalyse, 2 Bde., hg. v. M. Balint, II, Frankfurt 1972, 132–136. 134: „Aus der Analyse von Träumen und Einfällen kam ich wiederholt in die Lage, das Medusenhaupt als schreckhaftes Symbol der weiblichen Genitalgegend zu deuten, dessen Einzelheiten ‚von unten nach oben‘ verlegt wurden. Die vielen Schlangen, die sich ums Haupt ringeln, dürften – durch das Gegenteil dargestellt – das Vermissen des Penis bedeuten und das Grauen selbst den furchtbaren Eindruck wiederholen, den das penislose (kastrierte) Genitale (sc. der Frau) auf das Kind machte. Die angstvoll und ängstigend vorquellenden Augen des Medusenhauptes habe auch die Nebenbedeutung der Erektion."

70) S. Freud: A.a.O., XVII 47.

71) Vgl. S. Freud: Die Traumdeutung, s.o. Anm. 43, II/III 359: „Alle in die Länge reichenden Objekte, Stöcke, Baumstämme ... wollen das männliche Glied vertreten." – Der „brodelnde Schlamm", über den die „kleine Meerjungfrau" gehen muß, spielt übrigens lange vor Dante in den *Höllenphantasien* der frühen Christen eine Rolle; vgl. Ch. Maurer: Offenbarung des Petrus, in: E. Hennecke – W. Schneemelcher (Hg.): Neutestamentliche Apokryphen in deutscher Übersetzung, 3., völlig neu bearbeitete Aufl., Tübingen 1964, II 468–483, wo ein „großer See" beschrieben wird, „gefüllt mit brennendem Schlamm"; Frauen insbesondere sind „an ihren Haaren über jenem aufkochenden Schlamm aufgehängt. Das waren die, welche sich zum Ehebruch geschmückt hatten" (475): Ein echtes symbolisches *jus talionis:* Sie haben durch ihre Verlockung allen „Schmutz" der männlichen Seele zum „Kochen" gebracht ...

72) Ch. Perrault: Contes de Fées – Märchen, zweisprachig, übers. v. U.F. Müller, München (dtv 9346) 1966, 72–79: Les Fées – Die Feen.

73) Vgl. S. Freud: Die Traumdeutung, s.o. Anm. 43, II/III 312–315; 528. Vgl. auch S. Birkhäuser-Oeri: Die Mutter im Märchen, Stuttgart 1976, 200–210: Das Gift der Todesmutter. 201: „Die Mutter ist die Spenderin des Lebens. Daß das gleiche Prinzip auch den Tod verursacht, wußten die Menschen von jeher und haben sie darum immer auch als Todesmutter gekannt. Der Tod, den sie im Mythos bringt, ist u.a. die giftige Schlange, welche Isis dem alternden Sonnengott Re in den Weg legte, um Macht über ihn zu bekommen."

74) Vgl. S. Freud: Die Traumdeutung, s.o. Anm. 43, II/III 352: „In scheinbar harmlosen Anspielungen an die Verrichtungen der Küche lassen sich die häßlichsten wie die intimsten Einzelheiten des Sexuallebens denken und träumen ... Es hat seinen guten sexuellen Sinn, wenn neurotische Kinder kein Blut und kein rohes Fleisch sehen wollen, bei Eiern und Nudeln erbrechen, wenn die den Menschen natürliche Furcht vor Schlangen beim Neurotiker eine ungeheuerliche Steigerung erfährt."

75) Vgl. a.a.O., II/III 362; 414: „Mit wilden Tieren symbolisiert die Traumarbeit in der Regel leidenschaftliche Triebe ..." – Das „Krokodil" zieht weibliche Assoziationen wegen seines riesigen Maules auf sich und dadurch, daß es „eine hochentwickelte Brutpflege" betreibt; die Stimme „ist anfangs quäkend, geht aber im Alter in ein dumpfes Brüllen über." Ch. Scherpner: Die Krokodile, in: Grzimeks Tierleben in 13 Bdn., VI: Kriechtiere, München (dtv) 1980, 128–147, bes. 129. Zur religösen Verehrung der Krokodile vgl. a.a.O., 141: „Zur Paarung geben die Krokodilbullen des öfteren ein lang anhaltendes Gebrüll von sich, das wie das Dröhnen großer Trommeln klingt."

76) „Die Prinzessin auf der Erbse" (1835), SMG I 25; SM I 29–30.

77) „Ein heiteres Gemüt" (1852), SMG I 432–435: „Gute Laune"; SM I 545–550.

78) H. Hesse: Wunder der Liebe. Liebesgedichte, hg. v. V. Michels, Frankfurt (insel tb 1958) 1997, 20.

79) Vgl. E. Drewermann – I. Neuhaus: Marienkind, Olten 1984; ⁵1992.

80) Vgl. S. Freud: Jenseits des Lustprinzips (1920), Gesammelte Werke XIII, London 1940, 16–22; 35–45: Zur Lehre vom Wiederholungszwang.

81) Vgl. E. Drewermann: Ehe – tiefenpsychologische Erkenntnisse für Dogmatik und Moraltheologie, in: Psychoanalyse und Moraltheologie, 3 Bde., Mainz 1982–84, ⁹1992, II: Wege und Umwege der Liebe, 38–76, bes. 52–59: Formen der Übertragungsliebe.

82) Zum Begriff der *Sublimation* vgl. S. Freud: Die „kulturelle" Sexualmoral und die moderne Nervosität (1908), Gesammelte Werke VII, London 1941, 141–167. 150: „Man nennt diese Fähigkeit, das ursprünglich sexuelle Ziel gegen ein anderes, nicht mehr sexuelles, aber ursprünglich mit ihm verwandtes, zu vertauschen, die Fähigkeit zur Sublimierung."

83) S. Kierkegaard: Entweder – Oder (1843), aus dem Dänischen übers. von H. Fauteck, hg. v. H. Diem und W. Rest, München (dtv 6043) 1975, 2. Teil, II. Das Gleichgewicht zwischen dem Ästhetischen und dem Ethischen in der Herausarbeitung der Persönlichkeit, 704–914.

84) S. Freud: Die Traumdeutung, s.o. Anm. 43, II/III 364, sieht in dem *Fuß* ein Symbol des männlichen Gliedes, doch ist der *weibliche* Fuß in Träumen und Märchen oft eine „Nach-unten-Verlegung" des weiblichen Genitales. Im Hebräischen steht der Ausdruck „die Füße" nicht selten als Euphemismus für den Schambereich, vgl. Jes 6,2; Rut 3,4.7.

85) C.G. Jung: Der archaische Mensch (1930), Gesammelte Werke X: Zivilisation im Übergang, Olten 1974, 67–90. 84–85: „In der Psychologie des Unbewußten gilt der Grundsatz, daß jeder relativ selbständige Seelenteil Persönlich-

keitscharakter hat ... Wo ein selbständiger Seelenteil projiziert wird, entsteht eine unsichtbare Person. So entstehen im gewöhnlichen Spiritismus die Geister, und beim Primitiven ebenso." 80: „Der Primitive hat keine Psychologie. Das Psychische ist objektiv und geschieht draußen."

86)   H. Hesse: Wunder der Liebe, s.o. Anm. 78, 22–23, Gedicht aus dem Jahre 1898.

87)   Zum Begriff der *Imago* vgl. C.G. Jung: Die Beziehungen zwischen dem Ich und dem Unbewußten (1934), Gesammelte Werke VII: Zwei Schriften über Analytische Psychologie, Olten 1971, 131–264. 205: „Die *Imago* entsteht aus den Einwirkungen der Eltern und aus den spezifischen Reaktionen des Kindes."

88)   „Der Freundschaftsbund" (1841), SGM I 187–195; SM I 225–235.

89)   „Der Stein der Weisen" (1859), SGM I 527–542; SM I 669–688.

90)   Siehe oben Anm. 79.

91)   Zu „Medea und Jason" vgl. K. Kerényi, s.o. Anm. 26, II 197–219.

92)   Vgl. E. Drewermann: Vom Problem des Selbstmordes oder von einer letzten Gnade der Natur, in: Psychoanalyse und Moraltheologie, 3 Bde., Mainz 1982–84, III: An den Grenzen des Lebens, 98–173.

93)   A. Schopenhauer: Die Welt als Wille und Vorstellung, 2. Bd. (1819), in: Sämtliche Werke, III, hg. v. A. Hübscher, Wiesbaden 1949, Viertes Buch, Kap. 44, 607–651. Metaphysik der Geschlechtsliebe, 620 621: „Die Liebe des Mannes sinkt merklich, von dem Augenblick an, wo sie Befriedigung erhalten hat; fast jedes andere Weib reizt ihn mehr als das, welches er schon besitzt: er sehnt sich nach Abwechslung. Die Liebe des Weibes hingegen steigt von eben jenem Augenblick an. Dies ist eine Folge des Zwecks der Natur, welche auf Erhaltung und daher auf möglichst starke Vermehrung der Gattung gerichtet ist. Der Mann nämlich kann, bequem, über hundert Kinder im Jahre zeugen, wenn ihm eben so viele Weiber zu Gebote stehn; das Weib hingegen könnte, mit noch so vielen Männern, doch nur *ein* Kind im Jahr ... zur Welt bringen. Daher sieht *er* sich stets nach anderen Weibern um; *sie* hingegen hängt fest dem Einen an; denn die Natur treibt sie, instinktmäßig und ohne Reflexion, sich den Ernährer und Beschützer der künftigen Brut zu erhalten." Vgl. auch B. Eschenburg: Der Kampf der Geschlechter, s.o. Anm. 49, 9–42.

94)   B. Eschenburg, a.a.O., 202–203.

95)   Ch. Baudelaire: Die Blumen des Bösen, in: Ausgewählte Werke, hg. v. F. Blei, aus dem Französischen v. T. Robinson, München (G. Müller Verl.) o.J., 37–38: Das Haar.

96)   Vgl. R. Stang: Edvard Munch – der Mensch und der Künstler (1977), aus dem Norwegischen v. E. Neumann, Königstein 1979, 140, Abb. 169: „Anzie-

hung", 1896, Lithographie; 152, Abb. 188: „Männerkopf im Frauenhaar", 1896, Holzschnitt.

97)   Im Jahre 1837 schrieb Andersen an den Dichter B.S. Ingemann: „Sicherlich wird Ihnen mein jüngstes Märchen, Die kleine Meerjungfrau, gefallen ... außer der Geschichte von der kleinen Äbtissin im *Improvisator* ist das die einzige meiner Arbeiten, die mich gerührt hat, während ich sie schrieb. Vielleicht lächeln Sie? Nun ja, ich weiß nicht, wie andere Schriftsteller fühlen. Ich leide mit meinen Charakteren, ich teile ihre guten und schlechten Stimmungen, je nach der Art der Szene, mit der ich mich befasse", B 161–162. N 129 zitiert einen Brief aus dem Jahre 1843 an Ingemann, wo Andersen das Märchen Die kleine Meerjungfrau für eine der Geschichten erklärt, „die ich selber schuf", statt Geschichten umzuschreiben, „die ich als Kind gehört hatte." – Auf „die pflanzenhafte Sensitivität und das ziemlich rührselige Christentum einiger Helden Andersens" wies z.B. W.H. Auden hin – die „kleine Meerjungfrau" müßte sich diesen Vorwurf zweifellos gefallen lassen, B 467. S.H. Rossel: Hans Christian Andersen und seine Märchen heute (Vortrag im Wiener Rathaus am 28.3.95), Wien 1995, 22, meint von dem Ende der Kleinen Meerjungfrau: „Der soziale und existentielle Ausgangspunkt des Märchens geht hier in Süßlichkeit und Moralismus unter. Wie man sieht, konnte Andersen ungemein sentimental und kitschig schreiben." Doch wer die „kleine Meerjungfrau" nur als eine literarische Gestalt, nicht als das Bild eines lebenden, liebenden und leidenden Menschen liest, der wird das ganze Märchen nicht verstehen.

98)   „Der unartige Junge" (1835), SMG I 45–47; SM I 54–56.

99)   „Der alte Grabstein" (1852), SMG I 409–412; SM I 513–516.

100)   Zu Mk 9,42 vgl. E. Drewermann: Das Markus-Evangelium, 2 Bde., Solothurn 1987–88, [8]1993, II 73–85.

II. „Meines Lebens Märchen" oder: Eines Märchens Leben (S. 93–133)

1)   F. Grillparzer: Des Meeres und der Liebe Wellen (1820), in: Werke, hg. v. P. Stapf, I: Dramen, München (Vollmer Verlag) o.J., 537–610.

2)   Zu der Geschichte von „Hero und Leander" vgl. Ovid: Briefe der Sagenfrauen. Heroides, aus dem Lateinischen übertr. und erläutert von H. Naumann, München (GG Tb. 1350) o.J., 145–158: 18. Brief (Leander an Hero); 19. Brief (Hero an Leander).

3)   F. Grillparzer: s.o. Anm. 1, 576, Dritter Aufzug.

4)   A.a.O., 604–605, Fünfter Aufzug.

5)   ML 215: „Auf ehrliche Wiener Art reichte er mir die Hand und begrüßte mich als Dichter."

6) F. Martini: Deutsche Literaturgeschichte von den Anfängen bis zur Gegenwart, Stuttgart (Kröner 196) [16]1972, 382–389. 386: „Diese Fähigkeit zur Liebe blieb in des Dichters Leben selbst unerlöst. Fast ein halbes Jahrhundert lang lebte er neben Kathi Fröhlich, einer schönen, begabten Wienerin, ohne daß beide das erlösende Wort fanden. Auch hier war Entsagung sein Geschick, dem er sich in Trauer ergab." – „So standen beide, suchten sich zu einen, / Das andre aufzunehmen, ganz in sich; / Doch all umsonst, trotz Ringen, Stürmen, Weinen, / Sie blieb ein Weib, und ich war immer ich."

7) ML 15–16. Sehr schön schrieb G. Brandes: Moderne Geister. Literarische Bildnisse aus dem Neunzehnten Jahrhundert, Frankfurt 1882, 65–132: Andersen (1869). 95: „Er (sc. Andersen, d.V.) liebt das Kind, weil sein weiches Herz ihn zu den Kleinen, den Schwachen und Hilflosen hinzieht, von denen man mitleidsvoll, mit zarter Sympathie reden darf ... Aus demselben echt demokratischen Gefühl (!) für die Geringen und Verlassenen führt Andersen ... beständig Gestalten aus den ärmeren Klassen, ... aber von echtem Herzensadel, vor."

8) ML 15.

9) ML 6.

10) ML 6.

11) ML 14–15.

12) ML 16.

13) Vor allem gegenüber den nicht selten hämischen und spöttischen Artikeln seiner „Rezensenten", die er in „Meines Lebens Märchen" in voller Länge auflistet, wirbt Andersen beim *Leser* um jene Liebe und Anerkennung, die seine Mutter ihm als Dichter nicht geben konnte.

14) ML 16: „Wenn ich so umherging, hatte ich die Gewohnheit, oft die Augen zu schließen, so daß man annahm, ich habe ein schwaches Gesicht, obschon gerade dies bei mir merkwürdig scharf war und noch heute ist."

15) B 19.

16) N 27.

17) B 19; L 44–45: „Da fiel mir ein, daß meine Mutter eine Halbschwester haben sollte, die in Kopenhagen wohnte und die Witwe eines reichen Seekapitäns (?!) war ... Durch einen Zufall (?) fand ich ihre Anschrift heraus, ohne daß es mir später möglich gewesen wäre, mich ihres Namens zu entsinnen (!) ..., wahrscheinlich ist sie gestorben (!). – Sie war in meiner frühesten Kindheit einmal in Odense gewesen, damals überaus elegant ... Doch da meine Mutter von ihrem Reichtum in allzu abfälligen ... Ausdrücken gesprochen hatte, hatten sie sich in Feindschaft getrennt ... Es war recht hübsch in ihrem Haus, ... dann aber ging es über meine arme Mutter her ..., bis sie schließlich sagte: ‚Und stell dir vor, wo sie mich so schlecht behandelt hat, schickt sie mir auch noch ihr Kind auf den Hals, noch dazu einen Jungen – wenn es wenigstens ein Mädchen wäre!'"

18) B 18.

19) ML 6–7.

20) ML 7.

21) „Das kleine Mädchen mit den Schwefelhölzchen" (1845), SMG I 331–333; SM 409–412. Vgl. N 28.

22) „Sie taugte nichts" (1853), SMG I 475–482; SM I 602–610.

23) Vgl. ML 193–194 zum Tod der Mutter im Jahre 1833. Collin teilte ihm die Nachricht mit den Worten mit: „Nun hat ihre Not ein Ende, die ich doch nicht lindern konnte!" „Ich weinte", schreibt Andersen, „ich konnte mich einfach nicht an den Gedanken gewöhnen, nun auch nicht mehr einen einzigen Menschen in der Welt zu haben, der mich durch die Bande des Blutes und der Natur lieben mußte. Ich weinte mich richtig satt und hatte doch das Gefühl, daß ihr das Beste geschehen sei. Ich hätte ja doch nie ihre letzten Tage sorgenfrei und leicht gestalten können, sie war in dem heiteren Glauben an mein Glück gestorben und daß ich etwas sei." Trost wird ihm in dieser Zeit, da das Versdrama von „Agnete und der Meermann" in Kopenhagen so übel aufgenommen wird, durch das ehrliche Mitgefühl von Frau Laessøe zuteil, die ihm „mütterlich zugetan" ist und bleibt.

24) B 34.

25) B 112–113: „Andersen sah seine Mutter zum letzten Mal im Juli 1832. Sie hatte das letzte Stadium der Trunksucht erreicht und war krankhaft sentimental geworden."

26) Siehe oben Anm. 22.

27) ML 15.

28) ML 15.

29) ML 7; vgl. L 9: „Meine Großeltern (sc. väterlicherseits) waren vermögende Bauersleute und lebten auf Fünen. Mißgeschick traf sie: Ihr Vieh erkrankte, die Saat verdarb, mein Großvater verfiel auf fixe Ideen, wurde geisteskrank ..., und zog daraufhin mit seiner Frau nach Odense." Aber so „wohlhabend" war die Herkunft der Großeltern keineswegs.

30) ML 7.

31) ML 7–8; vgl. L 15: „Mein Vater war nicht ohne Bildung und ein hervorragender Kopf, bei meiner Mutter dagegen war alles Herz; sie waren beide ziemlich verschieden, lebten aber doch gut zusammen. Mein Vater fühlte sich in seinem Kreis nicht heimisch, hatte zu seinem Handwerk keine rechte Lust ...“

32) ML 8; vgl. L 11: „Gewöhnlich machten meine Eltern zweimal (!) im Sommer einen Waldausflug; Butterbrote, eingehüllt in ein großes Tuch, und ein Krug Bier, das war der Proviant. Ich war ganz unbeschreiblich glücklich, sammelte mir Erdbeeren auf einem Grashalm, bastelte Boote aus Schilf und ließ sie den Fluß hinuntersegeln. Nie wieder hat mich die Natur so angesprochen wie damals; ich hatte viel Phantasie, jede Blume, jeder Vogel schien zu mir zu sprechen, ich war ein Dichter, ohne es zu wissen.“

33) ML 5.

34) ML 19; vgl. L 17: „,Ich bin ein Freidenker‘, sagte er, und nie ist mir ein Wort so durch die Seele gegangen wie dieses.“ In dem Märchen „Was die alte Johanne erzählte“ (1872), SMG II 654–672; SM II 488–502, hat ANDERSEN die erschrockene Reaktion seiner Mutter auf die „Freigeisterei“ seines Vaters noch einmal beschrieben: Als dort die gutmütige und fromme Maren Ölse ihren Mann verbittert sagen hört: „Ein Toter ist guter Dung“ und daß es ein ewiges Leben nicht gebe, wirft sie „ihre Schürze über den kleinen Rasmus; er sollte solche Reden nicht hören. Sie trug ihn in den Torfschuppen hinüber und weinte. ,Die Rede, die du dort drüben hörtest, kleiner Rasmus, die war nicht deines Vaters Rede, es war der Böse, der durch die Stube ging und durch deinen Vater sprach! Bete dein Vaterunser! Wir wollen es zusammen beten!‘ Sie faltete die Hände des Kindes. ,Nun bin ich wieder froh!‘ sagte sie. ,Vertrau auf dich selber und auf den Herrgott!“ Diese Worte und der Glaube an die Unsterblichkeit der Seele blieben ANDERSENS feste Überzeugung und bildeten den Kern seiner undogmatischen Frömmigkeit.

35) ML 20.

36) „Eine Geschichte“ (1851), SMG I 398–402; SM I 499–504.

37) B 28–29; ML 21–23: „Meine Mutter weinte, die Nachbarn zuckten die Achseln und sagten, es sei Tollheit, hinauszugehen und sich totschießen zu lassen.“ Vgl. L 18. Nach L 24 hätte Andersen, wäre er ein Dorf weiter zur Welt gekommen, Soldat werden müssen. „Meine Mutter war darüber sehr glücklich, denn sie hatte eine Abneigung gegen Militärpersonen.“

38) ML 12–13; s.o. Anm. 29.

39) Vgl. S. FREUD: Der Familienroman der Neurotiker (1909), Gesammelte Werke VII, London 1941, 225–231.

40) B 18–19.

41) B 34. S. LARSEN: Hans Christian Andersens Lebensgeschichte, in: Ein Buch über den dänischen Dichter Hans Christian Andersen, sein Leben und sein Werk, hg. zur 150. Wiederkehr seines Geburtstags, unter der Redaktion von H. G. Topsøe-Jensen, übers. v. G. Jungbluth, Kopenhagen 1955, 13–98, bemerkt, daß nach der Heirat der Mutter 1818 mit dem Schuhmacher Niels Gundersen die Familie „ein Haus weiter unterhalb der Munkemøllestraede“ bezog, „wo sich ein Garten befand, der unmittelbar zum Flüßchen hinabreichte“ (20).

42) L 30: „Ich war das Band, das sie (sc. die Großmutter) dort hielt ... Es war schon seltsam: Die alte Frau hatte prachtvolle braune Haare ... gehabt, und innerhalb eines Monats wurden sie alle ganz hell.“

43) ML 18.

44) ML 29.

45) ML 23; vgl. L 19.

46) ML 41: „Innig betrübt stand ich ... da, hatte keinen Menschen ..., und meine Gedanken gingen zu Gott, und mit dem ganzen Vertrauen eines Kindes zu seinem Vater klammerten sie sich an ihn; ich weinte mich recht aus und sagte mir dann: ,Wenn alles unglücklich ausgeht, sendet er Hilfe‘.“

47) ML 51; vgl. L 51.

48) ML 100.

49) ML 248. Die außerordentlich *verlängerte* Kindheit an der Seite der Mutter unterscheidet ANDERSEN vor allem von seinem „Gegenspieler“ SÖREN KIERKEGAARD, dem es im Schatten seines Vaters nie erlaubt war, ein Kind zu sein. Es ist wie ein Selbstporträt ANDERSENS, wenn V.A. SCHMITZ: H.C. Andersens Märchendichtung. Ein Beitrag zur Geschichte der dänischen Spätromantik (mit Ausblicken auf das deutsche romantische Kunstmärchen), Greifswald (Nordische Studien 7) 1925, 19–20, schreibt: „Andersens Vorbild ist der gute, fromme, kindlich-einfache Mensch, das Kind und der Mensch, der seine Kindlichkeit bewahrt hat. Darum verherrlicht er mehr das Leiden als die Tat ... Hier zeigt er sich den deutschen romantischen Dichtern ganz verwandt.“ 21: „Andersens Kinder ... sind alle brav und artig.“ In einem Brief vom 16. Februar 1833 an HENRIETTE WULFF spricht ANDERSEN von „Schmerzen..., deren Ursache ich niemals andeuten kann; die Ursache liegt in mir in einem Gefühl, für das ich keinen rechten Namen weiß! – Ich bin ein Kind gewesen, bis ich über die Jugendzeit hinaus war. Ich habe nie erkannt, was Jugend eigentlich ist! Ich fühle ein unendliches Verlangen danach, eine Lust, mich von Grillen und Gewohnheiten loszureißen und wie ein vernünftiger Mensch das Leben zu genießen; es gibt so vieles, was ich vergessen will, um etwas Besseres zu lernen.“ Br 69.

50) Das Märchen erschien 1837 nach ANDERSENS Reise nach Stockholm in „Märchen, für Kinder erzählt“, 3. Heft, in dem auch „Des Kaisers neue Kleider“ veröffentlicht wurden.

51) H. Brix: Andersen og hans Eventyr (Andersen und seine Märchen), Kopenhagen 1907, ²1970; zitiert nach B 454.

52) ML 109.

53) ML 16–17.

54) S. Freud, s.o. Anm. 39.

55) ML 24; vgl. L 20.

56) ML 26; vgl. L 25 zur Haltung der Großmutter: „am Tor (sc. der Kleiderfabrik) weinte sie, küßte mich und sagte: ‚Hätte dein Vater noch gelebt, dann wäre das nicht geschehen!' – Bei all ihrer Sanftmut und Frömmigkeit besaß sie viel Selbstgefühl, und zuweilen sprach sie davon, daß ihre Großmutter von Stand gewesen sei und daß in Kopenhagen noch ein vornehmer Mann aus ihrer Familie ... lebe (vermutlich war es der damalige Theaterdirektor). Diese Großmutter, die Tochter eines reichen Mannes, stammte aus Kassel, hatte jedoch aus Liebe zu einem ‚Komödianten' ... ihre Eltern verlassen und war schließlich in Armut geraten." Da ist er wieder und gerade jetzt: der Familienroman, der die soziale „Schande" ausgleichen soll. Ehrlich gesteht Andersen von sich: „Ich war nicht im geringsten dafür geschaffen, zwischen die anderen wilden Jungen und Mädchen zu geraten." Von sich als Sänger schreibt Andersen, vgl. L 28, daß die Leute ihn „die kleine Nachtigall von Fünen" nannten. „Wenn ... am Abend die Glocken läuteten, saß ich versunken in wunderlichen Träumen da, blickte das Mühlrad an und sang meine Improvisationen. ... Oft merkte ich, daß ich hinter dem Plankenwerk Zuhörer hatte, und fühlte mich geschmeichelt."

57) ML 40–41; vgl. L 31; 37.

58) ML 44; vgl. L 42; 45.

59) ML 44.

60) ML 47–48.

61) ML 48–49. Vgl. B 45; 53; 57; 69; vgl. L 46; 51: „Guldberg ... lobte mich vor allen Leuten als ein unverdorbenes, kindliches Gemüt." L 61; 79; 95.

62) ML 49: „Auch der Komponist Kuhlau, den ich weder damals noch später kennenlernte, gab ebenfalls einen Jahresbeitrag. Er war ein armes Kind gewesen, im Hause der Armut aufgewachsen. Man erzählte mir später, daß er bei winterlicher Kälte Botengänge machen mußte und eines Abends mit einer Flasche Bier, die er geholt hatte, hingefallen sei und durch die Glasscherben ein Auge verloren habe."

63) ML 52–53. Vgl. B 49.

64) ML 57; vgl. L 65.

65) ML 56.

66) N 48. Vgl. B 57; 60.

67) Vgl. B 63–64; 69–70; 78–79; 82–84; 87; 91–93; 100. ML 78; 87–89.

68) N 62; ML 106.

69) Zu Edvard Collin vgl. ML 132–133; zu der Duz-Geschichte im Frühjahr 1831 vgl. N 70–71; B 119–122; vgl. auch B 127–128, den Brief Andersens an E. Collin vom März 1833. Vgl. TB 604–606, Brief vom 24.9.1833 aus Mailand; TB 616–618, Tagebuch-Eintragung vom 19.1.1834, wo er E. Collin des „beispiellosen Egoismus" zeiht. „Alles ist falsch, sie [Louise Collin] auch, sie, die weinte, die so fromm war, so schwesterlich, falsch, falsch wie die ganze Welt."

70) Zu dem Brief von E. Collin vgl. ML 189–192; zu Andersens Reaktion vgl. B 144–147. ML 192 schreibt Andersen: „Der Brief überwältigte mich dermaßen, daß ich in meiner Verzweiflung nahe daran war, Gott zu vergessen und ihn und die Menschen aufzugeben. Ich dachte an den Tod, wie es ein Christ nicht tun sollte." An Frau S. Laessøe schrieb Andersen am 8. April 1834 aus Florenz: „Die Kritik, von der ich gesprochen habe, betraf nicht ‚Agnete', sondern mich als Dichter ... Gott hat mir das geistige Adelsdiplom verliehen, das man zerrissen hat; ich bin ein Dichter; aber ich kann meinen Adel aufgeben und im Strom verschwinden. Ich schreibe dies nicht in einem dunklen Augenblick, ich bin so ruhig, so glücklich, wie ich sein kann, und mein einziger Wunsch ist: nie eine neue Arbeit schreiben zu müssen. Meine Lust, mein Mut, das Glück meiner Seele hingen an einem einzigen Faden, und den hat mein liebster Freund durchgeschnitten; die Operation ist vollzogen, und der Patient befindet sich wohl. O Gott, meine liebe Mutter (sc. Frau Laessøe, d.V.), ich hätte so unsäglich glücklich werden können. Aber weg, weg von allen Erinnerungen an diese Dinge." Br 111. Schon am 16. Dezember 1833 hatte Andersen an Henriette Wulff aus Rom geschrieben: „Die einzige Stimme aus der Heimat über meine ‚Agnete' hat mir gesagt: ‚Sie ist nicht gut'. – Ist das der Fall, so werde ich wohl nie mehr etwas schreiben, das der Rede wert ist!" Br 97.

71) Zu der Beziehung zu Ingeborg Collin vgl. N 69: „zu Anfang schloß er (sc. Andersen) sich namentlich an die älteste Tochter (sc. Collins) Ingeborg an, eine schlagfertige junge Dame – sie war die Urheberin des besonderen Collinschen Familienjargons, von dem die Märchen Spuren enthalten – mit einem gutmütig-neckenden Ton, dem er sehr wohl Geschmack abgewinnen konnte." Da Jonas Collins Frau „fast taub und später nahezu blind war", B 116, scheint Ingeborg als die älteste sehr bald in die Rolle einer Ersatzmutter hineingewachsen zu sein. Am 5.7.1835 schreibt Andersen von Fünen aus an E. Collin: „Bedenken Sie, ich habe keine Eltern, keine Verwandten, keine Braut – finde niemals eine! Ich bin so unendlich allein [auf] der Welt. Nur bei Ihren Eltern erträume ich mir bisweilen ein Zuhause." TB 631. Eine solche Einwilligung, an der Seite der Geliebten unter Verzicht auf alle „Höhenflüge" das Leben „häuslich" zu ver-

bringen, wenn nur die Geliebte nicht von einem alles beaufsichtigenden „Chinesen" bürgerlich verheiratet wird, enthält das 1845 entstandene Märchen „Die Hirtin und der Schornsteinfeger", SMG I 321–326; SM I 396–402.

72) N 72.

73) N 73; B 124.

74) „Sie taugte nichts", s.o. Anm. 21, SMG I 480; SM I 608.

75) B 125.

76) B 454; „Ole Luköie" (1840), SMG I 197–209, 202; SM I 238–253, 244.

77) A.a.O., SMG I 207; SM I 249.

78) ML 109. ANDERSENS Erwägung, Theologie zu studieren, um RIBORG zu gefallen, hängt vermutlich damit zusammen, daß ihr Bruder Theologie studierte; offenbar wollte ANDERSEN RIBORG von Anfang an „brüderlich" nahekommen. „An stud. theol. Christian Voigt" ist zum Beispiel respektvoll ein Brief vom 26.6.1833 aus Paris adressiert. Vgl. Br 80–83.

79) B 102.

80) H.CH. ANDERSEN: Fußreise von Holmens Kanal zur Ostspitze von Amager in den Jahren 1828 und 1829, in: Die frühen Reisebücher, hg. und aus dem Dänischen übertr. v. G. Perlet, Hanau – Main (Leipzig – Weimar) 1984, 6–135. Vgl. B 102.

81) L 166, zitiert nach B 103. ANDERSEN fährt fort: „Es kamen noch viele fremde Damen, die sehr schön, sehr freundlich waren und mir Komplimente machten, doch sie gefielen mir nicht annähernd so gut wie die eine, und das war ja nur recht und billig, denn sie war die Schönste, die Klügste und hatte so ein kindlich-frommes Gesicht." L 168.

82) L 171, zitiert nach B 104. ANDERSEN fährt fort: „Ich war damals in meinem fünfundzwanzigsten Jahr, war wirklich noch nie verliebt gewesen, meine eigene Person hatte mir genug zu denken gegeben, als daß ich noch für einen anderen Menschen Gedanken gehabt hätte." L 170 schildert er die „seltsame Seelenunruhe, die ich selbst nicht verstand. Da ich *unbedingt* abreisen wollte (?!), bot mir ihr Vater bis zur nächsten Poststation seinen Wagen an." „Ich war ganz wehmütig, als ich aufbrechen mußte, und *sie* war wie vom Erdboden verschwunden; erst als ich im Wagen saß und davonfuhr, sah ich hinter der Scheibe ihr mildes Gesicht – sie nickte mir liebevoll zu." L 169 spricht er bei aller Seligkeit von der Angst und dem Verlangen, den Ort zu verlassen.

83) B 194; L 168 schreibt ANDERSEN: „Nie wieder habe ich mich in der Seele so gesund, so reich an Humor gefühlt, und ich bemerkte, wie froh, wie schwesterlich *sie* mir zulächelte ... Das (Haus-)Mädchen antwortete: ... ,Das ist ein ungewöhnliches Mädchen ... aber sie hat sich nun mal in den Apothekersohn verliebt, der ist Forsteleve. Die Gärten der Eltern sind benachbart, und sie kennen sich schon von Kindheit an. Er weiß wohl, daß sie Vermögen hat, und deshalb hält er an ihr fest. Ihre Eltern sind immer dagegen gewesen, und das hat die Liebe sicher noch verstärkt. Sie dürfen sich niemals sehen, ihr Vater will das nicht, weil der junge Mann nicht taugt: Gott weiß, was daraus wird! Ich wünschte ihr wirklich, daß sie einen anderen guten Mann finden könnte!' – Das arme Mädchen! dachte ich, sie hat also Herzenskummer. – Ich mußte unablässig an sie denken."

84) B 104: „Es war ihm auch zu Ohren gekommen, daß ihre Eltern gegen diese Verbindung (sc. zwischen RIBORG VOIGT und ihrem Verlobten, dem Förster PAUL JACOB BØVING) waren."

85) B 104. – L 173 schreibt ANDERSEN, daß er RIBORG in Kopenhagen das Gedicht „Fünen" aus den späteren „Phantasien und Skizzen" gegeben habe, mit der Überschrift „Für sie", darunter die folgenden Zeilen: „Bist mein Gedanke ganz allein geworden, / Du meines Herzens erste Seligkeit! / Ich liebe dich, wie niemand hier auf Erden, / Ich liebe dich in Zeit und Ewigkeit." L 172 schildert das Wiedersehen mit RIBORG, die eine Bekannte zu einer Augenoperation nach Kopenhagen begleitet hatte, wie folgt: „Als ... die Patientin mit ihrer etwas angejahrten Schwester erschien, war *Riborg* dabei! Ich lief gleich hin, und als ich läutete, kam justement *sie* an die Tür, um mir zu öffnen. Ich weiß selbst nicht, ich stand da wie ein Narr und stammelte etwas: Ob wohl ein Fräulein (ich nannte den Namen der kranken Dame) hier wohne? – Sie wurde ganz rot (wahrscheinlich meinetwegen) und bat mich, ins Zimmer einzutreten, wo ich langsam ins rechte Lot kam." „Ich konnte den Blick nicht von ihr abwenden! Als ihr Blick dem meinen begegnete, wurde sie blutrot und sah von da an nicht mehr von ihrem Nähzeug auf. Beim Abschied reichte sie mir zum Dank für meine Lesung die Hand, ich drückte sie an meine Lippen, wobei mir die Brust zu zerspringen drohte. – Jetzt erst wurde mir klar, daß ich sie liebte ... über sämtliche Verhältnisse, sämtliche Umstände, Hindernisse ... sah ich vollkommen hinweg. Mit ganzer Seele klammerte ich mich an Gott und fühlte, daß ich Kraft und Mut zu allem hatte, nur um sie zu besitzen. – Ich bezweifelte nicht, daß auch sie mich liebte, das deutete mir ihr ganzes Wesen an."

86) B 105. – L 174–175 beschreibt ANDERSEN, wie flehentlich er CHRISTIAN VOIGT zu beweisen suchte, seine Schwester müsse mehr als nur Zuneigung für ihn empfinden. „Ich geriet in eine derartige Bewegung, daß ich an allen Gliedern bebte ... als ich auf die Straße und an die kalte Luft kam, überfiel mich das furchtbarste Zittern, die Tränen strömten mir aus den Augen, und ich spürte einen solchen Schwindel, daß ich mich an einer Mauer festhalten mußte ..., was mich in große Angst versetzte ... Seit jenem Abend überkommt mich jedesmal, wenn ich zu vorgerückter Stunde einen langen Weg allein gehen muß, eine Art von Schrecken."

87) L 176–178, zitiert nach B 105–106; TB 588–589, Brief vom 30. Oktober 1830.

88) L 178: „Wie ich hörte brach sie nach dem Lesen meines Briefes in Tränen aus und war sehr unglücklich. Sie hatte ja selbst mehrere Jahre geweint und getrauert, weil sich die Eltern ihrer Liebe widersetzten ... Sie sagte, es sei ihre Pflicht, dem anderen treu zu bleiben, er werde sonst unglücklich und hänge an ihr mit Herz und Seele."

89) B 106; nach L 179.

90) B 107.

91) L 179, zitiert nach B 106. ANDERSEN fährt fort: „Sie sei so bekümmert gewesen, sagte er (sc. RIBORGS Bruder), und habe ihm aufgetragen, mich recht zu trösten, mich recht gerne zu haben, ich hätte es verdient. Oh, in alledem erkannte und spürte ich ihre Liebe. Im ersten Brief, den ihr Bruder danach von ihr bekam, erzählte sie, daß sie sich schlafend stellen mußte, damit die anderen im Wagen nichts von ihrem Weinen merkten." Zu Hause hatten die Eltern den anderen, ihren Verlobten, eingeladen, doch sein Glück „stürzte sie in Verzweiflung, sie glaubte, schlecht gegen ihn und gegen mich zu handeln ... sie wurde krank." Als Grund der Absage, die RIBORG ANDERSEN erteilte, wird man mit M. STIRLING: Der wilde Schwan. Hans Christian Andersen. Leben und Zeit, München 1965, aus dem Englischen übers. v. S. Stahlmann, 110, annehmen dürfen, „daß Riborg sich Paul Bøving (sc. dem Verlobten gegenüber, d.V.) schuldig fühlte und sich nicht entschließen konnte, ihr Verlöbnis zu brechen. Andersen hätte seine Überlegenheit beweisen müssen, doch dazu hätte ihn allein seine Achtung vor den Gefühlen anderer unfähig gemacht, selbst wenn er nicht durch die Heftigkeit einer ersten Liebe aller Initiative beraubt und zu nichts anderem imstande gewesen wäre, als ein Idol demütig anzubeten". Man kann auch umgekehrt sagen: RIBORG hätte einer Souveränität und Größe bedurft, die es ihr erlaubt hätte, dem als Dichter verehrten ANDERSEN auf lange Zeit Mutter und Schwester zu sein, um ihn – eines Tages! – als Frau für sich zu gewinnen. Beide waren von ihren Voraussetzungen her außerstande, den Graben zu überspringen, der sie psychisch wie sozial voneinander trennte.

92) L 180. Zu dem Gedicht an RIBORG VOIGT, s.o. Kap. I, Anm. 19.

93) B 108–109; TB 591–592. Vgl. Br 44–46. Der Brief vom 18.1.1831 aus Kopenhagen fährt fort: „Trösten Sie mich! Aber das können Sie nicht, das kann niemand! Versetzen Sie sich in meine ganze Lage! Ich bekomme sie nie mehr zu sehen, ich darf es nicht, ich kann es nicht! Aber einen Trost habe ich, ihren Bruder habe ich gewonnen, er weiß alles und fühlt und leidet mit uns, er hat uns beide so herzlich lieb, durch ihn kann ich doch von ihr hören, aber nie von ihr selbst, sie hat mir Lebewohl gesagt! Sie darf und will nicht mehr mit mir sprechen, sondern ihre Pflicht erfüllen ... Sie ist so schön, so fromm und gut, Sie würden sie auch lieben, alle Welt würde sie lieben, und ich weiß, sie hat dasselbe Gefühl für mich, wie ich für sie, und doch werde ich sie nie mehr sehen. Im nächsten Monat ist sie Frau, dann wird sie, dann muß sie mich vergessen! Oh, das ist ein tödlicher Gedanke! – O lieber, lieber Ingemann! Wäre ich doch tot, tot, auch wenn der Tod Vernichtung wäre; aber das kann er nicht sein! Das Leben vorher ist ein Traum, ein unglücklicher langer Traum, oh, der Gedanke ist nicht so häßlich, wie Sie glauben!"

94) B 109; vgl. Ingemanns Brief L 180–184.

95) ML 110.

96) ML 110.

97) H.CH. ANDERSEN: Schattenbilder von einer Reise in den Harz, die Sächsische Schweiz etc. im Sommer 1831, in: Die frühen Reisebücher, hg. u. aus dem Dänischen übertr. v. G. Perlet, Hanau – Main (Leipzig – Weimar) 1984, 137–280.

98) ML 347; vgl. „Schattenbilder", s.o. Anm. 97, 166: „Die Sage erzählt, daß die Seejungfrau nur durch die treue Liebe eines Menschen und durch die christliche Taufe eine unsterbliche Seele erwerben kann. Die kleinen Blumen-Elfen verlangen nicht soviel – eine Träne der Reue oder des Mitleids vom menschlichen Herzen ist jene Taufe, die ihnen Unsterblichkeit verleiht, und deshalb suchen die Elfen so gern den Menschen auf, und wenn der fromme, gottergebene Seufzer aus unserer Brust steigt, erheben sie sich darauf empor zu Gott, denn auch auf diese Art kommen sie in den großen, herrlichen Himmel und wachsen unter dem mächtigen Sonnenlicht der Ewigkeit zu Engeln heran. – Als dann der Tau fiel, sah ich, wie sich die luftig-leichten Genien auf den großen Wassertropfen tummelten. Viele Dichter erzählen, daß sich die Elfen im Tau baden – wie aber kann das leichte Wesen, das auf einer Distelflocke tanzt, ohne sie zu bewegen, durch die harte Wassermasse dringen? Nein, sie standen auf dem runden Tropfen, und wenn er sich unter ihren Füßen drehte und ihr leichtes Gewand im Winde flatterte, dann sahen sie wie das niedliche Miniaturbild der Fortuna auf ihrer rollenden Kugel aus." Diesen Zeilen zufolge hat der Dichter ANDERSEN, an dem das Glücksrad der Liebe vorbeigerollt war, seine „kleine Meerjungfrau" zum ersten Mal in den Elfen der Harzsagen (wieder) gefunden.

99) „Schattenbilder", s.o. Anm. 97, 171–172.

100) B 112.

101) B 122; TB 593–594, Brief vom 11. Juni 1831 aus Berlin.

102) ML 158–161; 188–193, zu „Agnete und der Meermann".

103) ML 158.

104) Ml 160.

105) ML 219.

106) ML 140. Welchen Eindruck das Feuerwerk in Paris auf ANDERSEN machte, beschreibt er in einem Brief vom 9. August 1833 an Frau SIGNE LAESSØE: „Auf der Seine war ein dreimastiges Schiff für dieses Fest gebaut worden, das hatte geflaggt und wurde am Abend von kleinen Boten angegriffen; Raketen und dreifarbige Kugeln flammten in der Luft. Die Stadt war illuminiert, die Kirchtürme wie übersät mit Lampen; zur Nacht hatten wir das glänzendste Feuerwerk, das ich je gesehen hatte." Br 86–89. Zweifellos ist die „Geburtstagsfeier" des „Prinzen" in DIE KLEINE MEERJUNGFRAU dieser Szene angeglichen.

107) ML 150.

108) ML 202.

109) ML 154.

110 ML 164.

111) ML 165.

112) ML 168. An HENRIETTE WULFF schrieb ANDERSEN am 12. Oktober 1833 aus Florenz: „Tizians Venus ist die irdische Schönheit in all ihrer Fülle; aber die Mediceische ist die himmlische! Ich habe über eine Stunde vor ihr gesessen; das Marmorauge ohne Sehkraft bekam durch die Harmonie aller Teile ein mächtiges Leben – da sieht man doch, daß die Götter unsterblich sind! Steht sie nicht von Geschlecht zu Geschlecht jung und lebendig da und vermag selbst als Marmor das Herz zu erreichen! ... O wenn ich doch siebzehn Jahre alt wäre und die gleichen Gefühle und Gedanken hätte wie jetzt, dann sollte etwas aus mir werden ..." Br 95–96.

113) Vgl. E. MULLINS: Botticelli (1445–1510): Die Geburt der Venus (1478–1487), in: E. Mullins (Hg.): 100 Meisterwerke aus den großen Museen der Welt (1981), aus dem Englischen übers. von W. v. Bonin, 1. Bd., Köln 1983, 88–95.

114) ML 200–201. In einem Brief aus Florenz an Frau SIGNE LAESSØE vom 8. April 1834 schreibt der „kindlich ergebene" ANDERSEN: „Meine Begeisterung über die italienische Natur, über die Herrlichkeit Neapels, die Sie nicht begreifen wollen, setzt Sie in Erstaunen. Aber denken Sie doch: es ist eine Seligkeit, diese Luft einzuatmen, das Meer dort ist schöner als unser Winterhimmel! Der Vesuv flammt wie der Weltbaum Ygdrasil, und die Blaue Grotte ist der Äther selber. Die Menschen hier sind glückselige Kinder, die noch an den Teufel, an Leben in den toten Bildern glauben und ihre Tage spielend hinbringen! Sie müßten diese schönen Menschen sehen, die Lieder hören und die Inseln wie Wolken in dem rosenroten Nebel schwimmen sehen." Br 106–114.

115) „Die Liebesleute (Das Liebespaar; Der Kreisel und der Ball)" (1843), SMG I 235–237; SM I 286–289.

116) SMG I 237; SM I 289. S. LARSEN: Hans Christian Andersens Lebensgeschichte, s.o. Anm. 41, 31, schreibt: „Er (sc. ANDERSEN, d.V.) hat Riborg Voigt einige Male wiedergesehen, und im Anschluß an eine solche Gelegenheit hat er niedergeschrieben: ‚Die Erinnerung hat im Grunde viel Ähnliches mit Perlen aus Bernstein, reibt man sie, kehrt der alte Duft wieder.' Zum letzten Mal sah er sie im Jahre 1843, als sein Glücksstern schon sehr im Steigen begriffen war und gerade bevor er der großen schwedischen Sängerin Jenny Lind begegnet war. Da ging er nach Haus und schrieb: ‚Das Brautpaar' – ‚ein ausgelassenes Lebewohl an seine unglückliche Jugendliebe'." Nur: „ausgelassen" ist gerade dieses Märchen nicht, eher „auslaufend" wie Farben im Regen – und Gefühle in Tränen.

117) N 65: „Ihre (sc. Riborg Voigts) Absage geschah zunächst mündlich, später schickte sie ihm ein Billett, das bei seinem Tode in einem kleinen Lederbeutel gefunden wurde, den er an einer Schnur um den Hals trug, und das nach seiner Verfügung ungelesen verbrannt wurde ... Riborg Voigt war ... weder seine einzige noch seine tiefste Liebe. Aber sie hatte unleugbar den einen Vorzug vor den übrigen, daß sie die erste war." Vgl. B 364. Auch in den Märchen hat ANDERSEN sein *Riborg*-Trauma noch einmal im Alter von 67 Jahren in der Geschichte „Was die alte Johanne erzählte" (1872) gestaltet (SMG II 654–672; SM II 488–502), worauf ganz richtig G. HÖLLER: Hans Christian Andersen und seine Märchen, Leipzig 1905, 13, hingewiesen hat. Die Geschichte erzählt von dem jungen Rasmus, dessen Mutter Maren Ölse nach dem Motto lebt: „Vertrau auf dich selber und auf den Herrgott", dessen Vater aber, der Dorfschneider Ivar, stets vor sich hinseufzt: „Was nützt das schon!" Rasmus könnte mit der schönen Else, der Tochter des reichen Bauern Klaus Hansen, glücklich werden, die „wie die schönste Blume anzusehen" ist, und tatsächlich sind auch beide verliebt ineinander, „aber keins von beiden sagte es frei heraus". Gleichwohl erzählt man im Dorf bereits von der möglichen Verbindung beider, was vor allem des Holzschuhmachers Tochter Johanne traurig stimmt, deren Jugendfreund Rasmus einst war; die Augen dieses Mädchens werden feucht, wenn es von der möglichen Hochzeit seines Geliebten hört, doch darf es nicht weinen, es muß sich ja freuen, wenn „er" glücklich wird. Else hingegen mag nicht endlos auf die Entscheidung warten, und um ihren Geliebten durch einen Schrecken mutiger zu stimmen, zeigt sie ihm eines Tages einen goldenen Ring an ihrem Finger, der ihre Verlobung mit dem Hofbauerssohn anzukündigen scheint. Daraufhin zieht Rasmus, ohne daß Johanne ihn sieht, in die Welt hinaus. Else holt sich Rat bei den Hexenkünsten der alten Stine, die im Kaffeesatz liest, der Freund werde schon zurückkommen; doch als Rasmus nicht zurückkehrt, heiratet Else schließlich den Hofbauerssohn; aber wie das Schicksal es will, kehrt Rasmus gerade am Tage der Hochzeit als ein gebrochener Mann ins Dorf zurück. Seine Mutter stirbt, und Johanne versucht ihm vergeblich in seiner Schwermut zu helfen. Elses Enkelkind verspottet den gebrochenen Rasmus sogar auf offener Straße. An einem schönen Pfingstmorgen stirbt „der elende Rasmus" – ein Sinnbild für ANDERSENS eigenen Altersalptraum, er könnte, eines baldigen Tages womöglich, wie sein Großvater, als ein gebrochener, liebearmer Mensch zum Gespött der Kinder auf der Straße werden.

118) N 65; ML 110; 145: „Er (sc. HEINE) war also der Dichter, der mich kürzlich in der jungen, erotischen Periode meines Lebens so ganz erfüllt, durch den ich so ganz meine Gefühle und Stimmungen herausgesungen hatte." Zur Nähe ANDERSENS zu HEINES „Buch der Lieder" vgl. nur das Abschiedsgedicht ANDERSENS an RIBORG (s. S. 25) mit HEINES Versen:

Du bist wie eine Blume,
So hold und schön und rein;
Ich schau dich an, und Wehmut
Schleicht mir ins Herz hinein.

Mir ist, als ob ich die Hände
Aufs Haupt dir legen sollt,
Betend, daß Gott dich erhalte
So rein und schön und hold.

„Buch der Lieder", mit der Nachlese zu den Gedichten 1812–1827, hg. v. K. Briegleb, München (dtv 2112) 1983, Nr. 47, 131. Oder Nr. 39, a.a.O., 90–91:

Ein Jüngling liebt ein Mädchen,
Die hat einen andern erwählt;
Der andre liebt eine andre,
Und hat sich mit dieser vermählt.

Das Mädchen heiratet aus Ärger
Den ersten besten Mann,
Der ihr über den Weg gelaufen;
Der Jüngling ist übel dran.

Es ist eine alte Geschichte,
Doch bleibt sie immer neu;
Und wem sie just passieret,
Dem bricht das Herz entzwei.

119) ML 276–277.

120) Zur Rolle J.L. Heibergs und seiner Frau vgl. B 185–186; vgl. N 91–92.

121) Siehe oben Anm. 118.

122) ML 187–193.

123) Siehe oben Anm. 22.

124) ML 132.

125) ML 17–18. Vgl. L 28: „Ich war so ungeheuer kindlich, alle mochten mich leiden!"

126) Gemeint ist mit „funktionalem Leidensdruck" die Folge der Unverträglichkeit bestimmter Gehemmtheitsstrukturen mit den Forderungen der „Normalität" gesellschaftlichen Verhaltens, im Unterschied zu dem „echten" Leidensdruck, der sich unmittelbar aus den Konflikten des Ichs mit seinen eigenen (neurotischen) Einschränkungen durch die Dressate des Überichs oder durch die nicht integrierten Triebregungen des Es ergibt.

127) ML 479–480; vgl. N 31–32.

128) ML 28–29.

129) ML 29.

130) ML 35.

131) Ebd.

132) Ebd.; L 15 zufolge soll die Weissagerin auch „voller Groll" gesagt haben: „Der wird mehr Glück haben, als er verdient ..., das wird ein wilder Vogel, hoch, groß und vornehm wird er in die Welt hinausfliegen." L 32 beruft ANDERSEN sich vor seiner Mutter auf diese „Weissagung".

133) ML 35; L 32: „Nun sollte ich aus dem Haus und nach dem Willen meiner Mutter das Schneider- oder Buchbinderhandwerk erlernen. Ich brach in Tränen aus, erzählte ihr, was ich von den vielen berühmten Männern gelesen, wie sie in der Welt vorangekommen, und flehte sie an, sie möge mich doch nach Kopenhagen reisen lassen, denn ich wollte Schauspieler werden. Ihr Einwand, ich würde dort keine Seele kennen und auch sonst keine Hilfe haben, nutzte nichts. Ich erinnerte sie an den Orakelspruch der Wahrsagerin und wiederholte, was mein verstorbener Vater so oft gesagt hatte: Daß man mich niemals zu irgend etwas auf der Welt zwingen sollte und daß ich werden dürfte, was ich wollte! – Da konnte sie nicht länger widerstehen."

134) ML 36; L 32: „Als die Leute zu ihr (sc. der Mutter) sagten, daß sie das Ganze für eine Tollheit hielten – was es auch war –, entgegnete sie: Ja, aber er läßt mir keine Ruhe, soll er doch reisen – er wird schon wieder umkehren, wenn er bei Nyberg das Wasser sieht!' – Mein Stiefvater wollte sich in die Sache nicht einmischen, und so verging einige Zeit, bis sie mir die Reise erlaubte."

135) ML 36.

136) ML 36; vgl. L 30.

137) Zu ANDERSENS Ängsten vgl. B 370–376; danach litt der Dichter unter der Angst vor Rückenmarksschwindsucht, litt unter Platzangst, Zweifelsucht, der Angst, lebendig begraben zu werden, der Angst, wahnsinnig zu werden ... Am 2. März 1871 schrieb er: „Gott hat mir Phantasie zum Dichten geschenkt, aber nicht, um Tollhauskandidat zu werden. Was sind das nur für fixe Ideen, die mich

oft erschüttern?" B 376; TB 726. Vgl. 1. Juli 1871: „Schwermütige Stimmung. Lebensmüde, und dennoch möchte ich nicht gern sterben; ich denke indessen ständig daran, daß ich bald sterben muß, und habe keine Lust, etwas zu arbeiten." „16. Juli. Heute morgen um vier Uhr wachte ich auf, weil es mich im Schlaf dort gejuckt hatte, wo die Impfpocken sind; ich riß die Wunden auf und war entsetzt, da ich vor den Folgen Angst bekam, glaubte, der Arm ... müßte abgenommen werden, was für mich hieße, eines qualvollen Todes zu sterben." TB 727–728.

138) ML 287–297, zu der Balkanreise 1841.

139) A. Dührssen: Psychogene Erkrankungen bei Kindern und Jugendlichen, Göttingen 1954, ⁶1967, 149–150, schildert die Bequemlichkeitshaltungen, Wachphantasien und die ehrgeizige Überkompensation bei Kindern, die oral und aggressiv stark gehemmt sind; das „Weglaufen" bis an die Grenze der „Verwahrlosung", das bei Andersen gewiß eine nur mühsam beherrschte Gefährdung bildete, begründet sie damit, „daß Kinder, die aus neurotischen Gründen verwahrlosen, nach einer frühen Phase affektiver Kontaktverarmung und Verarmung der allgemeinen Interessiertheit später mehr ausgedehnte *Verwöhnungen* in dem insgesamt kargen und armseligen Lebensgang erleben." „... Es gehört dazu, daß das Fordern, Bitten und Zugreifen übertriebenen Einschränkungen unterlag." (153) Allerdings liegt bei Andersen das Problem wieder „komplizierter": „Gelegentlich lautet die Schilderung von erwachsenen Wegläufern über ihre Kindheit etwa so: ‚Wir hatten es besonders gut und sehr viel Freiheit.' Diese viele Freiheit erweist sich dann aber immer als eine Freiheit aus Gleichgültigkeit und Bequemlichkeit der Eltern, nicht als anteilnehmend freundliches Gewährenlassen." (156) Was Andersen in gewissem Sinne rettete, war gerade die Tatsache, daß seine Mutter ausgesprochen warmherzig war; aber sie begründete mit ihrer außerordentlich intensiven Zuwendung ein Selbstbild des künftigen Dichtergenies, zu dem sie selbst, eine Frau, die kaum lesen und schreiben konnte, in einem *beschämenden* Kontrast stand, so wie Andersens Vater und Großmutter sich ihrer sozial niedrigen Stellung, die ihrer Intelligenz und Begabung *unwürdig* war, *schämten*. Dieses Gefühl von Scham *und* Liebe scheint die eigentliche Dynamik für die Sehnsucht Andersens nach mütterlicher Anerkennung, für seine „Umtriebigkeit" im wörtlichen Sinne, zu bilden.

140) Vgl. L 126–128: „M(eisling) war sehr heftig, es machte ihm Spaß, die Schüler zum Narren zu halten, und da dies auf mich ganz besonders wirkte, war ich am häufigsten die Zielscheibe seiner Wurfspieße." „In einer solchen Stimmung, nachdem ich mein Herz ausgeweint hatte und nun sehnlich und fest darauf hoffte, daß der Herrgott mich sterben lassen werde, schrieb ich mein Augenblicksgefühl in einem kleinen Gedicht nieder, und das war ‚Das sterbende Kind.' „Ich verlor immer mehr den Mut, denn M. behandelte mich immer schlimmer. Oft holte er mich auf sein Zimmer, erklärte mir, ich sei ein Kamel und würde niemals das Abitur schaffen, und was mein Talent zur Dichtkunst betraf, so schwor er mir hoch und heilig, ich hätte davon keine Spur. – ‚Oder glauben Sie etwa', sagte er, ‚daß ich es nicht merken würde, wenn Sie den kleinsten Funken davon hätten? Ich bin selber Dichter und weiß wohl, was los ist.

Aber das bei Ihnen, das ist Verwirrung, Dämlichkeit und Wahnsinn ... was Sie haben, ist eine fixe Idee, die Sie ins Irrenhaus bringen wird ... Nennen Sie mir ein einziges Gedicht, eine einzige Zeile Poesie, die Ihr leeres Gehirn fabriziert hat. Sie haben kein Gefühl, das ist bei Ihnen nur Geflenne: Sie haben keine Phantasie oder nur solche, wie sie die Kandidaten der Irrenanstalt ... haben, und vom Verstand will ich gar nicht reden ...' Ich weinte und konnte nicht antworten. Mein Gedicht ‚Das sterbende Kind' war ‚Geflenne, das jeder Abtritt-Poet zusammenschmieren konnte'." In Wahrheit hatte „M" „einen höchst merkwürdigen Charakter und auch etwas recht Kindisches." – „Am Sonntag konnte er sich mit den Zinnsoldaten der Kinder amüsieren" (L 104), dann wieder mußten die Schüler an der Hinrichtung dreier Menschen in einem Nachbarort teilnehmen. ML 82–84; L 84–85. Vgl. TB 572–576: Aus dem Tagebuch in Slagelse: „Ich fasse deinen Willen nicht, Vater, o laß mich doch die Hoffnung nicht verlieren, daß Du alles lenkst, gib mir Mut, meinem Geschick entgegenzutreten, ich sehe es, o Gott! Lebt wohl, alle meine Hoffnungen und Träume, ja, es waren nur Träume, oh, hätte ich nur Mut – Tod, du bist nicht so furchtbar." Eintragung vom 29.9.1825.

141) L 143–144; vgl. B 97.

142) Zitiert nach B 85.

143) Vgl. bes. H. Detering: „Ich wünschte, ich hätte Ihr ganzes Ich". Homoerotische Erfahrung und Textstruktur in Andersens „Der Schatten", in: Forum Homosexualität und Literatur 9, 1990, 75–88; ders.: „Åndelige amfibier": Homoerotik camouflage i HCAs forfatterskab, Odense 1991; S. Møller Kristensen: Den doppelte Eros, Kopenhagen 1966, 144–198. Die Ansicht geht zurück auf A. Hansen: H.C. Andersen. Beweis seiner Homosexualität, in: Jahrbuch für sexuelle Zwischenstufen, 1901. Die These wird wiederholt von M. Maar: Andersens Nachleben, in: H.C. Andersen: Schräge Märchen, aus dem Dänischen von H. Detering, Frankfurt 1996, 319–334, bes. 328–330, und mit nichts anderem begründet als mit dem Märchen Die kleine Meerjungfrau: „Er hätte nicht einmal eine eigene Szene erfinden müssen, in der die Meerfrau für einen Ausritt in Männerbekleidung gesteckt wird, um zu verstehen zu geben, daß sich eben das, ein Mann, in ihr verbirgt; ein Mann, der einen andern liebt und seine Nähe sucht, auch wenn ihm daraus nur Qualen erwachsen." Übersehen wird hier bereits, daß es der „Prinz" ist, der die „Meerjungfrau" derart umkleidet. Dafür wird um so sicherer behauptet: „Andersen hat in diesem Märchen seine unerfüllbare Liebe zu Edvard Collin verschlüsselt, dem wahren Geliebten seines Lebens ... Die kleine Meerjungfrau entstand, als Collin heiratete". (329) Übersehen werden die starken Gefühle, die Andersen zeit seines Lebens zu *Frauen*, nicht zu Männern, sexuell hegte; verwechselt wird die offenbare Triebgehemmtheit Andersens mit Triebzielinversion, und die soziale Einsamkeit, die Andersen durch die Heirat Edvard Collins in der Tat fürchten mußte, wird mit unerfülltem sexuellem Verlangen gleichgesetzt. Es wird nicht einmal erwähnt, geschweige denn diskutiert, wie die Ablehnung durch Riborg Voigt das spätere Verhalten Andersens zu allen Menschen, insbesondere zu Frauen, geprägt hat. Und daß Andersens Nachdenken über Elfen und Meerfrauen schon bei der „Harzreise" begann, wird schlicht übersehen.

144) H. Helwig: H.C. Andersen. En psykiatrisk Studie, Kopenhagen ²1954; Nachdruck: Odense 1984; zitiert nach B 365.

145) ML 26–27; vgl. L 25–26: „In der Fabrik, in die ich nun kam, mußten die Kinder für die Gesellen singen, und als ich begann, wurden alle aufmerksam und lobten meine Stimme ... Am nächsten Tag sollte ich aber doch etwas lernen und wurde an ein Spinnrad gesetzt. Alle Augenblicke riß der Faden, derweilen die Gesellen lustig ihre schamlosen Lieder sangen – ich wurde rot wie Blut und fing zu weinen an, ich war so unschuldig! Zuerst lachten sie mich aus und sagten, ich sei ein Mädchen, dann erlaubten sie sich einen äußerst rohen Spaß, *hoc exquirendo,* und so flehte ich meine Mutter weinend an, diese Fabrik verlassen zu dürfen." Andersen kommt dann in eine Tabakfabrik, doch wird er dort krank, des Tabaks wegen, glaubt die Mutter; doch ihr Junge träumt nur noch vom Theater ... Er ist damals elf Jahre alt.

146) ML 42; vgl. L 38–39; es handelt sich um Madame Hermansen, die ihm riet, nach Odense zurückzukehren. Aber „lieber will ich sterben! dachte ich ... Niemand war da, der mir Mut oder Trost zusprach, ich war ganz verlassen, ein richtiges Kind, fast hätte ich sogar den Tod gesucht. Doch als ich ordentlich darüber nachdachte, erschien mir das wie eine Sünde, und diese Vorstellung brachte mich dazu, daß ich mich fester an Gott anklammerte und glaubte, er müsse mir doch helfen!" In L 39 stellt Andersen es so dar, als habe er von sich aus im Adreßbüro nach offenen Stellen für Lehrjungen gesucht.

147) ML 43; vgl. L 40; die Rede ist von Tischlermeister Madsen, der „ein recht vermögender und ehrbarer Mann" war.

148) ML 50; vgl. L 52: „Ich lebte in glücklichen Träumen und merkte fast gar nichts von der verderblichen Umgebung, die täglich mein Leben berührte. – Schaute ich aus dem Fenster, dann war da nur Verderbnis ... aber das ging mich nichts an; ich lag in meiner kleinen Kammer, spielte mit meinen Puppen und meinem Theater und ließ alles andere an mir vorbeifliegen. Erst jetzt, wo ich älter bin, ist mir klar, an welchem Abgrund ich damals in des Wortes eigentlicher Bedeutung spielte und träumte."

149) ML 51; vgl. L 52.

150) L 102.

151) L 102–103; zitiert nach B 75–76.

152) B 176.

153) Zu H.C. Ørsted vgl. ML 473–474: „Dieser Gelehrte war eine Quelle von Kenntnissen, Erfahrungen und Genialität, dazu kam noch seine liebenswürdige Natur, etwas Unschuldiges, Unbewußtes, wie bei einem Kinde. Er war eine seltene Natur mit jenem göttlichen Gepräge, das sie einstmals hatte, und endlich ist noch seiner Religiosität zu gedenken. Durch das Vergrößerungsglas der Wissenschaft sah er die Größe Gottes, die selbst mit geschlossenen Augen zu erkennen christlich schön ist." Vgl. ML 618–619 zu Ørsteds Buch: „Der Geist in der Natur"; 631, zu Ørsteds Tod. Der tiefen Freundschaft dieses bedeutenden Mannes verdankte Andersen eine unbefangene Einstellung zu Naturwissenschaft und Technik, die ihn mit einer geradezu enthusiastischen Fortschrittsgläubigkeit ausstattete – sehr im Unterschied zu dem düsteren Zukunftspessimismus S. Kierkegaards, der die menschliche Geschichte insgesamt äußerst kritisch, die Technik und ihre Verheißungen aber mehr als skeptisch betrachtete.

154) Zitiert nach B 176.

155) Zitiert nach B 177.

156) Tagebucheintragung, zitiert nach B 177.

157) B 177.

158) ML 13–14: „Noch jetzt, nachdem ich viel älter geworden bin, sind dieser Anblick und Eindruck nicht in mir verwischt; ich spürte, wie ihre Fingerspitzen meine Kleidung berührten; ich war halbtot, als der Wärter kam." Vgl. L 16.

159) „(Des) Schlammkönigs Tochter" (1857–1858), SMG II 5–42; SM II 5–54.

160) „Das Mädchen, das auf das Brot trat" (1859), SMG II 62–71; SM II 83–95.

161) L 21–22; zitiert nach B 25.

162) S. Kierkegaard: Furcht und Zittern (1843), aus dem Dänischen übers. v. L. Richter, Hamburg (rk 89) 1961, Stimmung I, 13: „Wenn das Kind entwöhnt werden soll, dann schwärzt die Mutter ihre Brust; es wäre ja auch herzlos, daß die Brust lieblich aussähe, wenn das Kind sie nicht bekommen darf. So jedoch glaubt das Kind, die Brust habe sich verändert; aber die Mutter, sie ist dieselbe geblieben, ihr Blick ist zärtlich und behutsam wie immer. Wohl dem, der nicht schrecklichere Mittel benötigt, um das Kind zu entwöhnen!" Stimmung II, 13: „Wenn ein Kind groß geworden ist und entwöhnt werden soll, dann versteckt die Mutter wie eine Jungfrau ihren Busen, das Kind hat dann keine Mutter mehr. Wohl dem Kinde, das die Mutter nicht anders verlor." Stimmung III, 14: „Wenn ein Kind entwöhnt werden soll, dann ist die Mutter auch nicht ohne Trauer, daß sie und das Kind mehr und mehr voneinander getrennt werden; daß das Kind, welches erst unter ihrem Herzen lag, später noch an ihrer Brust ruhte, nicht mehr so nahe sein kann. So trauern sie zusammen über dieses kurze Leid. Wohl dem, der das Kind so nahe behielt und nicht mehr zu trauern hatte." Vor allem M. Klein: Über das Seelenleben des Kleinkindes (1960), in: Das Seelenleben des Kleinkindes und andere Beiträge zur Psychoanalyse, hg. v. H.A. Thorner, Stuttgart 1962, 146–176, hat auf den „Gegensatz zwischen guter und böser Brust" „während der ersten drei oder vier Lebensmonate" (147), hingewiesen. Die Zeit der Entwöhnung gestaltet sich natürlich um so problematischer, je verwöhnen-

der die Säuglingszeit selber empfunden wurde. Bedenken muß man, daß in einem Arme-Leute-Haushalt von 1805 Baby-Ersatznahrung in modernem Sinn kaum existierte, der Übergang zur Ernährung des Kindes mit fester Speise also an sich schon recht schwierig war. Noch später zählten „nackte Hexen mit vier oder mehr Brüsten" zu den „bevorzugten Scherenschnittfiguren" ANDERSENS, vgl. B 387.

162a) S. FREUD: Studien über Hysterie (1895), Gesammelte Werke I, London 1952, 75–312, bes. 189; DERS.: Aus der Geschichte einer infantilen Neurose (1918), Gesammelte Werke XII, London 1947, 27–157, bes. 70. Die Psychoanalyse kann mit dem Hinweis auf die „Urszene" besonders die grausigen Einzelheiten in der Szene der „Meerhexe" mit den „Schlangen" und dem „Kessel" verständlich machen.

163) L 108 berichtet von der ersten Zuneigung zu LOTTE, der ältesten Tochter des Dichters ADAM OEHLENSCHLÄGER, die 1832 den Schauspieler J. L. PHISTER heiratete: „Oehlenschlägers Tochter Lotte war schon ein erwachsenes junges Mädchen, wohl dreizehn, vierzehn Jahre alt. Sie war sehr munter und machte sich wahrhaftig einen Spaß daraus, mir Huldigungen darzubringen, die ich für bare Münze nahm. – Nun waren die meisten Schüler der obersten Klasse schon mehrmals verliebt gewesen, und so kam mir der Gedanke, es sei wohl an der Zeit, daß ich mich ebenfalls verliebte. Ich schwärmte für Oehlenschläger und glaubte, ich dürfte diese Schwärmerei auch auf seine Tochter übertragen. – Ich fand es poetisch, seine Tochter zu lieben, und entschloß mich, das zu tun. – Ich starrte sie an, ich wollte mich so gern verlieben und konnte doch nicht. Allerdings bemerkten andere meine Blicke und sagten: ‚Er liebt Lotte.' – Jetzt glaubte ich es selbst, doch ich erinnerte mich noch gut an meine Verwunderung darüber, daß man sich so einfach verlieben konnte, wenn man es selbst nur wollte! (Ich war ein Kind, hatte keine Vorstellung von wahrer Liebe!) – Nun wohl! ich liebte Lotte, meine aber eigentlich ihren Vater." Alles, was wir bei der KLEINEN MEERJUNGFRAU beobachten konnten: die Gefühlsunsicherheit und Angst, die Selbsthypnose in der Phantasie sowie das Überwiegen eines gewissen voyeuristischen Zuges, findet sich bereits in dieser ersten Kontaktaufnahme des jungen ANDERSEN zu einem Mädchen.

164) Vgl. Catéchisme de l'Église Catholique (Weltkatechismus), Paris 1992, Nr. 2351–2356, wo als „Verstöße gegen die Keuschheit" jedes „ungeordnete fleischliche Vergnügen" namhaft gemacht wird: Onanie, außerehelicher Verkehr, Pornographie, Prostitution – alles in einem Atemzug.

165) Vgl. S. FREUD: Die „kulturelle" Sexualmoral und die moderne Nervosität, s.o. Kap. I, Anm. 82, VII 141–167, 160: „Im allgemeinen habe ich nicht den Eindruck gewonnen, daß die sexuelle Abstinenz energische, selbständige Männer der Tat oder originale Denker, kühne Befreier und Reformer heranbilden helfe, weit häufiger brave Schwächlinge, welche später in die große Masse eintauchen."

166) Siehe oben Anm. 137; bes. „Rückenmarksschwindsucht" galt als eine Folge exzessiver Onanie.

167) B 367: Im Juli 1842 notiert ANDERSEN im „Tagebuch": „Sinnlich gestimmt, eine fast animalische Leidenschaft in meinem Blut, das heftige Verlangen, eine Frau zu küssen und zu umarmen; genau so ist es gewesen, als ich im Süden war."

168) Zitiert nach B 366.

169) B 367–368.

170) Zitiert nach L. ESKELUND: Register einer Seele, s.o. Einleitung, Anm. 2, FAZ 22.1.77.

III. „DAS GLÜCK IST DORT ZU FINDEN ..." (S. 134–140)

1) ML 390.

2) „Des Schlammkönigs Tochter", s.o. Kap. II, Anm. 159.

3) Zum Begriff der „Sublimation" s.o. Kap. II, Anm. 82.

4) „Die Dryade" (1867–68), SMG II 395–417; SM II 525–553. G. BRANDES: Moderne Geister. Literarische Bildnisse aus dem Neunzehnten Jahrhundert, Frankfurt 1882, 65–132: Andersen (1869), bes. 121, bemerkte kritisch zur Dryade: „Die erste Pflicht des Märchens ist, poetisch zu sein, seine zweite ist, märchenhaft zu sein. Darin liegt zum ersten, daß die Ordnung der Märchenwelt ihm heilig sein muß ... So geht es nicht an, daß das Märchen ... die Heldin von ihrem Baum trennt, sie symbolische Reisen nach Paris machen, auf den ‚bal Mabille' gehen läßt usw." Wenn aber gerade die Trennung von einem rein „vegetativen" Leben das Thema einer Erzählung ist? Dann ist es kein Märchen, sondern eine „Allegorie", wußte G. BRANDES; doch viele „Märchen" sind bei ANDERSEN „Allegorien", und es hat dieser Umstand ihrer Erzählkunst erkennbar nicht geschadet. – Das Dryadenmotiv liegt auch der Sage von Libussa, der Gründerin Prags, zugrunde; vgl. J.K.A. MUSÄUS: Volksmärchen der Deutschen (1782–86), Zürich 1974, 329–390. P.V. RUBOW: Idee und Form in Andersens Märchen, in: Ein Buch über den dänischen Dichter Hans Christian Andersen, sein Leben und sein Werk, hg. zur 150. Wiederkehr seines Geburtstags, unter der Redaktion von H. G. Topsøe-Jensen, übers. v. G. Jungbluth, Kopenhagen 1955, 99–138, 121, meint zu Recht zu dem Tod des „kleinen Mädchens mit den Schwefelhölzchen": „Die große Ekstase und Erlösung, die uns dem irdischen Elend enthebt, geht dem Augenblick des Todes unmittelbar voraus und hat die Größe und Strenge der Natur zur Seite. Dann wird die Erzählung wieder auf einen leiseren Ton gestimmt, wir belauschen das einfache Gespräch der Leute, die von dem Unheil erfahren. Und schließlich hebt der Dichter nicht ohne Stolz hervor, daß er als einziger in das eingeweiht ist, was sich soeben zugetragen hat. Es ist bemerkenswert, daß der Dichter das Wunderbare bis zu dem Augenblick zurückgehalten hat, wo Mensch und Natur ihre höchste Kraft entfalten." Das gleiche gilt auch für den Tod der „kleinen Meerjungfrau".

5) „Die Psyche" (1861), SMG II 244–256; SM II 324–340.

6) „Da ist ein Unterschied" (Es gibt einen Unterschied) (1851), SMG I 405–408; SM I 508–512.

7) „Die Schnelläufer" (1858), SMG II 42–45; SM II 55–59.

8) Vgl. L 158–159: „In dieser Zeit (ca. 1829) machte ich eine Bekanntschaft, die auf meine Dichtung einigen Einfluß haben sollte. Ich lernte Frau Laessøe kennen ... Sie war eine Frau von viel Geist und tiefem Gefühl und hatte außerdem einen ausgeprägten Sinn für das Komische. Mein kindliches Wesen, das sich noch gar nicht verändert hatte, gefiel ihr ebenso wie ihrem Mann, und bald fühlte ich mich bei ihnen heimisch. Viele Leute hatten mich gelobt und aufgemuntert, weil ich Talent besaß; hier aber merkte ich, daß es recht geachtet, daß etwas Herrliches darin gesehen wurde, und dies rief wieder dieselben Gefühle in mir wach, mit der Wirkung, daß ich die Poesie liebgewann, die ich besaß und vorerst nur deshalb schätzte, weil sie mir Spaß machte. – Bei Laessøes wurde ich so manchen Abend ganz zum Kind und gerade deshalb natürlich, weil ich mich ungeniert fühlte; so wußte, beim Abwägen meiner Fehler und jener Äußerungen, die mir oft aus dem Mund rutschten, dort stets dem Guten das Übergewicht gegeben wurde. Während andere (sc. bes. die COLLINS) daran arbeiteten, einen Weltmenschen aus mir zu machen, feierten sie gerade mein wunderliches kindliches Wesen." ML 132: „Sie ..., die liebevollste Mutter, sie, eine vielseitig ausgebildete, geistig begabte Frau, hatte mir ihr behagliches Heim geöffnet ... Sie ... richtete meinen Blick immer mehr auf die Naturschönheiten und die Poesie in den Einzelheiten des Lebens, auf die Kleinigkeiten im Alltag. Und als fast alle mich als Dichter aufgaben, hob sie meine Gedanken über die anrollenden Wogen hinweg. Und wenn sich Weiblichkeit und Reinheit in irgendeinem meiner Werke befinden, so ist sie es, der ich dies zu verdanken habe."

9) Vgl. R.M. RILKE – L. ANDREAS SALOMÉ: Briefwechsel (1897–1926), hg. v. E. Pfeiffer, Frankfurt 1975. – Selbst an FRAU S. LAESSØE schrieb ANDERSEN am 8. April 1834 aus Florenz: „Was bin ich doch für ein wunderliches Geschöpf! Örsted sagt, daß seine und meine ästhetische Religion höchst verschieden sei; ich begreife die Dissonanzen der Welt, er aber will, daß der Dichter die Harmonie sucht; aber fast glaube ich, daß ich selber die Dissonanz in dieser Welt bin; es sind zu viele Tränen auf die Saiten meiner Liebe gefallen, als daß sie noch harmonisch erklingen könnten und ich zu erreichen vermöchte, wonach ich strebte. Sie verstehen mich wohl nicht, aber deutlicher *darf* ich nicht sprechen." Br 113.

10) S. KIERKEGAARD: Aus den Papieren eines noch Lebenden (1838), s.o. Einleitung, Anm. 7. Insbesondere verlangt S. KIERKEGAARD, „daß der Dichter zuallererst sich selber zu einer tüchtigen Persönlichkeit hindurchkämpfen muß, und daß lediglich diese derart gestorbene und verklärte Persönlichkeit dichterisch schaffen darf und kann und nicht die irdische, die greifbare Persönlichkeit mit ihren vielen Kanten und Ecken." Erstlingsschriften (GTB 623), 69.

11) Vgl. P.P. ROHDE: Sören Kierkegaard in Selbstzeugnissen und Bilddokumenten, Hamburg (rm 28) 1959, 45–61; 61–69; 144–151.

12) S. KIERKEGAARD: Entweder – Oder (1843), aus dem Dänischen v. H. Fauteck, München (dtv 6043) 1975, 1. Teil VIII. Das Tagebuch des Verführers, 351–521.

13) Vgl. S. KIERKEGAARD: Der Augenblick (1854–55), aus dem Dänischen von H. Gerdes, in: Werkausgabe, II, Köln 1971, Nr. 2, 8: Sind wir wirklich Christen, was ist dann Gott?, 349–350; Gesammelte Werke, hg. v. E. Hirsch, XIV 133–134.

14) Zu der Sängerin JENNY LIND vgl. B 213–215. ANDERSEN lernte die „schwedische Nachtigall" zwei Monate nach seinem Wiedersehen mit RIBORG VOIGT, der jetzigen Frau Bøving, auf Fünen im Jahre 1843 kennen und verliebte sich, selber 38jährig, in die knapp 23jährige. Am 20. Sept. notiert ANDERSEN: „Jenny Lebewohl gesagt, ihr einen Brief zugesteckt, den sie verstehen muß. Ich liebe." B 214. Aber an HENRIETTE WULFF schreibt er: „Und dennoch, sie wird nicht mein – kann nicht mein werden, sondern muß in meiner Seele als guter, freundlicher Geist leben ..." B 215. Wieder finden wir den gleichen Ausgang der Liebe wie in der KLEINEN MEERJUNGFRAU: Der (die) Geliebte verwandelt sich in einen „Luftgeist". Und auch hier schon redet ANDERSEN sich ein, JENNY LIND müsse *verlobt* sein – das Riborg-Trauma setzt sich fort und schafft sich schließlich seine Wirklichkeit, vgl. B 230–231. Am 2. April 1846 schreibt er an LOUISE COLLIN, jetzt Frau Lind: „Sie (JENNY LIND) ist wie eine Schwester zu mir, eine treue Seele, aber nicht mehr ...Sie denkt nicht ans Heiraten ... Weiß Gott, ob ich als verheirateter Mensch glücklicher geworden wäre, ob ich einen anderen Menschen glücklich machen könnte." B 231. B 247–250 schildert die weiteren Begegnungen ANDERSENS mit JENNY LIND. In England 1847 besucht er sie sechsmal, nur um vor der Abreise nach Schottland zu notieren: „Habe Jenny keinen Abschiedsbesuch gemacht, obgleich es mir möglich gewesen wäre. Ich bin mir selbst ein Rätsel. Schrieb ihr einen Abschiedsbrief." B 250: „Er sah sie erst 1854 in Wien wieder als Ehefrau des Pianisten Otto Goldschmidt." Verewigt hat ANDERSEN JENNY LIND in dem Märchen „Die Nachtigall" (1843), SMG I 225–235; SM I 274–285. Dazu B 216: „Die Nachtigall ist Jenny Lind und zugleich Andersen selbst."

15) R.M. RILKE: Ausgesetzt auf den Bergen des Herzens. Siehe, wie klein dort, in: Gedichte 1906–1926, Sämtliche Werke, II, hg. v. E. Zinn, Frankfurt 1956, 94–95.

16) Anläßlich der Silberhochzeit von INGEBORG DREWSEN, geborene COLLIN, im Jahre 1865, bemerkt ANDERSEN selber in seinem Tagebuch: „Liebe, unerwiderte Liebe, daran mußten die Leute denken ... jetzt, hier im Hause, danke ich Gott, daß ich nicht Louises Gatte wurde, dann wäre mir ein dichterisches Wirken ganz anderer Art, Gott weiß welcher, beschieden gewesen." B 364.